委婉语词的意向观研究

黄丽君 ○ 著

四川大学出版社
SICHUAN UNIVERSITY PRESS

图书在版编目（CIP）数据

委婉语词的意向观研究 / 黄丽君著. — 2版. — 成都：四川大学出版社，2024.1
（语言与应用文库）
ISBN 978-7-5690-6623-4

Ⅰ. ①委… Ⅱ. ①黄… Ⅲ. ①词语－研究 Ⅳ. ①H042

中国国家版本馆CIP数据核字（2024）第052006号

书　　　名：	委婉语词的意向观研究
	Weiwan Yuci de Yixiangguan Yanjiu
著　　　者：	黄丽君
丛　书　名：	语言与应用文库

丛书策划：	张宏辉　黄蕴婷
选题策划：	余　芳　张　晶
责任编辑：	余　芳
责任校对：	周　洁
装帧设计：	墨创文化
责任印制：	王　炜

出版发行：	四川大学出版社有限责任公司
	地址：成都市一环路南一段24号（610065）
	电话：（028）85408311（发行部）、85400276（总编室）
	电子邮箱：scupress@vip.163.com
	网址：https://press.scu.edu.cn
印前制作：	四川胜翔数码印务设计有限公司
印刷装订：	四川省平轩印务有限公司

成品尺寸：	170 mm×240 mm
印　　张：	17.5
插　　页：	2
字　　数：	228千字

版　　次：	2020年6月 第1版
	2024年4月 第2版
印　　次：	2024年4月 第1次印刷
定　　价：	88.00元

本社图书如有印装质量问题，请联系发行部调换

版权所有 ◆ 侵权必究

扫码获取数字资源

四川大学出版社
微信公众号

丽君博士研究委婉语的新著要付梓了，我很高兴。

委婉语是语言学研究的老话题。人文科学理论创新的一个重要机制在于转换视域，将委婉语研究转换到以心智哲学理论为视域，可能就是出于这样的考虑。

心智哲学是个大课题，委婉语是语言运用中的一个小问题，如何把身心关系的形而上的问题转换为语言运用的实践问题，是心智哲学与语言研究要思考的核心问题。在心智哲学与语言研究中，依据"择其善者而从之，择其易者而用之"的方法论原则，可以概括为五个观点用于语言研究：计算观、意识观、意向观、涌现观、拓扑观。丽君博士就是用这五个观点贯穿其研究的全过程。委婉语的研究，最终就是要说明，说话主体为什么以及如何使原来不甚入耳的话改变为可以入耳的委婉语的。

原来的说法就是一个概念或命题，命题就是概念有序的集合。概念有其内涵和外延，概念的内涵和外延同这个概念是同胚的，也就是说同这个概念的内容是天然同一的。因此，丽君博士这一研究所采用的方法是明智的，在意向性主导下筛选适合语境的某一概念的内涵或外延内容来表达委婉语。委婉语是语言研究老生常谈的话题。使研究话题常说常新是人文科学理论创新的目的和要求。我觉得，这就是丽君博士这本新著最大的一个亮点。

委婉语原来要表达的概念或命题同其有关的内涵和外延是整体与部分的关系，而且这内涵和外延内容同该概念相似；换句话说，该委婉语就是与该概念内容相似的一个部分，这就是一个"分形"。分形理论（fractal theory）滥觞于 20 世纪 70 年代。当时，美籍法裔数学家伯努瓦·B. 芒德布罗（Benoît B. Mandelbrot）创立了分形几何学（fractal geometry），提出"分形"（fractal）概念和分形理论。用非"几何"的通俗语言来说，一个"部分"以某种形式，如其形态、其信息和（或）其功能，等同其"整体"相似的那个部分，就叫"分形"。半个多世纪以来席卷全球各文理学科的分形理论研究，正在许多学科领域内开展应用的探索。"分形"作为一个新的概念和它所体现的新的思想方法，改变了人们理解自然和社会奥秘的方式，揭示了世界的本质，对它的研究极大地拓展了人类的认知疆域。"分形"是当今风靡世界的活跃的新理论、新学科，它的出现使人们重新审视这个世界的一个重要的特点：世界是非线性的。同时，分形现象成了许多学科的研究对象，并为许多学科提供新的思考内容，有其深刻的科学方法论意义。现代著名美国物理学家约翰·阿奇博尔德·惠勒（John Archibald Wheeler）曾说：今后谁不熟悉分形理论，谁就不能被称为科学上的文化人。委婉语的研究还可以转换到分形理论的视域中，也许能够更简洁、更深入地进行开掘。因此，心智哲学与语言研究可以概括出第六个观点：分形观。丽君博士这一研究同分形理论的运用有很多相通之处。希望关心丽君博士这一研究的学长、同行也关心分形理论的研究和运用，使我和丽君博士得到更多的教益。

徐盛桓
2019 年 9 月 1 日于广州，时年八二

丽君老师送来了她的新作《委婉语词的意向观研究》。看着书桌上这部沉甸甸的书稿，我感到非常欣喜，也不由得想起在过去六年中丽君老师在学术道路上的艰辛努力。丽君老师教学和管理任务繁重，仍坚持学术上的追求，排除各种干扰，静下心来认真读书、写作、刻苦钻研，学科基础扎实，走出了自己的成功之路。

《委婉语词的意向观研究》一书是丽君老师在其博士研究课题和论文的基础上，进一步深入探讨、研究而取得的成果。她对已有研究成果进行了认真梳理、总结和分析，提出了委婉语词分析的"意向性－随附性：委婉语词的发生分析框架"。在此框架中围绕意向性、心－物随附性、外延内涵传承说，对委婉语词的发生过程进行了深入、细致的分析和探讨，对委婉语词发生过程中涉及的人的心智活动过程和信息加工过程做出了较为全面的阐释。"意向性－随附性：委婉语词的发生分析框架"揭示了人们使用委婉语词的认知机制和心智活动，为委婉语词的研究提供了一个新的视角，也为语言运用中的其他语言现象的分析研究提供了新的思考与启发。此书整合心智哲学、认知心理学、分类逻辑和其他相关理论，构建了"意向性－随附性：委婉语词的发生分析框架"来解释委婉语词发生的认知－心智机制，综合运用归纳、演绎和溯因推理等方法来解释和说明委婉语词这一比较特殊的语义和语用现象背后所涉及的大脑的心智活动和信息加工过程，是十分有意义的。

委婉语词研究由来已久，以意向性为切入点来研究委婉语词却是一种新的尝试。作为人的心智的一个重要特征，意向性一直是心智哲学研究的核心问题。在当代，关于意向性的讨论呈现出多样性的特点，学者们从心理语义学、心智哲学、认知科学、人工智能、计算机科学等立场讨论意向性的根据、起源、基本结构和本质特征等问题。以约翰·塞尔（John Searle）为代表的哲学家们还通过对言语行为结构及其意义条件的研究来解释意向性的结构和特征，从而对指称、意义等做出新的说明。我们可以看到，当代语言研究越来越注重人的因素在语言使用过程中的作用，尤其重视人的大脑功能和认知状态对语言使用的影响。心智哲学为语言研究提供了一个新的研究视角。从心智哲学的角度来研究语言的表达和使用，挖掘和阐释认知主体在语言表达中的作用，是语言研究的新趋势和新方向。丽君老师的研究正是在这样的大背景下的尝试和创新，以意向性为切入点，从认知-心智的角度解析委婉语词使用过程中涉及的人的心智活动。这样的研究一方面有助于认识委婉语词生成和理解的本质，另一方面也有助于我们更深入地认识人类语言活动内在的心智活动过程，在一定程度上揭示了人类语言知识的认知结构和形成过程。

特以此为序，祝贺丽君老师。同时，也期待丽君老师在学术研究中取得更优异的成绩。

石　坚
2020 年 2 月 10 日于川大花园

前 言

使用委婉语词是一种普遍的语言现象。委婉语词广泛地应用于人们的日常生活。委婉语词的研究由来已久，国内外学者围绕委婉语词从不同角度进行了探讨和研究。其中，从修辞学角度进行的研究总结了委婉语词使用过程中所运用的手段、收到的语言效果和表现的层级范围；传统语言学角度的研究对委婉语词的定义、分类、变化规律、构造方式、语义特征等做出了全面的描述和总结；语用学角度的研究讨论了委婉语词的语用原则和功能；社会学角度的研究解析了委婉语词的来源、发展规律和社会文化成因；跨文化比较角度的研究揭示了英汉及其他语言委婉语词的生成原则和使用方式的差异，解析了语言使用者在跨文化交际中出现的失误并提出避免失误的方法；认知语言学角度的研究主要解释了委婉语词的生成和理解过程，揭示了委婉语词运用中的认知机制。已有的研究对委婉语词做出了多角度、多层次的阐释和说明，取得了丰富的成果，为本书打下了很好的基础。

本书是委婉语词的意向观研究，是在意向性的观照下，从认知－心智的角度解析委婉语词发生过程中涉及的人的心智活动，即通过分析委婉语词生成过程中涉及的主体的心智活动来说明委婉语词的生成机制。本书借用心智哲学中适用于语言学研究的理论，围绕意向性、心－物随附性、外延内涵传承说对委婉语词的发生进行了深入的探讨，对委婉语词的发生过程及其特征做出了详细的解析。

本书拟在"意向性解释"模型下回答如下问题：

（1）委婉语词是什么？

（2）为什么要用委婉语词？

（3）委婉语词是如何发生（generate）①的？委婉语词的使用过程是委婉语词（B）替代直言语词（A）的过程，如用"城市美容师"替代"扫地工"。从形式上看这是语言层面的替代，那么这种替代在人们的心智中是如何发生的？

（4）委婉语词为什么能发生？换言之，就是委婉语词（B）替代直言语词（A）的情况为什么能发生？发生的通道是什么？

其中，对问题（1）和（2）的回答是关于委婉语词的静态结构研究，对问题（3）和（4）的回答是关于委婉语词的发生结构研究，后者是本书的重点，前者是后者的基础。

本书共分7章。

"绪论"部分对本书的总体情况做出说明。

第一章对国内外研究现状做出总体说明。

第二章对本书的理论框架进行详细说明。本书从委婉语词的静态结构和发生结构两个维度进行研究。在意向性观照下静态结构研究重新定义委婉语词，考察委婉语词的更新以及委婉语词在现当代体现出的使用特征，为发生结构研究打下基础。发生结构研究是本研究的重点，是以

---

① "发生"一词取自英文单词"generate"。据 *Webster's New World College Dictionary*, "generate"指"to originate or produce by a physical, chemical or mathematical process"（Victoria Neufeldt, David B. Guralnik, 3rd ed., New York: Macmillan, 1995: 562），即通过物理、化学或数学过程起源或发生。"generate"一词有"起源——过程——结果"的含义。本书研究委婉语词的使用过程在主体心智是如何触发的，其涉及怎样的心智过程，这个过程同"generate"的词义吻合。故本书在行文中统一使用"发生"一词。

认知为基本立场、心智哲学为视角进行的委婉语词的认知－心智研究。它从语言主体的心智活动来解析委婉语词是如何发生的，以及为什么能发生。结合心智哲学中适用于语言研究的理论，本章整合出解释委婉语词发生过程的"意向性－随附性：委婉语词的发生分析框架"。

第三章考察委婉语词在时间轴上的流变特征，以及委婉语词的使用在当代呈现出来的时代特征，回答"为什么要用委婉语词"这个问题。

第四章对意向性在委婉语词发生过程中的统领作用做出详细说明。委婉语词的使用从主体的意向性开始，是在意向内容和意向态度的"纠缠"下完成的。意向内容是指主体意向活动所注意的内容，即委婉对象；意向态度是指主体以什么态度来指向思维的内容，包括忌讳的、尊敬的、同情的、包容的、掩饰的、美化的态度等。主体选择委婉语词替代直言语词的意识过程是以主体对事件（委婉对象）的感知为基础，反思成为这个事件的全新的意象，涌现为用例事件。在从事件到用例事件的涌现过程中，意向性做出多次定向、多次选择，其作用贯穿委婉语词生成的整个过程。

第五章围绕属性二元论和心－物随附性来讨论委婉对象的物理属性和心理属性，以及心－物随附性在委婉语词生成过程中的作用。在意向性作用下，语言主体对委婉对象的物理属性进行选择，一定的物理属性引发一定的心理属性，心理属性随附于物理属性，在主体对委婉对象的物理属性进行选择的过程中，心－物随附性起主导作用。

第六章通过解析委婉语词生成过程中的逻辑特征来说明委婉语词替代直言语词为什么能发生。本章从概念外延内涵传承的角度对委婉语词替代的逻辑特征作了阐述，并进一步解释委婉语词之所以能替代直言语词，是委婉语词所涉及的两个概念/范畴之间发生互动实现外延内涵传承的结果。

第七章总结本研究的主要发现，说明本研究的局限性和进一步研究的方向和思路。本研究的主要发现总结如下：

（1）替代是委婉语词使用的一个核心特征，形式化为［A 是 B］，委婉的实现过程就是委婉语词（B）替代直言语词（A）的发生过程。在意向观观照下的委婉语词研究，是在［A 是 B］形式替代的基础上，以主体意向性为出发点，解析 B 能替代 A 与外部事物 A′发生指称联结的过程和原因。

（2）委婉语词不是一成不变的，而是随着时代的变化而不断更新的，委婉语词在当代的一个新发展就是中立语的使用和推广。委婉语词在时间维度上的使用特征反映出在一定的语境下特定社会群体的集体意向性的认定和整合作用。

（3）委婉语词的发生起始于语言主体的意向性，"关指"出于特定原因不便直说的外部事物。在委婉语词生成过程中，主体在意向性作用下对委婉对象的物理属性进行选择，形成主体对事件的某一性状特征的感受，并涌现为用例事件，用例事件为语言符号所承载，形式化为委婉语词。主体意向性的选择是在心－物随附性的主导下进行的。"意向性－随附性：委婉语词的发生分析框架"深入研究替代得以实现的主体的心智运作活动和心理过程，如心智是如何对输入的感觉、知觉信息进行加工，包括对其进行辨别、选择、转换、重组，从而对在大脑里形成委婉语词的心智过程做出说明。

（4）委婉语词之所以能发生，是因为两个语词所涉及的概念/范畴之间发生互动，实现了外延内涵的传承。传承的过程如下：首先，主体心目中有一个不便明说的事物（即 A′），它可能是不雅的、难听的、忌讳的，或是带有歧视性的；在特定的语境下，语言主体在大脑的类层级知识结构中把握委婉对象所涉及的概念（即 A），分解其外延或内涵，确定一个延项或涵项"传"出去，至适当分支涵项，确定一个自然语言的概念来"承"载，也就是委婉语词（即 B），以 B 替代 A。基于相邻关系和相似关系的替代传承路径不同。

意向观观照下的委婉语词研究结合心智哲学的相关理论和认知科学的新发展，深入分析委婉语词的发生机制，为委婉语词的研究提供了一个新的视角，从而丰富和深化了委婉语词的研究。本书也有一定的局限性：本书主要是从理论方面对委婉语词的发生过程进行分析和讨论，缺乏神经生物学的实证支持。如果条件成熟，我们以后可以设计并进行实验性研究以获得数据支撑。

目 录

0 绪 论 …………………………………………………（ 1 ）
　0.1 本研究的缘起 …………………………………（ 3 ）
　0.2 研究目标 ………………………………………（ 5 ）
　0.3 研究的理论框架 ………………………………（ 7 ）
　0.4 研究方法 ………………………………………（ 11 ）
　0.5 语料来源 ………………………………………（ 13 ）
　0.6 结构安排 ………………………………………（ 14 ）

1 委婉语研究回顾 ……………………………………（ 17 ）
　1.1 国外研究 ………………………………………（ 19 ）
　1.2 国内研究 ………………………………………（ 23 ）
　1.3 已有研究的成果和不足 ………………………（ 37 ）

2 委婉语词研究的理论框架 …………………………（ 41 ）
　2.1 "意向性解释"模型 …………………………（ 44 ）
　2.2 委婉语词的静态结构研究 ……………………（ 46 ）
　2.3 委婉语词的发生结构研究 ……………………（ 54 ）

3 委婉语词使用的时间维度 …………………………（ 79 ）
　3.1 委婉语词的起源 ………………………………（ 81 ）

3.2 委婉语词使用的历史变迁 ………………………………（ 89 ）
3.3 现当代委婉语词的使用特征 ……………………………（ 96 ）
3.4 弱势群体称谓词使用分布情况分析 ……………………（112）

4 意向性与委婉语词 ……………………………………………（123）
4.1 意向性的一般说明 ………………………………………（125）
4.2 意向性的定向作用与委婉语词的替代 …………………（130）
4.3 集体意向性与委婉语词 …………………………………（143）
4.4 委婉语词的意向性分析框架 ……………………………（151）
4.5 事件与用例事件 …………………………………………（155）

5 随附性与委婉语词 ……………………………………………（171）
5.1 心-物随附性简述 ………………………………………（173）
5.2 委婉语词与心物属性 ……………………………………（179）
5.3 随附性与委婉语词的选用 ………………………………（190）
5.4 委婉语词生成的涌现性 …………………………………（198）

6 外延内涵传承与委婉语词 ……………………………………（213）
6.1 委婉语词的分类逻辑 ……………………………………（215）
6.2 外延内涵传承与委婉语词 ………………………………（225）
6.3 拓扑性与委婉语词 ………………………………………（239）

7 结 论 …………………………………………………………（247）
7.1 主要发现 …………………………………………………（250）
7.2 本书贡献 …………………………………………………（253）
7.3 进一步研究的方向 ………………………………………（254）

参考文献 …………………………………………………………（256）

0 绪 论

0.1 本研究的缘起

使用委婉语是一种普遍的语言现象，这种语言现象广泛见诸口语和书面表达，"委婉语深深地内嵌于我们的语言中，无论谁，也不可能一日不用委婉语，就算那些自诩直言不讳的人也不例外"[1]。它的根本特征是对所要表达的意思不直截了当地说出或写出，而是用一种曲折含蓄的表达来代替，使人思而得之，言近而指远。"如果社会把某物视为不可直呼其名的，但又不得不提到它，那么其名字就成了那东西的替罪羊。那东西有其'真正的'名字，而且那个名字我们暗地里肯定知道，不过从来不说。于是我们采用一个称之为委婉词的替代词来表示那个禁物，而不直呼其名。"[2] 由此可见，委婉表达作为语言交际的"润滑剂""遮羞布""糖衣炮弹"，集语言现象、社会现象和心理现象于一身，其内涵十分丰富，受到众多语言学家的关注。国内外学者围绕委婉语进行了多学科、多角度的探讨和阐释。

委婉语研究可以归纳为以下6个方面。①修辞学研究：主要研究委婉语使用过程中所运用的手段、收到的语言效果和表现的层级范围

---

[1] H. Rawson：*Rawson's Dictionary of Euphemisms and Other Doubletalk*，1995，p.1. 本书译文除特别说明外均为笔者所译。
[2] 鲍林杰：《语言要略》，方立、李谷城、李燕妹等译，北京：外语教学与研究出版社，1993年，第660页。

（陈望道，2008；王希杰，2008；王占福，2001；吴礼权，1997）。②语言学研究：从传统语言学角度进行的委婉语研究主要集中在对委婉语的定义、分类、变化规律、构造方法和原则、语义特征等方面（Newman & Silver, 1983；Enright, 1985；Rawson, 1995；Holder, 1995；Warren, 1992；陈原，2000；张宇平，1998；李军华，2004；邵军航，2007；于亚伦，1984；束定芳，1989；束定芳、徐金元，1995；张拱贵，1996；刘纯豹，2002；李国南，1989；徐海铭，1996；江希和，1983；尹群、潘文，2007；洪雁，2007；怀宁，1995；伍铁平，1989）。③语用学研究：从语用学角度进行的研究主要集中在委婉语的语用原则和语用功能两个方面（束定芳，1989；徐海铭，1996；梁红梅，2000；田九胜，2001；王文忠，2000；徐莉娜，2002；彭文钊，1999，卢长怀，2003；邵军航，2007）。④社会学研究：该领域的研究主要从历史背景、发展规律、社会文化心理等方面对委婉语做出分析和讨论（陈原，2000；吴松初，1999；尹群，2003；李国南，1989、2000；孙建汝，1999；李华军，2005）。⑤跨文化比较研究：揭示英汉委婉语的生成原则和使用方式的差异及解析在跨文化交际中出现的失误，并提出避免失误的方法（吴松初，1996；邵志洪，1997；胡金，2002；李卫航，2002；殷定芳，2005；魏晓阳，2002；丛凤玲，2003）。⑥认知语言学研究：该领域的研究运用认知语言学理论来解释委婉语的生成和理解过程，揭示委婉语运用中的认知机制（王永忠，2003；严慧娟，2007；梁春艳，2003；邵军航、樊葳葳，2004；丁川，2007；谌莉文，2007；卢卫中、孔淑娟，2006）。

委婉语研究对委婉语的形式特征和生成的外部成因和规则进行了详细的分析和讨论，很好地回答了"委婉语是什么""为什么要用委婉语"和"委婉语是怎样用的"这3个问题。但对"委婉语是怎么发生的"和"委婉语为什么能发生"这两个问题的回答还不够充分，对委婉语的生成机制还需要进一步讨论和研究。委婉语的认知语言学研究对委婉语的认知理据、意义构建和推理机制作了一定的阐释，但委婉语运用所涉及的认知－心智机制，特别是在主体的大脑中体现为什么样的心智活动和什么样的信息加工过程，还有待进行深入细致的研究。

　　本书是委婉语词的意向观研究，以语言主体的意向性为导向和统领，从认知－心智的角度解析委婉语词生成过程中涉及的人的心智活动过程。"半个多世纪以来的语言研究的趋势是：越来越重视人的因素在语言中的作用"[①]，目前更为重视人的大脑功能和认知状态对语言运用的影响。当代心智哲学是有关心脑关系的形而上的研究，基于此，本书借用心智哲学有关意向性、意识活动、心－物随附性、涌现性的讨论以及外延内涵传承说理论来研究委婉语词生成所涉及的心智活动过程，从而从心智哲学的角度来回答"委婉语词是怎么发生的"和"委婉语词为什么能发生"这两个问题。

0.2　研究目标

0.2.1　研究对象

　　委婉语是一个较宽泛的概念，包括多种语言单位，如音节、单词、短语、句子，甚至语篇等。如果把委婉看作一种语言使用的机制，它必然涉及语言表达从语音形式到语篇的各个层次。但本研究仅取语词层面的委婉表达作为研究对象，原因有二：一是语词层面的委婉表达是在一

[①] 徐盛桓：《语言研究的心智哲学视角——"心智哲学与语言研究"之五》，《河南大学学报（社会科学版）》，2011（4），第2页。

定范围内被大多数人接受的词和短语,具有约定俗成性和相对稳定性;二是作为一个可以自由入句的非句子的表达单位,委婉语词可与成语、黑话、隐语、歇后语等作比较,研究其在语言使用中的特点,比较其生成机制与其他语词层面表达式生成机制的异同。

0.2.2 研究目标

在目前的委婉语词研究中,我们发现,委婉语词的形式特征的核心是替代,比如用文雅的语词替代不雅的语词,用"更衣"替代"大小便","净桶"替代"便桶";用一些语词去避讳、替代禁忌的语词,如用"安息"替代"死亡",用"长生板"替代"棺材";用好听的语词替代冒犯性的语词,如用"失足青年"替代"犯罪青年","写真"替代"裸照","贪杯"替代"嗜酒";用包容性的语词替代有歧视性的语词,如用"城市务工人员"替代"盲流",用"弱势群体""困难群体"替代"老弱病残",用"网络使用不当"替代"网瘾"。不难看出,不管是哪一类委婉语词,其委婉得以实现的核心就是替代的实现。我们把替代作为委婉语词的一个核心特点提炼出来作为研究的基点,通过研究替代过程的实现来解析委婉语词生成的认知－心智机制。具体而言,我们希望通过研究回答以下问题:

(1) 委婉语词的替代是如何发生的?委婉语词的使用过程是委婉语词替代直言语词的过程,从形式上看是语言层面的替代。语言是表面上看到的、听到的,是我们思维活动的载体。大脑里面没有分门别类的具体语言,如汉语、英语、日语,但为什么它们之间能相互替代?大脑里面没有具体的语言形式来替代,这种替代在我们的心智中又是如何实现的?我们将从心智哲学的视角回答问题,并建构委婉语词的生成模型。

(2) 委婉语词的替代为什么能发生?我们将通过解析委婉语词生

成过程中的逻辑特征来说明委婉语词替代直言语词为什么能发生，以及发生的通道是什么。

（3）委婉语词替代的实现反映了人们运用语言和认识事物的什么特征和规律？反映了人们认识世界的什么心智活动？

以上3个问题是本书研究的核心问题。要回答这3个问题，我们将以主体意向性为导向和统领，从认知-心智的角度解析委婉语词生成过程中涉及的人的心智活动过程和信息加工过程。因为整个研究是在心智哲学的视角下进行的，所以为了对以上3个问题做出深入、完整的回答，我们会从意向性角度重新定义委婉语词，并从意向性角度解释为什么要用委婉语词，使整个解析统一在意向性解释框架内。

0.3 研究的理论框架

0.3.1 语言研究的认知-心智视角

针对以上核心研究问题，本书以认知为基本立场，以心智哲学为视角来构建委婉语词生成的分析框架。

认知语言学研究秉承两个"承诺"，即"概括性承诺"（commitment of generalization）和"认知性承诺"（commitment of cognition）。[①] 概括性承诺强调在语言现象的理论描写中应找寻一般原则和规律，认知性承诺强调对语言现象的概括性描述应遵循相关学科对大脑和心智的发现。遵从这两个"承诺"就是用人的认知过程对语言现

---

① G. Lakoff："The invariance hypothesis：Is abstract reason based on image-schemas？"，*Cognitive Linguistics*，1990，Vol. 1，pp. 39 - 74.

象做出概括性的解释。就委婉语词的研究而言，就是要用认知过程来说明委婉语词是如何生成的，为什么能生成这样的表达，形成委婉语词的动因又是什么。要回答这些问题，我们需借用心智哲学的研究成果，从语言主体生成委婉语词的起点出发，解析在委婉语词运用过程中心智活动是怎样发生的，又是如何表征的。

心智哲学视角下的语言研究有3个假设：①基于心智是语言最本质的性质；②感觉、知觉信息的表达是语言运用的基础；③语言所表征的是心理表征。① 这就是说，语言是由心智产生的，语言的运用包括语言的生成和理解都离不开心智，语言运用的过程反映主体心智活动的过程；人们运用语言的心智活动始于对外部事物的感觉和感受，语言表达的内容是身体感知的内容，感觉/知觉信息的表达是语言运用的前提和基础；语言符号（包括声音符号和书写符号）不能直接表征客观存在的外部事物，而是对存在于大脑中的对外部事物的心理表征的表征。

委婉语词是语言表达的一种重要形式，它必然也是基于心智的，产生于心智的，以主体的感知信息作为表达的基础。委婉语词所表征的不是直接的外部世界，而是对心理表征的表征。但心智是抽象的，是看不见摸不着的。要获得语言的心理表征，就要深入研究基于感知的认知信息的处理和加工过程。心智对输入的感知信息的加工过程可以分解为5个步骤：

（1）在语言运用中，感觉和知觉的过程是从什么开始的？

（2）在这个过程中哪些主要的变量在语言表达中起作用？

（3）这些变量如何组合成为计算模型？

（4）计算过程和结果是如何在大脑中表征的？

---

① 徐盛桓：《语言研究的心智哲学视角——"心智哲学与语言研究"之五》，《河南大学学报（社会科学版）》，2011（4），第5~6页。

(5) 大脑的表征又是如何被语言表征的?[①]

所谓信息的心智加工过程是一个假设的心理过程。依据这些步骤，人们可以更加程式化地把握在语言运用过程中心智如何表征，如何进行信息加工或计算。我们对委婉语词的研究也依据这5个步骤，讨论委婉语词生成过程中感觉、知觉是怎么开始的，哪些主要变量在委婉语词生成过程中起作用，是如何起作用的，以及这些变量又是如何组合成计算模型的。

0.3.2 "意向性解释"模型

依据上述步骤，我们建构"意向性－随附性：委婉语词的发生分析框架"（以下简称"意向性－随附性框架"）来解析委婉语词发生过程中主体的心智活动过程和信息加工过程。该框架的建构是在"意向性解释"模型下进行的。"意向性解释"模型如图0.1所示：

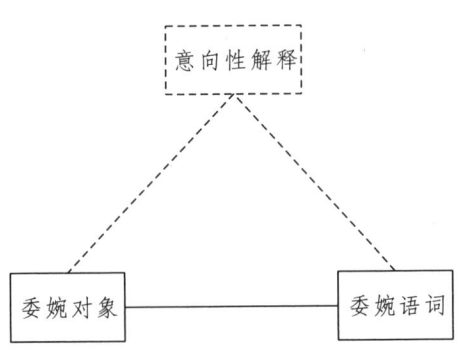

图0.1 委婉语词的"意向性解释"模型

从外部特征看，委婉语词的使用就是委婉语词对直言语词的替代，如用"安息"替代"死亡"，用"城市美容师"替代"清洁工"。直言语词可直接指称委婉对象，而委婉语词并不能直接指称委婉对象。"城

---

① 徐盛桓：《语言研究的心智哲学视角——"心智哲学与语言研究"之五》，《河南大学学报（社会科学版）》，2011 (4)，第1－12页。

市美容师"在实指的情境中没有具体所指,并不直接指称"在大街上打扫清洁的工人"这一委婉对象;"安息"直接指称的外部事件是"休息"或"睡觉",也不直接指称外部事件"死亡"。替代的实质是在特定语境下委婉语词指称其在实指的情境下无法指称的委婉对象。本书研究的重点就是解释委婉语词和委婉对象之间发生指称连接的过程和原因。

"意向性是人的心智的重要特征"①,我们的解释以意向性为取向。如图0.1所示,委婉语词是实实在在的语言表达式,委婉对象是实实在在的客观存在,二者都是实际存在的,所以在图中用实线表示。在实际的语言运用中,特定的委婉语词可以对应特定的委婉对象,所以委婉对象和委婉语词之间的连接也用实线表示。从委婉对象到委婉语词的过程是一个反映语言主体心智活动的过程,是虚拟的过程,在图中用虚线表示。这个过程是主体在意向性作用的统领下,基于获得的感知信息,调动储存于大脑的记忆和百科知识,经过联想、想象和格式塔转换在心智中涌现出意象的意识活动过程。委婉语词的主体意识活动起始于意向性,意向性贯穿整个意识活动的始终,"意向性－随附性分析框架"是在"意向性解释"模型下构建起来的,对从委婉对象到委婉语词的过程作了详细和深入的说明和解释。正因如此,本书定名为"委婉语词的意向观研究"。

"意向性－随附性分析框架"下的委婉语词的发生过程可以简述如下:委婉语词的发生过程起始于语言主体的意向性,在意向性作用下,主体将注意力定向于由于特定原因不便直言的外部事物(委婉对象);语言主体在意向性作用下对委婉对象的物理属性进行选择,形成主体对委婉对象的某一性状特征的感受并涌现为用例事件;主体意向性的选择

---

① P. Jacob: *What Minds Can Do?*, Cambridge: Cambridge University Press, 1997, p.77.

是在心－物随附性的主导下进行的。"意向性－随附性分析框架"是在心智哲学的相关理论指导下建构的，涉及心智哲学的一些基本概念如意向性（intentionality）和集体意向性（collective intentionality）、原初意识（primary consciousness）和反思意识（reflective consciousness）、事件（event）和用例事件（usage event）、心理属性（mental property）和物理属性（physical property）、心－物随附性（supervenience）、涌现（emergence）等。这些概念在解析委婉语词的发生机制中起什么作用，概念之间是如何关联又如何整合为一个委婉语词发生过程的解释框架，我们将在第二章概述，在第四、五、六章详述。

0.4 研究方法

研究方法指在研究中发现新现象、新事物，或提出新理论、新观点，揭示事物内在规律的工具和手段。本研究是从主体心智活动的角度说明委婉语词是一种什么语言现象，委婉语词的生成在主体的心智中是如何发生的，委婉语词的发生过程反映人们什么样的心智活动和认知规律。基于这样的目的，在充分收集语料的基础上，本书综合运用归纳、演绎、溯因推理方法，进行历时和共时研究。

0.4.1 归纳、演绎和溯因推理

归纳是根据具有代表性的事实和例子得出一般性结论，或推理出普遍性规律的方法。演绎是从一般性结论引出个别性结论，即从一般性前提得出特殊性结论的过程。归纳是从特殊到一般，其优点是能体现事物的根本规律，能体现事物的共性，缺点是易归纳，不完全。演绎是从一般到特殊，其优点是从一般规律出发，步步递推，逻辑严密，结论可

靠，能体现事物的特性。这两种推理的思维方向是相反的，但在运用上并不矛盾，它们相互依赖，缺一不可。人们的认识过程总是综合运用归纳和演绎两种思维方法，从个别事实引出一般性结论，又从一般原理引出个别结论从而使认识不断深化的过程。

溯因推理是推理到最佳解释的方法。溯因法在语言学研究中就是从语言事实出发推导出它们最恰当的解释的过程。溯因推理有如下特点：①反溯性；②择优性；③或然性。① 溯因推理择优性表明，溯因推理的推导力过强，所以，关键不在于知道哪些是可能的解释，而在于做出合理的选择。② 溯因推理的全过程包括回溯、优选和检验，尽量降低或然性。

实际上，这3种推理方法往往需要协同使用，不能把某一方法绝对化。溯因法在产生新观点的日常推理和科学推理中起着十分重要的作用，但它只提供有待证明的可能性。归纳法提供的是事物的或然性，演绎法则提供逻辑的必然性。只有把三者有机结合起来，才能更好地发挥理论思维的作用。

本书综合运用归纳、演绎和溯因的方法，且在不同的阶段运用不同的方法。首先通过对委婉语词这一现象进行细致的观察和归纳演绎，总结出委婉语词的特点和规律，在此基础上提出关于委婉语词使用的几个假设，并对收集的语料进行说明，用溯因法来分析推导委婉语词生成的认知－心智机制。总之，本书综合运用归纳、演绎和溯因推理法，在对委婉语词现象进行描述的基础上，研究人们使用委婉语词的心智活动和认识事物的特征和规律。

---

① 徐盛桓：《句法研究的认知语言学视野》，《外语与外语教学研究》，2005（4），第6页。
② 参见蒋严：《论语用推理的逻辑属性——形式语用学初探》，《外国语》，2002（3），第20页。

0.4.2 历时研究和共时研究相结合

任何一种语言，都有它横向结构的（相对稳定的）一面，又有它纵向发展的（历史的）一面。研究分析语言，既要看它在当代的状态，认识它的现状，也要看它发展的特点，找出演变的规律。历时研究关注语言发展的历史，观察一种语言的结构要素在不同发展阶段的历史演变，是从纵向来研究语言。共时研究描述分析语言在某一时期、某一阶段的状态，是从横向来研究语言。

本书结合历时和共时研究，从共时的角度对委婉语词的语言特征和认知-心智机制展开研究，同时结合历时演变对委婉语词不断更新的过程进行分析。

0.5 语料来源

本书所用语料主要有以下3个来源。

（1）词典：主要来自4本词典。①张拱贵的《汉语委婉语词典》（1996）。该词典共收录汉语委婉语词近3 000条，古今兼收，不仅包括运用委婉方法产生的固定的词，还包括一些固定短语。每条词目都有释义和引例，可以帮助读者了解委婉语词的语义来源以及委婉语词使用的语境。②刘纯豹的《英语委婉语词典》（2002）。该词典共收录委婉语词5 373条，1995年7月获首届"国家辞书奖"二等奖，获得语言学界的一致好评。③劳森（H. Rawson）编纂的 *Rawson's Dictionary of Euphemism and Other Doubletalk*（1995）。该书不但追溯了英语委婉语研究的历史，而且对英语委婉语词的特点、定义、分类、涉及范围等诸多问题进行了广泛的讨论，具有很高的参考价值。④霍尔德（R. W.

Holder）编纂的 *A Dictionary of Euphemisms*（1995）。该书收集了逾5 000个委婉语词词条，对每个词条的释义、辞源、引申、用例作了详细解释。该词典收集了美式和英式委婉语词，并有特别注解，这在某种意义上是对劳森编纂的词典的有益补充。

（2）报刊、网络中的语料：从报刊、网络收集到的当代委婉语词，是对词典语料的补充。对这类语料的分析对我们发现委婉语词在现当代的使用特征帮助很大。

（3）文献语料：从相关论文、专著中收集到的委婉语词。

0.6 结构安排

本书共分7章。

"绪论"简述本研究的缘起、研究目标、理论框架、研究方法、语料来源和结构安排。

第一章"委婉语研究回顾"对已有的委婉语研究进行梳理和总结，综述委婉语的定义、分类、构造方式、语用特点、社会文化成因、认知机制的研究；并对已有的研究成果和不足进行归纳总结，在此基础上引入本书的核心研究问题。

第二章"委婉语词研究的理论框架"对本书的理论框架进行详细说明。本书是在"意向性解释"模型下对委婉语词静态结构和发生结构进行的研究。静态结构研究是在意向性观照下重新定义委婉语词，考察委婉语词的更新及其在现当代体现的使用特征，为发生结构研究打下基础。发生结构研究是本书的重点，是以认知为基本立场、心智哲学为视角进行的关于委婉语词的认知-心智研究，从语言主体的心智活动来解析委婉语词是如何发生的，以及为什么能发生。结合心智哲学中可适用于语言研究的理论，本章整合出解释委婉语词发生过程的"意向性－随附性分析框架"。

第三章"委婉语词使用的时间维度"考察委婉语词在时间轴上的流变特征，以及委婉语词的使用在当代呈现出来的时代特征，对"为什么要用委婉语词"这个问题做出回答。

第四章"意向性与委婉语词"对意向性在委婉语词生成过程中的统领作用做出详细说明。委婉语词的使用从主体的意向性开始，是在意向内容和意向态度的"纠缠"作用下完成的。主体选择委婉语词替代直言语词的意识过程是以主体对事件（委婉对象）的感知为基础，反思成为对这个事件的全新的意象，涌现为用例事件。在从事件到用例事件的涌现过程中，意向性做出多次定向、多次选择，其作用贯穿委婉语词生成的整个过程。

第五章"随附性与委婉语词"围绕属性二元论和心－物随附性来讨论委婉对象的物理属性和心理属性，以及心－物随附性在委婉语词生成过程中的作用。在意向性作用下，语言主体对委婉对象的物理属性进行选择，一定的物理属性引发一定的心理属性，心理属性随附于物理属性，在主体对委婉对象的物理属性进行选择的过程中，心－物随附性起主导作用。

第六章"外延内涵传承与委婉语词"通过解析委婉语词生成过程中的逻辑特征来说明委婉语词替代直言语词为什么能发生。本章从概念外延内涵传承的角度阐述了委婉语词替代的逻辑特征，并进一步解释委婉语词替代直言语词之所以能发生是委婉语词所涉及的两个概念/范畴之间发生互动实现了外延内涵传承的结果。

第七章"结论"总结本书的主要发现，并说明本研究可能存在的局限性，指出进一步研究的方向和思路。

1

委婉语研究回顾

"Euphemism"（委婉语）一词来源于希腊文，"eu"意思为"well or sounding good"（好的，好听的），"pheme"意思为"speech or saying"（话语），因此"euphemism"一词的字面意思是"to speak with good words or in a pleasant manner"（说好听的话或好的说法）。汉语中，东汉许慎在《说文解字》中就有对"委""婉"二字的解释："委，委随也。从女从禾。"①"婉，顺也。从女宛声。"②"委""婉"二字都有"曲"的意思，因此"委婉"也有"曲"的意思。《现代汉语规范词典》中"委婉"的释义为"（言辞）婉转，不生硬"。委婉语作为一种表达方式，广泛见于人们的口语和书面表达。委婉语作为一种普遍的语言现象，受到众多语言学家的关注，他们从修辞学、传统语言学、社会学、语用学、英汉对比研究、认知语言学等角度对委婉语进行了多方面的研究。本章我们对已有的委婉语研究进行梳理，并作综述和总结。

1.1　国外研究

　　西方学者对委婉语的研究由来已久。早在16世纪80年代初，英国作家布朗特（G. Blunt）首创了"euphemism"一词，并将其定义为"a good or favorable interpretation of a bad word"。国外关于现当代关于委婉

---

① 说文解字——在线篆书词典：http://www.shuowen.org/view/8173，2013-03-13。
② 说文解字——在线篆书词典：http://www.shuowen.org/view/8163，2013-03-13。

语的研究成果丰厚，词典编纂成果尤为突出。

国外关于现当代委婉语的研究有3本重要的词典：一本是美国语言学家劳森（H. Rawson, 1995）编纂出版的 *Rawson's Dictionary of Euphemisms and Other Doubletalk*。该词典收集了现当代常用英语委婉语词，并给出详细释义和用例。该词典的前言追溯了英语委婉语研究的历史，对英语委婉语的特点、定义、分类、涉及范围等问题进行了广泛的讨论。他从语义角度将委婉语词分为积极委婉语（positive euphemisms）和消极委婉语（negative euphemisms）两类。积极委婉语是指语义扬升的委婉语词，把原本"差的""不好的"说成"好的"，包括对机构、职业的美化用语以及对人的尊称；消极委婉语指语义弱化的委婉语词，把原本禁忌的、可怕的事物表达得更温和，如对神的尊称、对凶猛动物的别称、对自己的谦称等。此外，劳森还总结了委婉语演变的两条规律——格雷欣定律（Gresham's Law）和更新定律（the law of succession），来解释委婉语词的演变、更新、发展和消亡的过程。该词典称得上是委婉语词研究的经典之作，"词典中长达数十页的前言，乃是迄今为止中外学者研究委婉语的各种论文中最为杰出的一篇"[①]。另一本词典是美国语言学家纽曼和西尔弗（J. S. Newman & C. G. Silver）出版的 *Kind Words: A Thesaurus of Euphemisms*（1983）。作者对委婉语的定义、历史、构成、使用动机作了详细讨论，总结出英语委婉语词构成的5种方式：借词、语义扩大、语义转移、隐喻转义、语音扭曲。其中语音扭曲手段包括缩略法（abbreviation）、简略法（apocopation）、逆序法（back forming）、重叠法（reduplication）、合成法（a blend word）、缩减法（diminutive）。此外，作者依据英语委婉语词所涉及的范围对其进行分类，并详细探讨了每个委婉语词的起源及作

[①] 束定芳、徐金元：《委婉语研究：回顾与前瞻》，《外国语》，1995（5），第19页。

用。这本词典同样是研究英语委婉语词的集大成之作，具有重要的参考价值。还有一本词典是英国学者霍尔德（R. W. Holder, 1995）编纂的 *A Dictionary of Euphemisms*，该词典收集了逾 5 000 个委婉语词词条，对每个词条的释义、辞源、引申、用例作了详细解释，并在词典的末尾给出主题分类，包括年老、破产、贿赂、生育、犯罪、死亡、排泄、生殖、醉酒、肥胖、失业、偷窃、色情、战争等近 70 个主题。值得一提的是，霍尔德的委婉语词典收集了美式和英式委婉语词，并作了特别注解，这在某种意义上是对前两本词典的有益补充。劳森、纽曼和西尔弗、霍尔德所取得的成果奠定了英语委婉语研究的基础，他们的研究成果对汉语委婉语的研究有极大的启示和借鉴作用。

除词典外，国外学者对委婉语的研究还包括几部重要的论著。英国学者恩莱特（D. J. Enright, 1985）编著的 *Fair of Speech: The Uses of Euphemisms*，收集了 16 位学者对委婉语的研究成果。这些学者从不同侧面、不同视角对委婉语现象做出阐述和解释，并对承载委婉语现象的文化进行解析。其中多以英语委婉语词为研究对象，也涉及法语等其他语种。阿伦和伯里奇（K. Allan & K. Burridge）出版的 *Euphemism and Dysphemism: Language Used as a Shield and Weapon*（1991），用语用学的理论解释委婉语现象，从心理学和语用学的角度把委婉语定义为保护罩（protective shield），用以维护面子，收到礼貌的效果。在已有研究成果的基础上，阿伦和伯里奇出版了 *Forbidden Words: Taboo and the Censoring of Languages*（2006）。本书从人类学、社会学、心理学角度对禁忌语进行了系统的论述，是国外禁忌语和委婉语研究的新发展，其主要创新之处在于：①区分和描述了由社会塔布（taboo）所形成的禁忌语和个人语言审查（censoring）所涉及的避讳语言；②提出了分析研究禁忌与避讳语言的"X-phemisms"模式，根据说话人情感和态度的差异，把人们日常使用的语言分为粗言（dysphemisms）、直言（orthophemisms）、婉言（euphemisms）。在阿伦和伯里奇的划分中，限制语境的一个因素是中产阶级礼貌准则（middle-class politeness criterion，MCPC）；③对政治正确语言（language of political correctness）的概念及其发展过程做了详细解释，认为政治正确语言的目的是改善语言交际，也是说话人的语言审查方式之一。

  国外委婉语研究的成果也以论文形式散见于学术期刊中。沃伦（B. Warren，1992）从词汇语义学角度研究委婉语词的构造特征，把委婉语词的构造方式总结为构词法（word formation devices）、语音法（phonemic modification）、借词法（loan words）、语义更新法（semantic innovation）。林富特－哈姆（K. Linfoot-Ham，2005）借用沃伦的委婉语词构造模型，对三本英文小说《爱玛》（*Emma*）、《查泰莱夫人的情人》（*Lady Chatterley's Lover*）、《衣冠楚楚》（*Well-Groomed*）里出现的跟性有关的委婉语词做了细化研究，从三本小说中找到近 250 个委婉语词，具体分析其构造特征，并解释这些构造特征背后的社会成因。奇尔顿（P. Chilton，1986）综合批评语言学和认知语言学观点对政治话语的分析，认为隐喻和委婉表达是意识形态话语的两种语言武装策略。普法夫（K. L. Pfaff，1997）从心理学的角度考察隐喻知识在人们使用委婉语和粗直语中的作用，研究发现人们对某些事物的概念化隐喻影响他们对委婉表达和粗直表达的处理时间，以及是否能恰当使用。马修（S. M. Matthew）等学者（2006）从语用学和社会语言学角度对英语委婉语词的更迭做了量化研究，量化分析委婉语词的规约化程度与礼貌之间的相关性，认为委婉语词规约化的结果不是语义污染（contamination）而是语义掩饰（camouflage）。马修和巴切勒（S. M. Matthew & J. A. Batchelor，2003）对委婉语词的使用同面子的关系做了定量研究，发现说话人在相信听话人知道自己的身份的情况下会更多地使用委婉语词，因而认为人们使用委婉语词多是为保护自己的面子而不是听话人的面子。戈麦兹（M. C. Gomez, 2009）区分了词语禁忌（word taboo）和概念禁忌（concept taboo），认为委婉语不能限定在词语层面，也不是一个简单的替代过程，一个表达是否是委婉表达要在特定语境下由其交际价值和说话人的意图来决定，文章从认知语用角度重新定义了委婉语。鲍尔斯和皮尔斯（J. S. Bowers & C. W. Pleydell-Pearce, 2011）运用EDA实验（electro dermal activity，皮肤电活动）考察脏话（swear words）、委婉语以及直言语产生的情感刺激。受试者在听到脏话时产生的电皮肤反应最强烈，委婉语次之，直言语最弱，并结合语言相对论讨论词语的形式对产生的表达效果和认知效果的影响。哈尔马里（H. Halmari, 2011）研究政治正确语言在新闻媒体中的使用现状，重点考察"'people first' language"（即使用定语后置表达形式如"people with disability"而不是定语前置表达形式如"disabled people"）在《休士顿日报》（*Houston Chronicle*）上的使用情况，对2002到2007年"'people first' language"在《休士顿日报》上的使用频率做了定量研究，发现《休士顿日报》使用政治正确语言的频率远远低于非政治正确语言（non-PC language）。

由此可见，国外学者从多角度研究委婉语词，近年来呈现出很强的定量研究趋势。这些研究通过获得有关委婉语词运用的数据，对数据进行量化处理和分析，得出了有意义的结论，对推动构建与委婉语词的相关研究模型和假设有较大作用。

1.2 国内研究

我国古代学者对委婉语的研究主要集中在两个方面：一是对避讳的研究，二是对民间风俗的研究。"委婉语词的产生，大抵是从塔布（禁忌）开始的。"① 我国历代对避讳的研究，主要散见于各个朝代的训诂学著作中。对避讳进行过比较系统的研究的是清朝的钱大昕，他在《十驾斋养新录》《廿二史考异》等著作中不但全面考察了历史上避讳的主要对象，还通过避讳实例补正了因避讳而删改的文字，恢复了部分古籍的本来面目。古代避讳采用改字、空字、缺笔、改音等多种方法，造成了某些古籍文字使用的混乱。陈垣在《史讳举例》中分析说明了历代避讳的种类、所用的方法，涉及诸多避讳对象，是一部关于避讳研究的重要著作。对民俗中避讳现象描述最早的是明代学者陆容的《菽园杂记》，该书揭示了委婉语的两大特点：委婉语是日常生活中的普遍语言现象，只是程度不同而已；委婉语产生于"俗讳"，与人们的社会活动和社会心理有紧密关系。

现当代委婉语的研究在避讳和民俗研究的基础上呈现出全方位、多层次的特点。许多语言学家和学者从不同的视角，如修辞学、语言学、语用学、社会学、跨文化比较、认知语言学对委婉语进行了深入的解析，成果颇丰，现分述如下。

1.2.1　委婉语的修辞学研究

修辞学"最大的功用是在使人对于语言文字有灵活正确的了解"②。在较长的一段时间内，我国学者对委婉语的研究主要是从修辞的角度来进行的。委婉作为一种修辞手段被称为"委曲""婉曲""曲折""曲指""婉转"等。陈望道（2008）把委婉分为"婉转""避讳"两个辞格，分属乙类积极修辞格，即意境上的辞格。王占福（2001）也有相似的划分，即分为"避讳"和"委婉"两种辞格，前者为词语型辞格，

---

① 陈原：《社会语言学》，北京：商务印书馆，2000 年，第 349 页。
② 陈望道：《修辞学发凡》，上海：复旦大学出版社，2008 年，第 14 页。

后者包括词语型辞格、句子型辞格、篇章型辞格。王希杰（2008）把委婉称为"婉曲"，有表里两层意思：字面意义和骨子里的意思。两者是不一致的，重点在骨子里的那层意思。表里两层意思的不一致体现了语言的变化美。吴礼权（1997）把汉语委婉修辞分为"典型表现形态"和"非典型表现形态"两种，其中"典型表现形态"包括14种常见形式，即用典、折绕、讳饰、藏词、析字、双关、讽喻、起兴、留白、设彀、倒反、绝语、歇后、回避。这14种形式虽然各有其独特的表达效果，但总的表达效果是相同的，即委婉曲折，含蓄深沉。在表现的层级范围上，汉语的委婉修辞包含题旨的委婉、章旨的委婉、句旨的委婉、词旨的委婉4个层级。修辞学角度的委婉语研究突破了字、词层次，扩展到句子乃至篇章层次，但其不足之处在于对委婉语的界定不明确，缺乏特定的形式结构标记说明。

1.2.2　委婉语的语言学研究

从语言学的角度进行的委婉语研究主要集中在对委婉语的定义、分类、变化规律、构造方法和原则、语义特征等方面。

（1）委婉语的定义研究。在中文文献资料中委婉语的定义纷繁多样，没有一个统一的定义。《辞海》（夏征农，1999）认为"婉言"是一种辞格，不直言本意而用委曲含蓄的话来烘托暗示。王力（1999）主编的《古代汉语》将"委婉"解释为封建社会的一种说话方式，说话时有所顾忌，往往曲折地把意思表达出来。陈原（2000）把"委婉语词"定义为用好听的、含蓄的、使人少受刺激的词代替禁忌的语言。陈望道（2008）把"婉转"解释为说话时遇到伤感惹厌的地方，就不直白本意，只用委曲含蓄的话来烘托暗示。王希杰（2008）对"婉曲"做了清晰的解释，认为"婉曲"是对不雅的或有刺激性的事物不直截了当地说出来，而是迂回曲折地用与本意相关或相类的话来代替。张志公（1982）编写的《现代汉语》把"委婉"定义为一种表达方式，人们一般不愿意直接说明白的事物用一些相应的同义词语婉转曲折地表达出来。张宇平等（1998）认为"委婉"是用含蓄曲折的词语来代替那些不能直说的话。

不难看出，汉语委婉语的定义研究基本上是对委婉辞格的定义，因此李华军（2004）和邵军航（2007）建议，要定义委婉语首先要区分"委婉""委婉辞格"和"委婉语"，当前委婉语研究最重要的是进一步探讨、确定委婉语的定义，只有有了明确的内涵和外延，才能将委婉语的研究深入下去。值得注意的是，已有的委婉语的定义都把委婉语看作一种语义替代。我们认为，替代是委婉语表达的一个核心特征，我们的研究也是在委婉语词形式和语义替代这一特征的基础上进行的，并以语言主体的意向性为出发点和主导进行深入研究。我们将在第三章从意向观角度重新定义委婉语词。

（2）委婉语的分类研究。分类研究的基础是分类的标准。对于委婉语的分类，不同的学者按照不同的标准提出了不同的观点。总体上说，分类的标准包括委婉对象、语义特征、语用功能、语体特征等方面。

根据委婉对象的不同，于亚伦（1984）把委婉语分为6个大类：上帝的称呼（mention of God）、近似誓言咒语（near-swearing）、性（sex）、死亡（death）、疾病（disease）和排泄（excretion）。束定芳（1989）根据委婉对象将委婉语大致分为10类：神、性、身体部位、排泄、死亡与疾病、罪恶与过错、战争、外交辞令、政府宣传及其他。张拱贵（1996）编纂的《汉语委婉语词典》根据委婉对象的不同把委婉语分为死亡与殡葬、疾病与伤残、分泌与排泄、性爱与生育、身体器官与生理变化、犯罪与惩罚、战乱与灾祸、家庭与婚配、人际关系与称谓、职业与境遇、钱财与经济、品质与性情、动植物名称13大类，每个大类再分若干小类。刘纯豹（2002）的《英语委婉语词典》把英语委婉语分为 12 大类：①世人与职业；②人体部位与器官：禁忌部分；③人体部位与器官：中性部分；④疾病与残障；⑤死亡与殡葬；⑥分泌与排泄；⑦缺点与错误；⑧性爱与生育；⑨犯罪与惩罚；⑩政治与战争；⑪神明与魔鬼；⑫誓言与咒语。这样的分类方式简单易懂，实用性强，可供查阅者快速检索。对做特定类别的委婉语研究的学者而言，这样的分类具有很好的参考性，能提供研究所需的基本语料和用例。但这种分类的不足之处也很明显：首先，委婉对象层出不穷，委婉表达也不断更新，这样的划分很难穷尽；再者，有些委婉对象的归属关系很难做出明确的划分，比如把"妓女"替代为"三陪女""按摩女""性工作者"，很难确定应该归属于职业类委婉语还是性爱类，因此，两类委婉语词之间往往有重叠和交叉。

在按语义特征给委婉语分类的研究中最有影响力的是劳森（H. Rawson，1981）做出的积极委婉语（positive euphemism）和消极委婉语（negative euphemism）的区分，积极委婉语是语义的扬升，消极委婉语是语义的减弱。束定芳（1989）针对这种分类提出了不同看法，他认为对任何事物进行二分是不可能的，因而在积极委婉语和消极委婉语区分的基础上应该还要增加中性（neutral）类，指只在语音形式上发生变化而不涉及语义变化的委婉语。李国南（1989）将委婉语分成习语化委婉语和临时性委婉语。在此基础上，束定芳、徐金元（1995）提出狭义委婉语和广义委婉语的概念：狭义委婉语多指委婉语词，一般是约定俗成的，是在一定范围内为大多数人所接受的词或短语，如英语中把"die"婉称为"pass away"；广义委婉语指通过语言系统中的各种手段或话语手段临时构建起来的具有委婉功能的表达方式。徐海铭（1996）提出了规约化和非规约化委婉语的划分，规约化委婉语是在长期使用过程中被视为特定的甚至标准化的委婉表达形式，而临时性的、非固定的表达则是非规约化委婉语。这里的规约化委婉语同习语化委婉语和狭义委婉语相似，非规约化委婉语同临时性委婉语和广义委婉语接近。

有学者认为，按委婉语的语用功能可以分为避讳、礼貌和掩饰（或伪装）三类。李国南（1989）认为，避讳是对不"快"之事的回避，礼貌是对不"雅"之事的回避，日常生活中的委婉语是为了避讳和礼貌，而政治生活中的委婉语是为了掩饰或伪装。邵军航、樊葳葳（2002）总结了中外研究者对委婉语的各种分类方法，并在此基础上提出了自己的分类方法——按语用目的分类，分为利他委婉语、利己委婉语和泛利委婉语。他们的研究对检索委婉语的各种分类具有一定的参考价值。

从以上简述可以看出，在委婉语的分类研究中，分类的标准不同，分类的结果就会不同，不同的分类在不同的研究中各有所长。在我们的研究中，我们重点讨论委婉语词生成过程中涉及的主体的心智活动，因此我们的研究不对委婉语词做具体的分类，而是把委婉语词视为一种语言现象，并对其生成过程做出整体说明。

（3）委婉语的构造研究。为了达到委婉、温和、礼貌、文雅等表达效果，人们用多种语言手段来构造委婉语。江希和（1983）将委婉语的构造方式分为外来语、缩写、抽象词语、间接迂回说法、用含幽默口吻的词语、用打折扣的说法、用较长的词等。束定芳、徐金元（1995）认为委婉语的构成方式包括语音手段、词汇手段（抽象词语、提喻、比喻、外来语）、语法手段（否定、时态、代词）、语用手段、省略等。刘纯豹（2002）把英语委婉语词的构造方法归纳为构词手段、语音手段、拼写手段、词汇手段、语法手段和修辞手段，并总结出17种构成方式。尹群、潘文（2007）把汉语委婉语词的构造方法归纳为语音手段、词汇手段、修辞手段。洪雁（2007）对汉语委婉语词做了详细研究，认为其构成方式有语音手段（包括省音、避音、变音、谐音、重叠儿童用语)、词汇手段(包括语义派生、借用外来词)、语法手段(包括助词、副词、语气词、代词的使用以及肯定、否定、双重否定的运用)、修辞手段(包括借代、隐喻、反义、同义、拟人、省略)等。委婉语的构造方式多种多样，束定芳(1989)总结其构造原则有三：距离原则、相关原则和动听原则。

(4)委婉语的语义特征研究。从某种意义上说，束定芳(1989)总结的委婉语构造的三条原则也总结了委婉语的部分语义特征。委婉语要"动听"就要拉开其与直言语的"距离"，通过委婉语的使用拉大能指和所指之间的距离，但语言符号与所指事物之间的距离不能任意无限拉开，委婉语在某种程度上与直言语要"相关"，要有一定的联系。怀宁(1995)认为，委婉语和直言语是异形同指关系，二者有对立的意义特征，即直言语是无标记的、原型的，委婉语是有标记的、非原型的，并对二者的对立的意义特征进行了详细分析。伍铁平(1989)运用模糊理论揭示了委婉语的另一语义特征：模糊性。这是因为客观事物和现象本身就存在模糊的特点，人们对它们的认识就存在不确定性、不精确性和不全面性。人们在交际时为了达到委婉得体的目的，常常避开所要指称的事物的代码，而有意换用一个概念外延更大、有更多词义的词语来增加词语内涵的不确定性，以达到模糊真实所指的目的。

由此可见，从语言学角度进行的委婉语研究很细致、很全面，且成果卓著。总体而言，委婉语的语言学研究重点是其形式特征。我们发现委婉语形式特征的一个核心就是替代。一方面，它是语言形式的替代，即用委婉语替代直言语或禁忌语；另一方面，它也是一种语义替代，用礼貌的、委婉的、吉利的、文雅的语义，替代不礼貌的、直接的、忌讳的、粗俗的语义。在接下来的研究中，我们把替代作为委婉语的一个核心特征提炼出来，深入研究委婉语词形式上的替代是如何实现的，涉及人的哪些心智、认知活动。

1.2.3 委婉语的语用学研究

委婉语使用的目的是让表达更吉利、含蓄、温和、文雅、礼貌、包容，从而满足语言使用者避讳趋吉、减轻语词刺激程度、掩饰某种行为动机的心理需要。随着语用学的发展，一些学者运用语用学的一些基本理论分析、解释委婉语现象，发展和丰富了委婉语的研究成果。委婉语的语用研究主要集中在语用原则和语用功能两个方面。

语用学提出了研究语言交际的两条基本原则：会话原则和礼貌原则。格莱斯（Grice，1975）的会话原则认为，人们在交际活动中为了达到特定的目的，听话人、说话人之间存在一种默契，而一种双方都遵守的准则，也就是合作原则（Cooperative Principle），具体体现为数量准则、质量准则、关联准则、方式准则。利奇（Leech，1983）针对交际双方的交际态度提出礼貌原则（Politeness Principle），包括策略准则、宽宏准则、赞扬准则、谦虚准则、赞同准则、同情准则。"合作大抵就是礼貌"（Being cooperative is being polite mostly）[①]，总的来说，在委婉语的运用过程中，这两条原则交互作用：委婉语的使用遵守礼貌原则，同时，委婉义是违背了合作原则而产生的会话含义。束定芳（1989）运用语用学理论，比较全面地论述了委婉语所涉及的一些理论问题，并提出在委婉语的使用中，伴随着礼貌原则和合作原则，还有一个重要原则——自我保护原则。他认为，委婉语使用者会更多地考虑自己的身份和社会地位，并在交际中竭力保护自己的利益。徐海铭（1996）运用语境理论、会话合作原则和关联理论对交际中委婉语的选择、理解以及使用中应遵循的原则进行论述，认为委婉语的运用就是说话人违背合作

[①] K. Allan：*Linguistic Meaning*（Volume One），New York：Routledge & Kegan Paul Word Publishing Corp.，1986，p. 10.

原则的过程，同时要遵守礼貌原则和面子原则。梁红梅（2000）认为，委婉语的使用违背了合作原则，遵守了礼貌原则、间接言语行为理论、面子论。田九胜（2001）提出了制约委婉语使用的两大原则——适切原则和自我保护原则——认为这两大原则不是对立的，是相辅相成的。王文忠（2000）认为，委婉语的特点决定了其信息解读对语境的依赖，并具体分析了言语上下文、视觉情感语境及个人统觉基础等语境知识对委婉语语义含义的阐释功能。徐莉娜（2002）从语用角度探讨双语交际过程中的委婉语解读策略，认为文化因素、结构形式、合作原则、场合和对象都是确认委婉语的指称义、辨明含义和意图的重要因素。李必虹、张玉上（2010）从礼貌原则、幽默原则和克制原则分析委婉语使用的得体性，其研究具有一定的针对性和实用性。

委婉语的语用功能也是学者们关注和讨论的重点。卢长怀（2003）将委婉语词的语用功能概括为避免忌讳和避免粗俗两点。叶建敏（2004）、孙敏（2007）认为，委婉语词的语用功能包括避讳功能、避俗功能、礼貌功能、幽默功能和掩饰功能。彭文钊（1999）认为，委婉语本质上是一种间接言语行为，是技巧性含意运用的一种方式，其目的是表达说话人的意向含意，委婉语的使用是构思功能、表达功能、交际功能、载蓄功能的综合运用。邵军航（2007）认为，人们使用委婉语的原动力是趋爱避恨，具体体现为避讳、礼貌、掩饰、求雅、诙谐等功能，但这些功能不能截然分开，它们彼此交织作用并附着于同一委婉语上。

委婉语的语用学研究从语用原则和语用功能角度对委婉语的使用特点进行了细致的研究，从语用的角度回答"为什么要用委婉语"这个问题。也有不少学者从社会学的角度来回答"为什么要用委婉语"这个问题。

1.2.4 委婉语的社会学研究

委婉语既是一种语言现象，也是一种社会现象，它的形成和发展承载和反映了民族和社会的历史、政治、经济、文化、宗教、价值观、道德观等多方面的内容。"委婉语是社会文化域的语言映射"[①]，在特定时期特定文化内产生的委婉语是那个时期的社会文化现象的一面镜子，折射出不同时期的时代面貌和社会文化心理。因此，不少学者从历史文化、社会心理等角度对委婉语做出分析和讨论。

国外社会语言学理论的引进使我国部分学者开始从社会语言学的角度研究委婉语。陈原在《社会语言学》中详细讨论了委婉语产生的历史，认为委婉语始于"塔布"，语言"塔布"包括语言的灵物崇拜和语言的禁用或代用。他进一步讨论委婉语产生的社会心理，揭示了委婉语现象的社会本质，并结合具体的委婉语词用例分析其使用特征，对其后的委婉语研究具有重要的参考价值。吴松初（1999）批判了关于委婉语的传统研究的不足，认为委婉语研究的基本视角必须立足于社会生活本身，提出委婉语研究的社会语言学纲要，设定委婉语研究的语维（表达方式、概念判断、情景）以及功能领域，描述了委婉语研究的目标和方法，并举隅问卷调查、观察调查等方法来做具体的委婉语研究，具有一定的实效性。尹群（2003）研究汉语委婉语词变迁和发展的特征。汉语委婉语的演变遵循格雷欣定律（Gresham's Law），一些委婉语词经过一段时间的使用会成为其指称物的固定名称，其委婉义逐渐消失，最终会被新的委婉语词替代。委婉语词的更新替代反映了社会文化在语言发展中的作用。

作为一种社会现象，委婉语的出现和使用受社会的禁忌文化心理支

---

① 彭文钊：《委婉语——社会文化域的语言映射》，《外国语》，1999（1），第67页。

配。李国南（1989）指出，委婉语是社会心理的一面镜子，形形色色的委婉语映射出形形色色的社会心理状态，"忌讳""礼貌"是产生委婉语的主要心理基础。李国南（2000）又从宗教的角度对比研究英汉委婉语，发现语言禁忌既具有宗教的特征又具有阶级差别的特征。不过，英语更多地表现出宗教特征，而汉语则更多地体现出阶级差别的特征。孙建汝（1999）认为，委婉是"塔布"心理的产物，从社会心理角度来看，委婉语同廉耻心理、趋吉心理、避免刺激对方心理相关。彭文钊（1999）认为，委婉语与社会文化域是多重映现关系，有明显的文化标记，具体体现为文化标记、性别标记和距离标记，社会文化域的特征在委婉语中可以得到映现，委婉语也可以在社会文化域中找到社会文化心理理据。李军华（2005）着重分析了汉语委婉语的社会文化构成。汉语委婉语是汉文化的积淀，反映汉文化特有的等级森严的社会政治体制、中庸和谐的社会观念和宗教思想。

1.2.5　委婉语的跨文化比较研究

作为符号系统，语言不仅是意义的代码，也是文化的代码。委婉语作为语言的一个子系统，在体现语言的文化性质和文化价值方面有其独到的一面。许多学者把研究聚焦到委婉语所体现的文化差异上。吴松初（1996）对中英当代流行委婉语在伦理道德、民族情感意向和政治观念方面的应用及其文化效应进行了分析和比较，指出委婉语的文化效应有积极的一面，也有消极的一面。邵志洪（1997）从英汉语言特点和文化价值的差异两方面讨论了当代英语中由于委婉语的使用导致的跨文化障碍。胡金（2002）对中英委婉语作了比较研究，探求中西文化的差异，以提高英语学习者的文化意识和跨文化交际能力。李卫航（2002）从社会文化角度透视英汉委婉语，指出它们的产生基于共同的心理——避讳心理、求雅心理、补偿心理、礼貌心理和掩饰心理，但英汉委婉语又反映了各自不同的社会文化背景，体现了不同的价值观、道德观和不同的"礼"的文化。殷定芳（2005）从语用角度解读跨文化交际中的委婉语，指出除了文化差异，结构生成、礼貌原则、场合以及对象都是不可缺少的重要因素，是确认委婉语的指称义、辨明含义和意图的重要途径。对委婉语的跨文化研究并不只局限于英汉两种语言之间，有学者也分别对俄汉、中日委婉语进行了深入的研究（魏晓阳，2002；徐萍飞，2002；尹城、丛凤玲，2003），他们的研究丰富了委婉语研究的语料，也拓宽了委婉语研究的广度，加深了研究的深度。

总的来说，委婉语的跨文化比较研究是对英汉委婉语的异同进行对比分析，从而揭示英汉委婉语的生成原则和使用方式的差异，解析在跨文化交际中出现的失误和避免失误的方法。这方面的研究最终会落脚于中西文化差异，对英汉委婉语进行文化解构。这样的研究对语言教学起到了一定的指导作用。

1.2.6　委婉语的认知语言学研究

认知语言学的兴起为语言学研究提供了一种新的研究范式。认知语言学研究遵循3个重要的理论假设：①语言不是自主的认知能力；②语法是概念化（conceptualization）的；③语言知识来源于语言的使用。[1] 其任务是寻找语言形式的内在认知机制，研究语言与认知的规律，研究人对世界的感知、经验以及观察事物的方式是如何影响人们对语言的使用的，探索语言知识背后的认知机制，揭示人类语言的共性、语言与认知之间的关系。原型范畴理论、合成理论、概念隐喻和转喻是认知语言学理论的重要组成部分，很多学者运用这些理论来解释委婉语的生成和理解过程，揭示委婉语使用中的认知机制。

---

[1]　W. Croft, D. A. Cruse: *Cognitive Linguistics*, Beijing: Peking University Press, 2006, p.1.

原型范畴理论认为，一个范畴不是由其成员共同具备的充分必要条件来决定的，而是原型和其他成员的集合。范畴成员的地位不平等，原型具有范畴成员的特征最多，处中心地位；范畴成员之间存在不同程度的家族相似；范畴的边界模糊不清。[1] 此外，范畴化具有层级划分，主要分为3个层次：基本层次范畴（basic level categories）、上位范畴（superordinate categories）、下位范畴（subordinate categories）。其中基本层次范畴的研究最为重要，因为人类的大部分思维是在这个层次上进行的。[2] 王永忠（2003）运用范畴理论对委婉语的认知理据做了尝试性的解释，认为委婉是原型义项向边缘义项的演变，是家族相似度典型程度的削弱。根据这个观点，委婉语是禁忌语从同一语义范畴基本义向上位或下属义项的演变，从而拉大大脑经验范畴同自然范畴的距离，消除禁忌语同禁忌事物之间的等同关系，从而达到委婉的目的。严慧娟等（2007）也认为，委婉语是范畴的非典型成员，在范畴中离原型义项越远，家族相似性越弱，委婉程度越高。人们使用委婉语是故意违反认知经济原则来延长对原型义项的反映时间，从而达到委婉的效果。

合成理论（Blending Theory）认为心理空间（mental spaces）是人们进行范畴化、概念化思维的媒介。一般说来，概念合成涉及4个空间：类属空间、输入空间Ⅰ、输入空间Ⅱ、合成空间。这4个空间通过映射彼此连接，构成一个概念合成网络，由此人们可以获得概念、理解意义、形成语言，"语言是概念合成最了不起的行为结果"[3]。梁艳春（2003）用合成理论阐释委婉语的意义构建与推理机制，认为委婉语的

---

[1] W. Croft, D. A. Cruse: *Cognitive Linguistics*, Beijing: Peking University Press, 2006, pp. 77-82.

[2] F. Ungerer, H. J. Schmid: *An Introduction to Cognitive Linguistics*, Beijing: Foreign Language Teaching and Research Press, 2001, pp. 61-109.

[3] G. Fauconnier, M. Turner: *The Way We Think—Conceptual Blending and the Mind's Hidden Complexities*, New York: Basic Books, 2002, p. 182.

理解包含概念合成过程。委婉语和直言语分属两个输入空间,类属空间提取两个输入空间的骨干图式结构,通过跨空间映射形成创层结构,最后再投射到合成空间,通过概念合成形成委婉语的新的意义。丁川(2007)用概念合成理论解析委婉语生成的认知机制,从投射映射、语用函数映射、图式映射3个方面解释委婉语的认知特点,并从认知聚焦的角度进一步说明委婉语的委婉义是如何产生的。

认知语言学研究不再把隐喻、转喻视为修辞手段而是人们赖以生存的认知机制。莱考夫和强森(Lakoff & Johnson,1980,1987,1999)创建概念隐喻理论,认为隐喻是源域和目标域之间的映射(mapping),其本质是基于相似性(similarity)用一个事物去认识、理解、表达另一个事物,是概念性的,其心理基础是抽象的意象图式。在委婉语的研究中,不少学者用概念隐喻理论来具体分析委婉语现象的认知机制和认知理据。谌莉文(2006)从概念隐喻角度探讨委婉语的认知理据和意义建构,认为委婉语的认知基础是在人们概念系统中的源域和目标域概念之间的相似性联想,其认知理据表现为:源域中的概念与目标域中相应的概念的语义相似度减弱,委婉语源域概念突显、扬升语义,源域概念映射到目标域从而激活目标域概念,实则突显后者。马红芳(2004)分析了委婉语的隐喻机制,着重讨论源域和目标域之间的映射过程,包括源域图式中的空缺、关系、特征、知识被映射到目标域相应的位置。如英语中高空间谍飞机 U-2 婉称为"black widow"(黑寡妇),就是源域(black widow)的特征映射到目的域(U-2)上。

认知语言学认为,转喻同隐喻一样是一种认知机制,其本质特征是靠邻近性(continuity)建立事物之间的替代关系,用事物易于理解、易于感知的方面替代事物的整体或者另一方面。在认知转喻理论的启示下,不少学者把委婉语的认知机制归为转喻。卢卫中、孔淑娟(2006)从认知转喻的角度探讨委婉语的生成和理解的方式和特点,认为委婉语间接、模糊的效果需要借助转喻机制得以实现,指出委婉语形式与其委婉含义之间是一种相互关联的转喻替代关系。也有学者认为,单纯从隐喻或转喻角度考察不能全面阐释委婉语的形成机制,需要将二者结合起来才能得到更充分的理解和解释。邵军航、樊葳葳(2004)认为,委婉语的概念隐喻和转喻机制都是注意焦点的转移或注意力的分散,其方式是概念隐喻通过突显源域的部分特点来掩饰目标域的其他方面,转喻是用一范畴激活同一认知域的另一范畴。

从上面的讨论可以看出,认知语言学的兴起给委婉语研究带来崭新的研究视角,将委婉语这一现象同人类的认知能力和认知机制结合起来,深化了对委婉语现象的认识和理解。学者们运用原型范畴理论,合成理论,隐喻、转喻机制从人类认知的角度对委婉语的生成和理解机制做出了较好的说明。

1.3 已有研究的成果和不足

1.3.1 已有研究的成果

综上所述,委婉语作为一种较普遍的语言现象,备受语言学界的关注,一直是研究的热点,研究成果也很丰富,主要表现为以下6点。

(1)修辞学研究对委婉语做出了详尽的描述,帮助人们更好地认识委婉语是什么。其重要贡献是突破了局限于字、词层面的研究,将委婉的概念扩展到了句子,甚至是篇章层面,同时也提出了委婉语研究的狭义和广义范围的区分。

(2)已有研究对委婉语的分类和构造方式进行了比较系统的归纳和整理,对更好地认识委婉语的形式特征有很好的帮助。

（3）委婉语的语用学研究详细分析了委婉语的使用特点和委婉语在交际中的功能，反映了委婉语在揭示人们交际本质特征中的重要性。

（4）社会学角度的委婉语研究讨论了委婉语产生的历史、文化和社会心理背景，揭示了委婉语现象的社会本质。

（5）跨文化对比研究揭示了委婉语的普遍特征，从而帮助人们更好地理解某一语言的委婉语的特殊性。这些研究成果还具有非常重要的实践意义，尤其是对外语教学、翻译和双语词典的编纂等应用语言学学科的研究具有一定的指导作用。

（6）认知语言学角度的委婉语研究对委婉语的认知理据、意义构建和推理机制做出了一定的阐释，拓宽了对委婉语研究的广度，深化了对委婉语的认识和理解。

1.3.2 相关研究的不足

从上述文献综述中，我们发现委婉语研究存在以下4个问题。

（1）研究的深度不够。现有的委婉语研究，从语言学、社会性、民族性、功能性等角度作了详尽的描述和解释，这些研究基本上是描述和解释委婉语的外部形式和外部原因，对其内部机制解释不够，也就是说对委婉语得以实现的机制解释还不够充分。

（2）对委婉语的界定和分类比较杂乱。界定的杂乱体现在委婉语没有相对固定的定义，研究者从自己的研究角度出发对委婉语加以定义。对委婉语的分类也因标准的不一样得出了不同的分类结果，研究者按照委婉语的语义、使用、涉及的对象和范围、社会功能和语用目的对委婉语作了不同的分类。这些分类有其理据，但太过纷杂，很难对委婉语这一语言现象给出一个统一的解释。

（3）对委婉语的更新关注不够。委婉语是时代特征的反映和映射，不同的时代委婉的内容有所差异。已有的研究对委婉语在现当代体现出什么样的时代特征研究不够充分，对委婉语的更新与社会文化的关系以及与人们的认知机制的关系还缺乏足够的重视。

（4）对委婉语的认知机制解释不够充分。认知语言学的兴起为委婉语的研究提供了一种新的视角。目前这方面的研究主要是通过运用莱考夫和强森的映射理论（Mapping Theory）和吉尔·福康涅（Gilles Focaunnier）的整合理论（Blending Theory）来解释，认为委婉语的认知基础是在人们的概念系统中的源域和目标域之间的相似性联想与相邻性联想，进一步提出委婉语的隐喻机制、转喻机制、隐转喻机制。我们认为这些研究在一定程度上解释了委婉语的认知机制，但还可以进一步追问"联想是怎么发生的""为什么能发生联想"等问题。我们要做的研究就是基于这样的追问而进行的委婉语词认知-心智研究。

本章对国内外委婉语研究进行了梳理，对委婉语的定义、分类、构造方式、语用特点、社会文化成因、认知机制的研究进行了综述。已有的委婉语研究成果颇丰，特别是对委婉语的形式特征的描述和外部成因的解释取得了丰富的研究成果，对"委婉语是什么"和"为什么要用委婉语"这两个问题作了充分的回答。但对"委婉语是怎么发生的"和"委婉语为什么能发生"这两个问题的研究还可以再深入，对委婉语的生成机制还需要作进一步的讨论和研究，对委婉语运用涉及的认知-心智机制，特别是在主体的大脑中体现为什么样的心智活动和什么样的信息加工过程，还需要作深入细化的研究。

委婉语词的意向观研究，就是以主体意向性为导向和统领，从认知-心智的角度解析委婉语词的发生过程中涉及的人的心智活动过程，希望从心智哲学的视角来对"委婉语词是怎么发生的"和"委婉语词为什么能发生"做出回答。因为整个研究是在心智哲学的视角下进行的，所以在对以上两个问题做出回答之前，我们会从意向性角度重新定义委婉语词，并从意向性角度解释为什么要用委婉语词，让整个解析统一在意向性解释框架内。

2 委婉语词研究的理论框架

从国内外研究的现状我们可以看出,已有的委婉语词研究主要是从语言学、社会性、民族性、功能性等角度对其进行描述和解释,这些研究的重点从委婉语词的外部形式和外部原因的角度,对委婉语词的形式特点、交际功能、外部成因作了细致描述和解释。委婉语词的认知语言学研究主要集中在其隐喻机制和转喻机制的研究上,用概念隐喻和概念转喻来解释委婉语词的生成和理解。

本书将从两个维度,即静态结构研究和发生结构研究,对委婉语词进行考察、描述和解释。静态结构研究指对委婉语词的重新定义和委婉语词的更新以及委婉语词在现当代体现的使用特征的考察,从而回答"委婉语词是什么"和"为什么要用委婉语词"这两个问题。要回答第一个问题我们将从意向观的角度重新定义委婉语词,要回答第二个问题我们将通过考察委婉语词的现当代特点并结合集体意向性做出解释来完成。委婉语词的发生结构研究是本书的重点,是以认知为基本立场,以心智哲学为视角进行的委婉语词的认知-心智研究,从语言主体的心智活动来解析委婉语词是如何发生的,以及为什么能发生。研究中我们将结合心智哲学中可适用于语言研究的理论,整合出解释委婉语词生成过程的分析框架。整个研究是在意向观的观照下进行的,是"意向性解释"模型下的委婉语词静态结构和发生结构研究。具体而言,就是在"意向性解释"模型下回答以下问题:①委婉语词是什么?②为什么要用委婉语词?③委婉语词是如何发生的?④委婉语词为什么能发生?我们将在本章概括"意向性解释"模型以及委婉语词的静态结构和发生结构研究,为后面章节委婉语词的深入研究进行总体说明。

2.1 "意向性解释"模型

从外部特征看,委婉语词的使用就是委婉语词对直言语词的替代,如用"安息"替代"死亡",用"城市美容师"替代"清洁工"。直言语词直接指称委婉对象,而委婉语词并不能直接指称委婉对象。"城市美容师"在实指的情境中没有具体所指,并不直接指称"在大街上打扫清洁的工人"这一委婉对象;"安息"直接指称的外部事件是"休息"或"睡觉",也不直接指称外部事件"死亡"。替代的实质是在特定语境下委婉语词指称其在实指的情境下无法指称的委婉对象。本书研究的重点就是解释委婉语词和委婉对象之间发生指称连接的过程和原因。

"意向性是人的心智的重要特征"[①],人的心智就是以意向性的关指能力(aboutness)为出发点,通过人的认识和实践活动同世界相联系。在委婉语词的生成过程中,意向性是整个过程的起点,是委婉语词表达的发端。同时,意向性在委婉语词生成过程中起"统领"作用,体现在生成过程的各个阶段,做出多次定向、多次选择,其作用贯穿委婉语词生成的整个过程。本书的解释以意向性为取向,可概括为"意向性解释"模式,图示如下(见图2.1):

---

① P. Jacob: *What Minds Can Do?*, Cambridge: Cambridge University Press, 1997, p. 77.

```
         意向性解释
        ╱        ╲
       ╱          ╲
   委婉对象 ——— 委婉语词
```

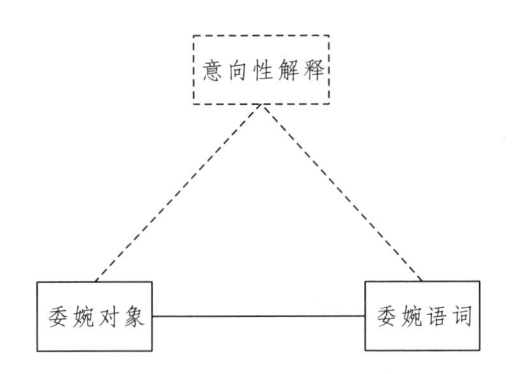

图 2.1 委婉语词的"意向性解释"模型

如图 2.1 所示，委婉语词是实实在在的语言表达式，委婉对象是实实在在的客观存在，二者都实际存在，图中用实线表示。在实际的语言运用中，特定的委婉语词可以对应特定的委婉对象，所以委婉对象和委婉语词之间的连接也用实线表示。在"意向性解释"模型下对委婉语词和委婉对象的考察是静态结构研究，即从意向性角度定义委婉语词、考察委婉语词和委婉对象的变迁及其当代特征。"意向性解释"模型下委婉语词的发生结构研究是对从委婉对象到委婉语词这个动态过程的研究。从委婉对象到委婉语词的过程是一个反映语言主体使用委婉语词的心智活动的过程，是一个虚拟过程，图中用虚线表示。这个过程是在意向性作用的统领下，基于获得的感知信息，主体调动储存于大脑的记忆和百科知识，经过联想、想象和格式塔转换在心智中涌现出意象的意识活动过程。委婉语词的主体意识活动起始于意向性，意向性贯穿整个意识活动的始终。"意向性－随附性：委婉语词的发生分析框架"是在"意向性解释"模型下构建起来的，可对从委婉对象到委婉语词的过程作详细而深入的说明和解释。

下面，我们将对"意向性解释"模型下的委婉语词静态结构和发生结构研究做出说明。

2.2 委婉语词的静态结构研究

委婉语词的静态结构研究内容如下：一是委婉语词的外部形式特征研究，包括委婉语词的定义及其构造特征；二是对委婉对象的研究，包括委婉语词的分类及其社会文化成因研究。从文献综述可以看出，委婉语词研究对其静态结构作了较充分的描述说明。我们的研究将从两个方面对现有的委婉语词静态结构研究做出补充：一是从意向观的角度重新定义委婉语词，为后面章节的委婉语词的发生结构研究打下基础；二是考察委婉语词的使用在时间维度上的特征，尤其是在现当代呈现出来的使用特征。

2.2.1 委婉语词的重新定义

首先，我们来看已有的研究对委婉语词的定义：

①a mild or vague expression substituted for one thought to be too harsh or direct[①]（用温和的、模糊的表达替代直接的、刺耳的表达）

②the use of a word which is thought to be less offensive or unpleasant than another word, for example, indisposed instead of sick, or to pass away instead of to die[②]（用一词替代比较唐突的或令人不

[①] D. Thomson: *The Concise Oxford Dictionary*, 9th ed., Oxford: Oxford University Press, 1995, p. 464.

[②] J. C. Richards et al.,: *Longman Dictionary of Language Teaching and Applied Linguistics*, Essex: Pearson Education Limited, 1999, p. 130.

愉快的另外一词的表达方法,如用"不舒服"替代"生病",用"离开"替代"死亡")

③words or phrases used as an alternative to a dispreferred expression[1](委婉语是用来替代不好的表达的词或短语)

④mild, agreeable or roundabout words used in place of coarse, painful, or offensive ones[2](用温和的、礼貌的、迂回的词语,替代粗鄙的、令人讨厌的、无礼的词语)

⑤委婉语词就是用好听的,含蓄的,使人少受刺激的,或瞒着邪恶的代表使他一时听不明白的代词,代替所要禁忌的语言[3]

⑥说话时遇有伤感惹厌的地方,就不直白本意,只用委曲含蓄的话来烘托暗示的,名叫婉转辞[4]

⑦对于不雅的或有刺激性的事物,不直截了当地说出来,而闪烁其词,拐弯抹角,迂回曲折,用与本意相关或相类的话来代替[5]

⑧有些事物,人们一般不愿意直接说明白,用一些相应的同义词语婉转曲折地表达出来[6]

⑨委婉是用含蓄曲折的词语来代替那些不能直说的话[7]

以上委婉语(词)的定义中出现了"substituted for""instead of""in place of""an alternative to""代替""烘托暗示""婉转曲折地表

---

[1] K. Allan, K. Burridge: *Forbidden Words: Taboo and the Censoring of Language*, Cambridge: Cambridge University Press, 2006, p. 32.
[2] H. Rawson: *Rawson's Dictionary of Euphemisms and Other Doubletalk*, New York: Crown Publishers, 1995, p. 1.
[3] 陈原:《社会语言学》,北京:商务印书馆,2000年,第347页。
[4] 陈望道:《修辞学发凡》,上海:复旦大学出版社,2008年,第109页。
[5] 王希杰:《汉语修辞学》(修订本),北京:商务印书馆,2008年,第302页。
[6] 张志公:《现代汉语》(上册),北京:人民教育出版社,1982年,第200页。
[7] 张宇平、姜燕萍、于年湖:《委婉语》,北京:新华出版社,1998年,第2页。

达"等语词和短语。由此可见，不管是英语还是汉语，都把"替代"作为委婉语词的一个核心特征，其表意特点是不直言其事，不直说本义，而是使用好听的、温和的、使人少受刺激的表达方式，替代不雅的、冒犯的、使人不快的表达方式。但以上定义对委婉语所属的语言层次没有统一的界定。委婉语的研究可以是语词层次的研究，如定义②③④⑤⑧⑨把委婉语分别界定为"word""words or phrases""词语"；也可以是更高的语言层次的研究，如定义①⑥⑦把委婉语分别界定为"expression""话"。英语中的"expression"和汉语中的"话"是较宽泛的概念，包括多种语言单位如音节、单词、短语、句子甚至语篇等。如果把委婉看作一种语言使用的机制，它肯定涉及语言表达从语音形式到语篇的各个层次，本书只取语词层面的委婉语作为研究对象。原因有二：一是语词层面的委婉表达具有约定俗成性和相对稳定性；二是作为一个可以自由入句的非句子的表达单位，委婉语词可以同成语、黑话、隐语、歇后语等作比较，研究其在语言使用中的特点。

"替代"是委婉语词表达的核心特征，所谓"替代"，就是直言的语词表达在一定的语境下可以被委婉语词替代。如果我们设定直言的语词，即那个不方便直说的表达为 A，委婉语词为 B，那么在一定的语境下 A 和 B 是同一的，可以相互替代的，即"A 是 B"。试看下例：

①我知道陈克家的儿子跟他父亲共同私通了一个丫头，后来丫头有了孕才肯把她收房。(巴金，《家》三十一)

②是时，曹操遗权书曰："……今治水军八十万众，方与将军会猎于吴。"(《资治通鉴·赤壁之战》)

③关注"星星的孩子"，谁来拯救孤独症儿童。(新华网新闻)

④We should make use of active defense in order to break the strength of the P. L. O. (*New York Times*, 1978-03-14)

例①中,"私通"一词本义为"暗中相通",此句中婉指"通奸"。淫秽、偷情等通常被认为是不雅的、禁忌的,所以人们在提及有关偷情、淫秽等方面的事情时常常用别的词替代。此处的"私通"就是替代"通奸"的一个委婉语词。例②中的"会猎"本义为"大规模的打猎",此处婉指"会战""决战"。古时讲究用兵之礼,不明言战争,所以用"会猎"替代"会战"。例③中"星星的孩子"是一个比喻,婉指患孤独症、自闭症的儿童。现代社会提倡和谐,反对歧视,关注弱势群体。自闭症是一种终身性疾病,目前医学界还没有立竿见影的治疗方法。患自闭症的儿童自然是全社会要关注的弱势群体,这种关注也体现在语言使用中。本句中用"星星的孩子"替代"自闭症儿童",就带有一份关爱和一份包容。例④中"active defense"本义为"积极防御",婉指"主动进攻""主动出击"(attack)。这类常用在政治、军事、外交领域的委婉语词也被称作"粉饰词"(cosmetic words)。这4例中的直言语词和委婉语词的语义关系可以形式化为:[通奸是私通][会战是会猎][自闭症儿童是星星的孩子][Attack IS active defense]。委婉的实现就是后者对前者替代的实现。

委婉语词的替代特征可以总结如下。

(1)形式替代:这是委婉语词替代的外部特征。委婉语词就其表达的字面技巧而言,就是语词的替代。委婉语词在使用中总是涉及两种语词——直言语词(A)和委婉语词(B)。委婉语词的运用就是B对A替代的实现。如前例中的"私通"替代"通奸","星星的孩子"替代"自闭症儿童"。

(2)语义替代:委婉语词的替代不只是外部形式的替代,还是语义的替代。直言语词直接指称外部事物,即委婉对象。由于委婉对象通常是忌讳的、不雅的、令人尴尬的或不快的事物,因此直接指称委婉对象的直言语词总是粗俗的、直露的、令人讨厌的。委婉语词并不直接指称外部事件，对委婉对象是间接的指向，因此委婉语词总是迂回的、礼貌的、温和的、令人愉快的。二者的语义特征是对立的（见表2.1）：

表 2.1 直言语词和委婉语词的语义特征对比

直言语词	委婉语词
禁忌的、不吉利的	迂回的、吉利的
不雅的、难听的	文雅的、悦耳的
生硬的、令人不快的	温和的、令人愉快的
不尊敬的、冒犯的	尊敬的、礼貌的
直露的、唐突的	间接的、含蓄的
歧视性的、贬损的	包容的、美化的

委婉语词的运用就是用委婉语词的语义替代直言语词的语义，以此言彼。值得注意的是，委婉语词和直言语词虽然语义特征不同，但它们指称的外部事物是相同的，具有相同的所指。如"会猎"和"会战"在特定语境下都指称两军交战这一外部事件，"会战"直接指称两军交战，显得直露和唐突，而"会猎"本义指"大规模的打猎"，间接指称两军交战，因此表达更含蓄、更迂回。

（3）替代的作用：委婉语词使用的目的是让表达更吉利、含蓄、温和、文雅、礼貌、包容，满足语言使用者避讳趋吉、减轻语词刺激程度、掩饰某种行为动机的心理需要。

已有的委婉语词的定义就是基于上述特点，从语义和语用的角度做出的。但是，单从语义角度和语用角度来界定，不能较为完备地说明什么是委婉语词。从外部特征来看，除了委婉语词，其他的表达方式，如隐喻、转喻、夸张、反语、歇后语、隐语、黑话等，都存在一定程度的替代。所以，并非所有具有形式上的替代关系的语言表达都是委婉语词，也就是说，单是形式上的替代不足以解释为什么委婉语词能够委婉。从语义替代特征看，委婉语词与直言语词是具有同一所指的不同语词，指称同一外部事物。"会猎"的本义是"大规模的打猎"，直接指称的应该是打猎这一外部事件，但在实际语言运用中"会猎"却可以用来指称两军交战这一事件，这里就出现了语言的直接指称对象与实际指称不相符的情况。这样看来，委婉语词的语义就有表里两层，表为吉利的、含蓄的、礼貌的、包容的、美化的语义，里为实指的委婉对象，通常是不好的外部事物或者事件。因此，除了把委婉语词看作一种语义替代外，我们还会进一步追问：委婉语词的表里两层是如何结合的？为什么这样的表里结合就能达到委婉、含蓄的目的？委婉语词并不直接指称外部事物（委婉对象），但是在具体的语言运用中为什么人们仍可以用委婉语词来指称该事物？

要回答这些问题，就不能只从外部形式、语义替代和语用功能方面来分析，还要进一步研究语言主体为什么能用委婉语词来指称不同于其直接指称对象的外部事物。这里，我们从认知－心智视角给委婉语词重新定义如下：

一个语词 B，B 替代另一语词 A 指称事物 A′是委婉语词，当且仅当：
A′是由于某种原因不便直言的事物；
B 在实指的情境下无法指称 A′；
但在语言主体特定的意向性下能指称 A′；
B 和 A 具有相邻/相似关系。

首先，委婉语词使用的语义特征是两个语词（A 和 B）的替代，需要替代的原因是在特定语境下需要提及因某种原因（禁忌、不雅、冒犯、唐突、歧视、贬损等）不便直言的外部事物。"实指的情境"指在一定范围的人们习以为常的现实生活。在实指的情境中 B 的直接指称对象不是 A′，但在特定的意向性作用下，B 可以指称外部事物 A′。B 能指称 A′是因为 B 和 A 之间具有相邻/相似关系。从定义可以看出，认知－心智视角下的委婉语词研究是在形式替代和语义替代的基础上，以主体意向性为出发点解析 B 能替代 A 与外部事物 A′发生指称连接的过程和原因。B－A 指称连接的建立基础是两者之间可以基于相邻/相似关系进行转换。新的定义为委婉语词的发生结构研究打下了基础，通过解析 B 能替代 A 与外部事物 A′发生指称连接的过程和原因来说明委婉语词是如何发生的，以及为什么能发生。

2.2.2 委婉语词使用的时间维度

委婉语词使用的时间维度考察委婉语词在时间轴上的流变特征以及委婉语词的使用在当代呈现出来的时代特征，回答"为什么要用委婉语词"这个问题。

委婉语词不是一成不变的，而是随着时代的变化而不断更新的。一方面，委婉对象随时代变化而消亡、弱化、强化、新生，委婉语词也随之演变。例如，旧中国有吸食鸦片这种负面的社会现象，产生了大量鸦片的委婉语词，如"大烟""地膏""土膏""福寿膏""黑饭""南土""乌香""乌烟""烟土""洋膏""洋烟""药烟""阿芙蓉"。随着鸦片在社会生活中的消亡，上述委婉语词也逐渐消失。但随着新型毒品的滋生，又出现替代毒品词的一系列新的委婉语词，如"白粉""白面""老海""料面""4 号""大麻""可卡因""致幻剂""摇头丸"等。委婉对象的变迁使得委婉语词不断变化、更新、发展。另一方面，即使委婉对象不变，委婉语词也会处于不断变化之中，即旧的委婉语词不断被新的委婉语词所替代。委婉语词是用来替代直言表达的，目的是弱化或掩盖直言表达所产生的负面联想及其对听者的刺激或伤害。一个委婉语词使用了一段时间后，它与委婉对象的关系逐渐固定且规约化，其委婉义慢慢消失，其委婉功能也随之消失。这时候，就需要新的委婉语词来代替。例如"鸡/野鸡"曾被用作"娼妓/妓女"的委婉语词，后来逐渐丧失委婉义，成为刺耳、冒犯的词语，随后又有一系列替代词，如"三陪女""发廊妹""按摩女郎""吧女"等，后来统称"小姐"。现在"小姐"也成了一个不雅的词语，逐渐被"性工作者"取代。这样的更新替代是渐进的、持续的，新的委婉语词不断产生，取代已丧失委婉义甚至变为禁忌语的旧的委婉语词。

随着时代的变迁和社会的发展，委婉语词不断地继承、发展和创新，在当代除了继续对不吉、不雅的事物使用委婉语词外，委婉语词的使用还表现出了很强的当代特征。我们的研究发现，委婉语词在当代的一个新发展就是中立语的使用和推广。中立语源于英文的"inclusive language"，指避免把特定人群排除在外的词语和表达，特别是一些带歧视的词语。如今中立语被广泛运用在有关种族、性别、年龄、性取向、身体残障、宗教以及不同政治观点等方面，如傻子被称作"智力障碍者"，反对派被称作"持不同意见者"，农民工叫"进城务工人员"。使用中立语的目的是不冒犯他人，反对歧视，保护弱势群体，强化平等意识，维护社会各阶层的和谐。在第三章，我们将对中立语做出细化研究，对中立语的分类、构造特征、使用特征及其在新闻媒体的使用分布情况做出详细说明。

由此可见，不同的时期，由于社会禁忌对象不同，委婉的对象体现出差异性，从最早的神讳、名讳，逐渐发展出对人的生老病死的禁忌，对不雅、不吉事物的禁忌。到现当代，中立语的使用说明带歧视性的语言成为新时代的语言禁忌。那么，我们进一步追问：中立语为什么会在现当代得以使用和推广？委婉语词为什么会在时间轴上体现这样的流变特征？对以上问题的研究将围绕集体意向性展开。集体意向性是社会群体进行语言活动的社会认知基础，赋予特定人群共享的思想和情感，在此基础上相互合作和交流,形成一个包含群体全体成员的意向集合。委婉语词在时间维度上的使用特征反映出在一定的语境下特定社会群体的集体意向性的认定和整合作用。集体意向性对委婉语词的发生所起的作用将在第四章的委婉语词的意向性解释框架下进行统一说明。

2.3 委婉语词的发生结构研究

委婉语词的发生结构研究重点解释由委婉对象到委婉语词的发生过程,研究委婉语词在语言主体的心智中是如何发生的以及为什么能发生。从前面的委婉语词定义研究我们知道,委婉语词的外部形式特征是两个语词的替代,委婉语词(B)替代直言语词(A),但我们的大脑中并不存在具体的语言表达形式,那么外部的语词替代在我们的心智中是如何发生的呢?这将是本书研究的重点。我们将从语言主体的心智活动来解析委婉语词的发生过程,从而回答委婉语词是如何发生的以及为什么能发生这两个问题。由于我们对委婉语词的发生结构研究是以认知为立场、以心智哲学为视角的研究,下面我们将对认知-心智视角下的语言学研究做出总体说明,在此基础上整合出委婉语词发生的分析框架并对其发生过程做出解释和说明。

2.3.1 认知-心智视角下的语言研究

2.3.1.1 认知、认知语言学、心智哲学

认知一词在英文中是"cognition",意为"认识""认知",认知科学的本质就是研究认识的科学。对"认识"的研究是一个由来已久的课题,可追溯到古希腊时期哲学的认识论,不过当时对"认识"的研

究一直是思辨性的研究，哲学家诸如柏拉图、亚里士多德、康德、黑格尔、马克思等都对认识论提出了自己的看法和见解。但认知科学在20世纪成为一门学科。人工智能的研究催生了对人的认知特征的研究，认知科学出现了。20世纪50年代英国数学家图灵（A. Turing）设计了一种抽象自动机，称作图灵机，其基本思路是用计算机代替纸笔进行算术运算。图灵机的发明为现代认知科学的发展开辟了道路，计算机领域的专家试图通过模仿人类心理过程来理解人类大脑的本质和特征。除此之外，心智哲学以普特南（H. Putnam）和福多（J. Fodor）为代表的功能主义理论的确立，心理学和语言学以乔姆斯基（N. Chomsky）等反对激进行为主义的"认知革命"开始，共同构筑了现代认知科学的雏形。在当代，认知科学是对人类认知过程、智能和智能系统、大脑与心智内在运行机制的跨学科研究，是包括心理学、语言学、神经心理学、计算机科学、哲学和人类学的交叉学科。

受这一科学大思潮的影响，当代主要语言学理论带有浓厚的认知色彩，认为语言是一种心理或认知现象，语言研究以探索人脑中具有普遍性的语言机制为目标，促进了认知语言学的兴起和发展。

当代的认知语言学研究有两种取向：一是通过语言来研究人类的认知，如生成语言学；二是通过认知来研究人类的语言，如认知语言学。乔姆斯基在1957年发表的《句法结构》标志着语言学领域认知思潮的诞生。乔姆斯基提出一种从"深层结构"向"表层结构"转化的观点来解释语言生成的思路，他的研究包括几个基本假设：①语言是一个自足的系统，其自足性使其不同于其他认知能力，可以基本脱离范围更广的认知系统加以研究；②句法是语言结构的一个独立部分，与词汇和语义有根本的区别；③人们大脑中存在一个与生俱来的语言蓝图，后来被称为"普遍语法"（universal grammar）。从这一角度来看，有关语言形式的理论就变成了关于人脑的认知理论。与之相对的是认知语言学

（也称为第二代认知科学）的兴起和发展。认知语言学具有与生成语言学派截然不同的语言观，也提出了完全不同于生成语言学的工作假设。克鲁夫特和克鲁斯（Croft & Cruse）提出了3个重要的理论假设：①语言不是自主的认知能力；②语法是概念化（conceptualization）；③语言知识来源于语言的使用。[①] 其中，语言不是自主的认知能力这一假设包括两个基本推论：①语言知识的表征本质上同其他概念结构的表征相同，语言知识包括意义和语言形式，本质上是概念化结构，语义的表征以及句法、形态、语音的表征都是概念化的；②支配语言使用，尤其是用语言来交流和建构意义的认知过程原则上同其他认知能力相同，也就是说，语言知识的组织和获取同心智中的其他知识的组织和获取基本上没有区别。语法是概念化的，因为概念结构不能简化为同现实世界的一一对应，人类认知能力的一个主要方面就是把用来交流的经验概念化。语言知识来源于语言使用，语义、句法、形态和语音的范畴和结构的建立是以人们对个别语句在个别的使用场合的认知为基础的。[②] 因此，只有从语言事实出发进行语言分析才能有效地解释语言结构，揭示其背后的认知机制。

  指导认知语言学的哲学基础是涉身哲学（Embodied Philosophy），即主、客为一体，以个人的、涉身的经验作为认识的基础，"通过对进行认知活动的生物体的身体构造和体验的研究来理解意义"[③]。这里所说的"体验"具有广义的含义，指人类经验的总和，包括人类的身体构造、遗传基因、在客观世界的物理运动、社会组织等，简而言之，就是人与物理和社会环境的互动。人类的范畴、概念、推理和心智就是基

---

① W. Croft, D. A. Cruse: *Cognitive Linguistics*, Beijing: Peking University Press, 2006, p. 1.
② W. Croft, D. A. Cruse: *Cognitive Linguistics*, Beijing: Peking University Press, 2006, pp. 2–4.
③ G. Lakoff: *Women Firee and Dangerous Things: What Categories Reveal about Mind*, Chicago: the University of Chicago Press, 1987, p. 266.

于这种互动性的涉身体验而形成的。基于这样的哲学思想，认知语言学家认为语言不是天赋的，而是人们通过自己的感觉器官在对外部世界进行涉身体验的基础上进行认知加工而逐步形成的，换言之，语言不能离开人的感知体验和主客观互动认知。

心智哲学是研究心智本质、功能、特征以及身心关系的哲学分支。心智哲学是当今西方哲学研究的中心论题之一，塞尔曾说："50年前，语言哲学被认为是'第一哲学'，而现在这一位置由心智哲学所取代。"[①] 哲学的研究对象转向心智，主要是因为哲学家们已经普遍意识到，对许多哲学问题的理解依赖于对基本的心智过程的理解。例如，语言对现实的表征依赖于大脑对现实的表征，对语言问题的深入研究依赖于对心智能力的研究。与语言哲学不同，心智哲学不再把语言活动当作哲学研究的直接对象，而是把语言活动视为心智活动的反映，心智活动才是心智哲学研究的对象。另外，认知科学的兴起为心智哲学开辟了更广阔的研究领域，促进了人们对心智本质的理解，可以促进观察大脑运作仪器的开发和使用，如 ERP（event related potentials，事件相关电位）、MEG（magnetoencephalography，脑磁图）、fMRI（functional magnetic resonance imaging，功能性磁振造影），使得认知科学家对大脑的运作机制有了新的认识。心智产生于大脑，对大脑运作的生物和神经机制的深入了解，必然大大促进人们对心智本质的认识和理解。目前西方心智哲学讨论较多的焦点问题有身心问题、意向性、意识、知觉问题、随附性、思维语言和心理表征、涌现属性、他心问题、行动哲学等。

认知和心智的研究是相互联系的。"从脑和神经系统产生心智

---

① J. R. Searle: "The Future of Philosophy", *Philosophical Transactions: Biological Sciences*, 1999, Vol. 354, p. 2075.

(mind) 的过程叫认知（cognition）。"① 人类认知活动的核心是心智活动，认知过程是从大脑到心智的由此及彼的桥梁。从具体操作来看，语言研究成为联结认知和心智研究的纽带。心智哲学把认知研究作为一个支撑点，认知科学又把语言研究作为一种重要的手段，认知科学的很多分析手段、分析材料都与语言有关，是从语言来反观心智。认知语言学提出的认知语义模型和认知语法模型揭示了在语言运用过程中感觉、知觉对信息的表达的特征、注意和视角选择的机制、主观性的作用、框架和图式等运作的过程和原则，从而可以反观心智的工作原理。因此，在认知科学和心智哲学的研究中，语言成为观察人类心智的一扇窗户。反过来看，语言研究要向纵深发展，从语言的表层活动深入语言表层后面同语言知识有关的心智活动，就应当汲取心智哲学和认知科学研究中可以用于语言研究的成果。

2.3.1.2 认知-心智与语言研究

认知-心智视角下的语言研究是以认知为基本立场、心智哲学为视角展开的语言研究。认知语言学研究秉承两个"承诺"，即"概括性承诺"（commitment of generalization）和"认知性承诺"（commitment of cognition）。② 概括性承诺强调在语言现象的理论描写中应找寻一般原则，认知性承诺强调对语言现象的概括性描述应依循相关学科有关大脑和心智的发现。遵从这两个"承诺"就是用人类的认知过程对语言现象做出概括性的解释。就委婉语词的研究而言，就是要用认知过程来说明委婉语词是如何生成的，为什么能生成这样的表达，以及形成委婉语词的动因是什么。要回答这些问题，我们借用心智哲学的研究成果，从

---

① 蔡曙山：《认知科学框架下心理学、逻辑学的交叉融合与发展》，《中国社会科学》，2009（2），第26页。
② G. Lakoff: "The Invariance Hypothesis: Is Abstract Reason Based on Image-schemas?", *Cognitive Linguistics*, 1990 (1), pp. 39–74.

语言主体生成委婉语词出发，解析在委婉语词运用过程中心智活动是怎样的，又是如何表征的。

心智哲学视角下的语言研究有 3 个假设：

(1) 基于心智是语言最本质的性质；

(2) 感觉、知觉信息的表达是语言运用的基础；

(3) 语言所表征的是心理表征。[1]

假设（1）说明了心智与语言的关系。首先，语言是基于心智的，是由心智产生的，语言的运用包括语言的生成和理解都离不开心智，语言运用的过程反映主体心智活动的过程。"语言对现实的表征依赖于大脑对现实的表征，语言学中谈到的表征只不过是更加基本的，诸如信念、愿望和意向等心智表征的延伸。"[2] 因此，心智哲学视角下的语言研究把语言是基于心智的这一点看作语言最基本的性质。这就意味着语言研究要说明语言是怎样基于心智的，心智又是怎样塑造语言的。这样，我们既可以对语言做出较为基本的解释，又可以从语言运用过程反观心智活动，这有助于说明主体心智的一般活动。

假设（2）来自对日常语言运用的观察，认为语言表达的内容是主体身体感知的内容以及感知后的心理感受，如信念、怀疑、恐惧、愿望、意向等心理状态。"语言是人类身体的一种模态（modality）"[3]，身体是通过眼、耳、鼻、舌、身等感觉器官对事物感知后反映到大脑中来感知外部事物的。主体通过感官获得的信息是语言表达信息的基础，但这样的信息基础不是语言表达信息的全部内容，语言表达的内容往往还跟主体基于感觉信息的心理感受有关。例如，陈述句"门前有一条

---

[1] 徐盛桓：《语言研究的心智哲学视角——"心智哲学与语言研究"之五》，《河南大学学报（社会科学版）》，2011（4），第 1 - 12 页。

[2] 邱惠丽：《当代心智哲学研究的 12 个问题及其他》，《哲学动态》，2006（1），第 46 - 50 页。

[3] S. Gallagher：*How the Body Shapes the Mind*，Oxford：Oxford University Press，2005，p. 107.

狗"，实际表达的内容是"我看见/我听见进而我知道/我相信门前有一条狗"；疑问句"老师今天会来吗？"表达的是这样的内容：我没看见教室里有老师，因而在我的感知/信念里对"老师来"这件事不确定，也可能产生怀疑，因此想要加以确定，疑问句就是对这种不确定或怀疑的心理状态的语言表征；感叹句"味道好极了！"除了表征"我闻到/我尝到好味道"之外，还表征了主体的满足、欣喜、惊讶、难以想象等感觉或心理状态，或用作反语表征意外、惊讶等；祈使句"大声唱出来！"首先是主体感知听话人处于"没有大声唱出来"的状态，并感到/相信/希望听话人有能力处于"大声唱"的状态。从语言研究的心智哲学角度看，语言表达的内容是身体感知的内容，对感觉/知觉信息的表达是语言运用的前提和基础。

认知语言学也强调感知与认知是不可分割的，认知结构具有涉身性（embodiment），即概念的形成和组织是以人自身的感知经验为基础的，"概念结构产生于我们的感觉运动经验以及产生感觉运动经验的神经结构。概念系统中的'结构'是由意象图式和运动图式来刻画的"[1]。也就是说，认知活动是根植于人的身体结构的，产生于人的身体与世界的互动中。在论述认知语言学的经验观时，恩格勒和施密德（Ungerer & Schmid）曾举例说明[2]：人们在对"汽车"进行描述时，不但会提到它的形状像盒子，有车轮、车门、车窗，由引擎驱动，装有方向盘、加速器、刹车、座位，还可能会提到其乘坐舒适、速度快、便捷、体现了独立性和社会地位，甚至会由汽车联想到初恋或遭遇的车祸等。可见，人们对事物的描述不只包括感官获取的感觉信息，还包括基于感觉信息、在记忆和联想作用下产生的心理感受。认知心理学的新发展——"感

---

[1] G. Lakoff, M. Johnson: *Philosophy in the Flesh*, New York: Basic Books, 1999, p.77.
[2] F. Ungerer, H. J. Schmid: *An Introduction to Cognitive Linguistics*, Beijing: Foreign Language Teaching and Research Press, 2001, p.37.

知符号系统"假说指出，外部信息是根据特定的感知通道的特异性如视觉、嗅觉、听觉等来表征且基本感知的。感知过程中的神经状态被部分抽取并储存起来发挥符号功能，这就是感知符号（perceptual symbol）。感知符号记录感知过程中的神经状态，是对感知经验的图式性表征，因此，对语言运用中的信息的表征实质上是一种感知符号表征，认知的本质特征在于其感知性。[1]

假设（3）说明了语言表征和心理表征的关系。"计算"和"表征"是认知科学的两个重要概念。"计算"是通过变量的变化将一个或多个输入值转换为一个或多个结果的思考过程，计算就是对外部信息进行加工的过程，包括选择、推导、推理等。"表征"指信息或知识在大脑中的表现和记载的方式，是表现外部现实的假设的内在的认知符号，或运用这些符号的心理过程。当人们对外部信息进行计算或加工时，相关的信息就会在大脑中表征出来。帕维奥（A. Paivio）提出"双重编码"理论（dual-code theory）来解释知识是如何在大脑中表征的，他认为大脑依靠语言和视觉编码来表征信息，而不是抽象的命题表征。该理论对语言表征系统和非语言表征系统两个平行系统进行了区分（见图2.2)[2]：

---

[1] 参见 L. W. Barsalou: "Perceptual Symbol System", *Behavioral and Brain Science*, 1999 (22), pp.577-660; 尚国文:《语言理解的感知基础》,《外语学刊》, 2011 (4), 第8-14页。

[2] Dual-code Theory. http://www.instructionaldesign.org/theories/dual-coding.html, 2013-09-30。

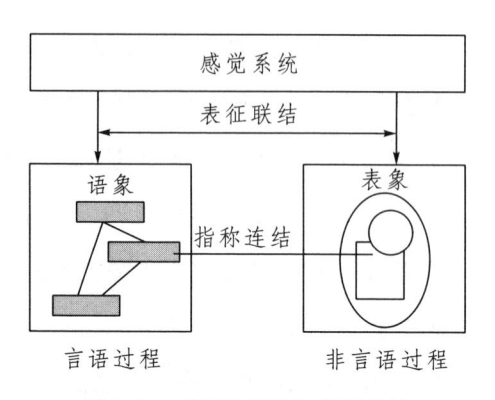

```
            ┌─────────────┐
            │  感觉系统    │
            └─────────────┘
              ↕  表征联结  ↕
    ┌─────────────┐    ┌─────────────┐
    │   语象       │    │   表象       │
    │             │指称连结│             │
    └─────────────┘    └─────────────┘
      言语过程              非言语过程
```

图 2.2 "双重编码"表征系统

"双重编码"理论认为：大脑中存在两个独立而又彼此联系的认知子系统，即语言系统和非语言系统；语言系统处理语言信息，并以语象（logogens）为基本编码单位，非语言系统处理以视觉影像为主的非语言信息，并以表象（imagen）为基本编码单位；两个系统通过感觉系统进行表征联结，对信息编码、组织、转换、储存和提取；两个系统参照联结以相互传达信息，语象可以通过语言系统激活表象系统，使得语言指称的事物进入心理表象加工，同样，表象也可以激活语言系统中的语象。比如，人们在大脑中对"狗"这个概念的储存方式可以既是语象的也是表象的，当听到或看到"狗"这个概念的声音符号或书写符号时，大脑就得到语象，进而激活大脑中储存的有关"狗"的心理表象；同样，看到或想到"狗"的具体表象就会激活"狗"的声音符号或书写符号。因此，语言系统和非语言系统既可以相互独立又可以相互联系地工作，"人类认知的独特之处在于它能同时处理语言信息和诸如事物、事件的非语言信息。语言系统可直接处理语言输入输出（以声音或文字形式），同时也是事物、事件、行为的符号象征"[①]。

"双重编码"理论启示我们，语象信息处理与表象信息处理是互为

---

① A. Paivio：*Mental Representations*，New York：Oxford University Press，1986，p. 53.

表里的联结运作,大脑的表征既有语言的表征,也有非语言的表征,语言的表征可以外化为人们日常生活中使用的自然语言形式。因此,语言形式实际上是经过双重表征获得的,是对心理表征的表征。

从前面的3个假设可以看出,语言是基于心智的,语言的表征是以感觉、知觉的表征信息为基础的。心智对输入的感觉、知觉信息进行加工,包括对其进行辨别、选择、转换、重组,从而对在大脑里形成的语言表达做出说明。这个过程可以分解为5个步骤:

(1) 在语言运用中,感觉和知觉的过程是从什么开始的?
(2) 在这个过程中哪些主要的变量在语言表达中起作用?
(3) 这些变量是如何组合成为计算模型的?
(4) 计算过程和结果是如何在大脑表征的?
(5) 大脑的表征又是如何被语言表征的?[1]

依据这些步骤,我们可以程式化地研究在语言运用过程中心智是如何表征、如何进行信息加工或计算的。委婉语词是语言表达的一种重要形式,它必然也是基于心智的;委婉词语以人们的感觉、知觉信息为表达的基础;委婉语词所表征的不是直接的外部世界,而是对心理表征的表征。我们对委婉语词的研究也依据这5个步骤,详细讨论委婉语词生成过程中感觉、知觉是怎么开始的,哪些主要变量在委婉语词生成过程中起作用,是如何起作用的,以及这些变量是如何组合成计算模型的。

2.3.2 意向性-随附性:委婉语词的发生分析框架

2.3.2.1 几组基本概念

我们的研究主要是从主体的心智活动来解析委婉语词的生成过程,

---

[1] 徐盛桓:《语言研究的心智哲学视角——"心智哲学与语言研究"之五》,《河南大学学报(社会科学版)》,2011(4),第1-12页。

分析框架是在心智哲学的相关理论指导下建构的。下面，我们先对分析框架所涉及的基本概念作简要说明。

（1）意向性（intentionality）和集体意向性（collective intentionality）。意向性就是心智"能够以各种形式指向、关于、涉及世界上的物体和事态的一般性名称"①，也就是心智状态的"关于性"，心智活动总是"关于"什么的心理状态和过程。人的心智就是以意向性的关指能力（aboutness）为出发点，通过人的认识和实践活动与世界联系。这样，心智可以指向一个对象，并针对这个对象表示某种意图，或者表示相信、希望、愿望、喜欢、憎恶、赞扬等心理状态和倾向。换言之，意向性是对人们在进行意识活动时所具有的"指向"对象能力的抽象，其属性是"自我意识与对象意识的统一"②。在委婉语词的发生过程中，意向性是整个过程的起点，总是"关于"某一禁忌的、不雅的、令人不快的、冒犯的、唐突的、贬损的、带歧视性的外部事物或事件。因此，意向性是委婉语词表达的发端。同时，意向性在委婉语词生成过程中起"统领"作用，体现在生成过程的各个阶段，做出多次定向、多次选择，其作用贯穿委婉语词生成的整个过程。意向性包括两个维度：意向内容和意向态度。在委婉语词的使用中，意向内容是主体意向性定位之所在，意向态度是主体意向性定位的依据，在两个维度的"纠缠"作用下，语言主体生成了委婉语词。集体意向性是一种"我们—意向性"（we-intentionality），是人进行社会活动和交流的基础，集体意向性不仅使集体成员可以进行合作，还可以分享意向状态如信念、愿望和意图等。个体意向性是主体在先天和后天条件下发展起来的，同

---

① 约翰·塞尔：《心灵、语言和社会——实在世界中的哲学》，李步楼译，上海：上海译文出版社，2006年，第83页。
② 徐盛桓：《意向性的认识论意义——从语言运用的视角看》，《外语教学与研究》，2013（2），第174-184页。

时受制于集体意向性。集体意向性对个体意向性起制约作用，具有对个体意向性实施认定和整合的功能。在集体意向性的作用下，委婉语词体现出更新性、时代性和群体性。

（2）原初意识（primary consciousness）和反思意识（reflective consciousness）。原初意识是主体对外部世界形成的感官意象，反思意识是在记忆和语言等能力的帮助下，通过回忆、联系和想象所呈现出来的意象，这些意象是通过对沉淀为记忆中的意象进行体验得到的。[1] 意识是主体从感觉到感受的心理过程，有两个不同层次的体验。首先，主体通过眼、耳、鼻、舌、身等感觉器官感知外部事件的种种物理信息，并反映为大脑中的意象，这时的意识是一种原初状态的体验，称为原初意识。其次，主体在原初意识的基础上，即在感觉经验的基础上进行反思和扩展获得感受，这种在原初意识上进行反思和扩展获得的意识称为反思意识。在委婉语词生成过程中，语言主体通过感觉器官获得对外部事物/事件的感觉信息，获得原初意识体验，然后通过反思（回忆、联想、想象等）形成对外部事件的反思意识体验。委婉语词的生成过程反映了主体的原初－反思意识体验过程。

（3）事件（event）和用例事件（usage event）。事件泛指客观世界中的一切事件，是自然界和人类社会发生的自在的事件；用例事件是"说话人在特定的环境为特定的目的而组装起来的象征性表达式，这一象征关系是详细的、依赖语境的概念化与某种类型的语音结构的配对"[2]，即语言主体在特定的情景中使用特定的表达式所表示的事件。具体到委婉语词的研究中，事件是存在于自然或社会中的由于某种原因不便直说的事情，如果直言可能会引起他人的恐惧、反感、难堪，或让

---

[1] 参见李恒威：《意识、觉知与反思》，《哲学研究》，2011（4），第95－102页。
[2] R. Langacker: *Foundations of Cognitive Grammar*, Volume 1: Theoretical Prerequisites, Stanford: Stanford University Press, 1987, p.66.

他人觉得被冒犯或受到歧视，如生病、死亡、性爱、排泄、战争、犯错等；用例事件是表征不便直言的事件的语言表达式，也就是委婉语词。从事件到用例事件是一个动态的意识过程，主体对一个事件的感觉意识发展到对一个用例事件的感受意识，其过程是一个涌现的过程。

（4）心理属性（mental property）和物理属性（physical property）。这一组概念来自戴维森（D. Davison）的属性二元论（property dualism）。该理论认为，世界上只存在一种实体，即物质实体，但是却存在物理属性和心理属性两种属性，心物之间存在因果关系。物理属性是事物自身拥有的属性，可通过观察或实验揭示出来，包括物质实体的物理、化学和生物属性；心理属性指"感知对象在感知主体的心理中呈现出一种（些）什么样的属性"[①]，也就是实体在人们的心理中呈现出什么样的属性。委婉语词是主体在意向性作用下做出的对外部事件的物理属性的某一方面的选择，由此主体产生一定的心理感受，并外化为语言符号而实现的。

（5）心－物随附性（supervenience）。当代心智哲学引入"随附性"来讨论心理事件和物理事件的关系，心理事件无法脱离脑、身体和世界，不是独立于物理事件的存在。"从某种意义上，心理特征依赖或随附（supervenient）于物理特征。"[②] 心－物随附性是心理对于物理的既依赖又独立的关系：一方面，心理事件和物理事件具有因果关系；另一方面，心理不完全服从于物理的因果关系，具有一定程度的自主性。在委婉语词的生成过程中，心－物随附性起着重要作用：受外部事物/事件（委婉对象）的物理属性的限制和制约，主体对外部事物的心理

[①] 徐盛桓：《语言研究的心智哲学视角——"心智哲学与语言研究"之五》，《河南大学学报（社会科学版）》，2011（4），第9页。

[②] D. Davison：" Mental Events", in *Essays on Action and Events*, 2nd edition, Oxford：Oxford University Press，2001，p. 176.

感受是有一定范围的，即委婉对象的心理属性有一定的范围，主体在此范围内做出什么选择是由心-物随附性来主导的；选择依赖于委婉对象的物理属性，但心理属性的自主性使得选择能在物理属性的制约下进行调整；委婉语词就是随附于事物（委婉对象）的物理属性的心理属性的语言表征形式。

（6）意象（mental image）。认知心理学认为，心理表象是"在没有外在知觉信息来源的情况下对类似知觉信息的加工"[1]，这种信息加工的基本单位就是意象。它是外部信息在主体大脑中的呈现，是融合了主体感受的加工形象。意象具有多模态性，可能是视觉、听觉、嗅觉、味觉、触觉等意象；意象具有模拟性，能够形成相似、相应或相关的形象，同原来的真实对象建立联系。委婉语词的生成过程，就是从事件到用例事件在主体大脑中以意象的形式涌现出来的。

（7）涌现（emergency）。涌现是复杂系统中由次级组成成分间相互作用产生不可预测的复杂样态的方式，即系统整体具有其组成成分所不具有的性质，而这种性质具有不可预测性。涌现强调从低层次到高层次、从部分到整体发生的质变。质变后产生的事物就是涌现事物，同涌现事物一起出现的属性就是涌现属性。意识同其他物理系统一样具有涌现的属性，意识的涌现具有层级性、非加和性和方向性。从主体意识角度看，委婉语词的生成是从原初意识体验到反思意识体验的一个涌现的过程，反思意识是涌现的结果；从事件角度看，委婉语词的生成是从事件（委婉对象）到用例事件（委婉语词）的一个涌现的过程，用例事件是涌现的结果。意识的涌现会对生成的委婉语词产生一定的影响，体现为涌现的显隐作用和委婉语词的新颖性。

---

[1] 约翰·安德森：《认知心理学及其启示》，秦裕林等译，北京：人民邮电出版社，2012年，第101页。

此外，在委婉语词生成过程中，从主体原初意识到反思意识的涌现过程涉及一系列心理状态和活动，如记忆、联想、想象、格式塔转换。在这些心理活动的作用下，主体把通过感官作用获得的对外部事件的感觉信息转换为主体对外部事件的感受，整合为用例事件。

2.3.2.2 意向性－随附性：委婉语词的发生分析框架

在委婉语词的发生过程中，意向性和心－物随附性的作用关系可以概括如下：意向性是委婉语词使用的起点，包括意向态度和意向内容；主体对委婉对象的感知和感知后得到的感受，都是以意向性为指向的；委婉对象的属性包括其物理属性和心理属性，两者都是事物本身的属性，物理属性是事物本身固有的特征，心理属性是事物的物理属性在主体心中引发的心理感受；由于心－物之间的随附性，心理属性有一定的自主性，即主体的心理感受可以按照自主意志发挥。心智可以把人的意向性寄生到本质上没有意向性的语言上，其"'满足条件'就是：心理感受对物理属性既要依赖，又要一定程度有自主的发挥"[1]。在这个过程中，主体以特定的意向性的建立和行使为统制，通过注意力的反映过程，在心－物随附性的主导下进行定位和选择，对事件的感觉做出符合用例事件的意向性的认定。

意向性－随附性在委婉语词生成过程中的作用见图2.3：

---

[1] 徐盛桓：《语言研究的心智哲学视角——"心智哲学与语言研究"之五》，《河南大学学报（社会科学版）》，2011（4），第12页。

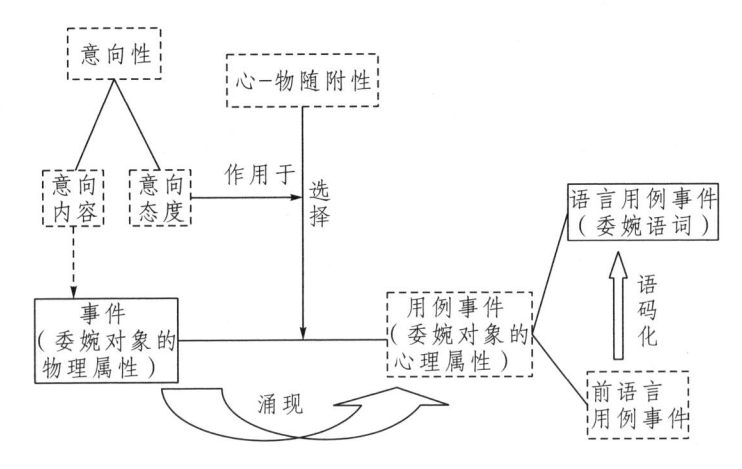

图 2.3 意向性-随附性 委婉语词的发生分析框架

如图 2.3 所示，作为外部事件的委婉对象和作为语言用例事件的委婉语词是实实在在的存在，在图中用实线表示。从委婉对象到委婉语词的过程是一个语言主体心智活动的反映过程，是一种虚拟存在，在图 2.3 中意向性、心-物随附性、前语言用例事件用虚线表示。在委婉语词生成过程中，语言主体在意向性作用下对外部事件（委婉对象）的物理属性进行选择，形成主体对事件的某一性状特征的感受并涌现为用例事件，主体意向性的选择是在心-物随附性的主导下进行的。依据图 2.3，委婉语词生成的意向性-随附性分析模式具体如下。

（1）委婉语词生成过程起始于语言主体的意向性，在具体的语句中，语言主体用 B（委婉语词）替代 A（直言语词）来完成某种想法的表达或意图的实现。意向性的属性，即自我意识同对象意识的统一，使主体能够将自己的注意力集中在某个外部对象上，注意力集中的过程就是对外部对象定位的过程，也就是意向性的定位作用。委婉语词定位的外部对象往往是出于某种原因不好直说的外部事物或事件，如生老病死、缺陷、错误、身体器官、生理功能、犯罪、战争、弱势群体称谓等。当语言主体把注意力集中在这些事物或事件上，就开始了主体生成委婉语词的过程。这一作用好比"触发器",在语言主体的心智中触动并引发一系列意识活动,并在一定条件作用下完成委婉语词的生成过程。意向性包括意向内容和意向态度两个维度:意向内容是主体定向的基础,是表达的核心,即出于特定原因主体不便直言的事物或事件;定向的依据是主体的意向态度,即主体以什么态度来指向外部事物(委婉对象),如委婉的、亲切的、包容的、正面的、美化的等心理取向。意向性的双维度同时作用于委婉语词的生成,也就是说,外部事物一旦成为主体关注的对象,即意向内容,它便作为意向性的一个维度,总是和另一个维度的意向态度"纠缠"在一起,进入主体意向性的意向内容由意向态度来处理,而意向态度总是指向意向内容,在二者的统一作用下,语言主体生成具体的委婉语词,即选取 B 来替代 A。

(2)在意向性作用下,语言主体首先对委婉对象的物理属性进行选择。委婉对象具有物理属性和心理属性,物理属性是委婉对象本身固有的基本属性,具有可观察性和可还原性,包括其结构和位置、特征和属性、生成和来源、功能和作用等方面,主体对委婉对象的物理属性的选择也是基于这 4 个方面的选择;心理属性是委婉对象的某一方面在主体心理上呈现的属性,心理属性依赖委婉对象的物理属性,具有可感受性、不可还原性和相对普遍性。在意向性作用下,语言主体对委婉对象的物理属性进行选择,一定的物理属性引发一定的心理属性,以不同的方式作用于主体的心理,产生不同的心理感受,心理属性随附于物理属性。

(3)在主体对委婉对象的物理属性进行选择的过程中,心－物随附性起主导作用:受委婉对象的物理属性的限制和制约,主体对委婉对象的心理感受是有一定范围的,主体在此范围内做出的选择是由心－物随附性来主导的;选择依赖于委婉对象的物理属性,但心理属性的自主性使得选择能在物理属性的制约下进行;委婉语词就是随附于委婉对象

（事物的物理属性）的心理属性的语言表征形式；在心、物之间这种既依赖又自主的随附关系作用下，主体生成的委婉语词具有一定的相似性，同时也呈现出一定的差异性。也就是说，在［A 是 B］形式中 B（委婉语词）能替代 A（直言语词），是因为 B 所反映的是 A 的指称物 A′（委婉对象）的物理属性的某一方面在主体心中引发的一种心理感受，这种感受随附于 A′的物理属性，同时，由于主体的心理感受具有自主性，因而生成的 B 是具有差异性的集合 $\{B_1, B_2, B_3, \cdots, B_n\}$。

（4）从委婉对象到委婉语词的生成过程就是从事件到用例事件的涌现过程。语言主体在感官（眼、耳、鼻、舌、身）作用下形成对出于特定原因不便直说的外部事件的感觉，也就是主体对委婉对象的原初意识体验，并以意象的形式储存于大脑中。在意向性作用下，主体对储存于大脑中的关于事件的意象进行定位和选择，把注意力分配在事件的某一要素上，并对定向信息进行筛选、提取、反思，获得反思意识体验。反思就是主体在自己当下和/或过往的记忆的基础上，对感觉到的事件进行格式塔转换式的联想和想象，从而产生对事件的感受，即反思意识体验，即前语言形态的用例事件。主体对一个事件的感觉意识到对一个用例事件的感受意识过程是一个涌现的过程，包括记忆、联想、想象、格式塔转换等心理活动，在图 2.3 中用大弯箭头表示。意识的涌现具有层级性、非加和性和方向性。作为涌现的结果，委婉语词在表达上有新颖性，具有其组成成分所不具有的含义和功能。

（5）前语言形态的用例事件由语言符号承载后表征为委婉语词。前语言形态用例事件，指在特定语境中，语言主体在意向性作用下在大脑中将委婉对象构建为一个用例事件；语言形态用例事件是将前语言形态的用例事件外化为语言符号后得到委婉语词。前语言形态的用例事件是主体大脑中的意象，语言形态的用例事件是将这些意象语码化后得到的语言表达式，语码化过程是在语言规则包括语义规则和语法规则的作用下把意象外化为语言表达式的过程。

（6）个体意向性受制于集体意向性，集体意向性作用于个体意向性，具有对个体意向性实施认定和整合的功能。在集体意向性的作用下群体形成共同的认知、意图和情感，在集体意向性和社会环境的协同作用下委婉语词发生变迁、更新和消亡，委婉语词在使用上表现出明显的更新性、时代性和群体性。

意向性－随附性分析框架通过解析语言主体用 B（委婉语词）替代 A（直言语词）来指称 A′（委婉对象）的整个心智过程来解释委婉语词是如何发生的。这个过程以主体意向性为起点，同时，意向性在整个过程中起"统领"作用，做出多次定向、多次选择，其作用贯穿委婉语词生成的整个过程。这里的心智过程包括两个层面：从主体意识角度看，委婉语词的生成是从原初意识体验到反思意识体验，是一个涌现的过程；从客体事件角度看，委婉语词的生成是从事件到用例事件的一个涌现的过程，从事件到用例事件的过程中心－物随附性起主导作用，用例事件外化为语言符号就是委婉语词。这两个层面的解析是相辅相成的，委婉语词的生成过程伴随着主体的意识活动过程，而意识活动的结果用语言符号来承载就外化为委婉语词。

2.3.2.3　意向性－随附性分析框架的意义

意向性－随附性分析框架是在认知－心智语言研究视角下建构的委婉语词生成机制的分析框架，是遵从认知语言学的基本立场，结合认知科学和心智哲学的新发展，对委婉语词生成机制所作的研究。研究从委婉语词的表层特征［A 是 B］的形式替代入手，深入研究替代得以实现的主体的心智运作活动和心理过程，心智是如何对输入的感觉知觉信息进行加工，包括对其进行辨别、选择、转换、重组的，从而对在大脑里形成委婉语词的心智过程做出说明。意向性－随附性分析框架揭示了人们使用委婉语词的心智活动和认知机制,为委婉语词的研究提供了一种新的视角,有助于丰富和深化对委婉语词的研究。同时,这个分析框架对语言运用中的其他语言现象的分析研究有所启发,有助于我们更深入地认识人类语言活动内在的心智活动过程,从而揭示人类语言知识的认知结构及其形成过程。

2.3.3 外延内涵传承与委婉语词

意向性-随附性分析框架从认知-心智视角解释了委婉语词是如何发生的,即[A是B]形式结构中B替代A的过程是如何在主体的心智中实现的。但替代为什么能发生?我们将从外延内涵传承说的角度解释委婉语词为什么可能,通过解析委婉语词生成过程中的逻辑特征来说明B替代A为什么能发生。

形式逻辑有三条基本规律:同一律、矛盾律、排中律。[①] 从形式逻辑的角度看,委婉语词的[A是B]是不符合形式逻辑的,具有"非逻辑"或"反逻辑"的特征,因为形式逻辑认为事物是A就不可能是非A(-A)。从委婉语词的字面表述与其实指的关系来看,是对同一律、矛盾律、排中律的违反。但事实上,人们在日常生活中广泛运用委婉语词,说话人在特定交际环境中确实用B来表达A,并且相同语境中的听话人也能有效地理解其语义和委婉意图。这样看来,委婉语词的表达本质地蕴含了深层次的认知内容,应该具有自身的逻辑特征。

本书认为,委婉语词的生成总是在分类逻辑的总体框架下进行的,分类逻辑意识是委婉语词的表达得以发生的前提条件。分类的发生建立在人们对事物之间的常规关系的认识的基础上,事物之间的常规关系可以进一步抽象为相邻/相似关系两个维度,也就是说,人们可以通过把

---

① 参见金岳霖:《形式逻辑》,北京:人民出版社,1979年,第264-273页。

握事物之间的［相邻±］、［相似±］关系对事物进行分类认识。这种认识的结果就会形成以［相邻±］、［相似±］关系为中介所建立的一个既分类又分层级的复杂的巨型的知识网络系统，这个系统储存于大脑中就是人们认识事物的类层级结构（type hierarchy structure）。①

委婉语词 B 能替代 A 是因为 B 和 A 总能在特定的类层级结构中建立相邻/相似关系。A 和 B 在人们认识的类层级结构中都有一个适当的位置，分别代表一个单体或范畴，是别的单体或范畴的上位范畴或下位范畴。换句话说，它们是同属于某一上位范畴的不同范畴，也可以是上下位层级的相关范畴。A 和 B 体现在同一委婉语词中，分别蕴含两个关系体或两个相关的概念或范畴，从逻辑角度来看，［A 是 B］是范畴之间的转换，转换的基础是范畴之间的相邻/相似性。因此，［A 是 B］可以理解为 A 和 B 要么彼此相邻，要么彼此相似。具有相邻/相似关系的两个关系体 A 和 B，一个关系体的存在总是内在地蕴含另一关系体的存在，即在一定语境下，提到 B 就可能领会到 A。比如几十年前汉语中用"大团结"替代人民币，"文化工作者"替代歌手，是因为两个概念有相邻关系，"大团结"与人民币是部分－整体相邻，从另一个角度来看，它们也是空间相邻；"文化工作者"与歌手也是整体－部分相邻。再如，英语中用"big C"替代"cancer"（癌症），用"ED"替代"erectile dysfunction"（勃起功能障碍/阳痿），是因为 C 和 ED 分别是"cancer"和"erectile dysfunction"的首字母，它们从词形上看有相邻关系（部分－整体相邻），彼此为关系体。在一定语境下，提到"big C"就会领会到"cancer"，提到"ED"就会领会到"erectile dysfunction"。替代的发生首要要建立在人们对事物的一般分类约定俗

---

① 参见徐盛桓：《转喻为什么可能——"转喻与逻辑"研究之二："内涵外延传承"说对转喻的解释》，《上海交通大学学报（哲学社会科学版）》，2008（1），第 69－77 页。

成认识的基础之上。也就是说，人类的分类逻辑意识是替代能够发生的必要条件，分类逻辑是委婉语词生成的逻辑前提。

"外延内涵传承说"是徐盛桓为系统研究语义变异的修辞性话语的语义表征提出的理论框架，用以说明隐喻转喻的机理和构建隐喻转喻话语语义加工模型。其基本精神是"A→通过外延内涵的传承→B"。"外延内涵传承说"认为，知识在人类大脑中是以类层级结构的形式组织起来的，人们对任何事物的认识都是假设其存在于类层级结构的一个适当的位置，且上下位范畴之间具有外延内涵的传承关系。[①]"传承"是这样一个过程：一个语句里的某个词语如果涉及 B 替代 A（"A 是 B"）这样的修辞表达，不管 B 是显性的还是隐性的，都可能发生 A 与 B 外延内涵的传承。所谓"传承"，就是 A 把自己的外延、内涵内容作分解，根据语境，选择一个延项或涵项内容"输传"出去作为"A 是 B"的 B，并用能表征 B 的概念来承载。这就如同 A 把自己的内涵内容"传"出去，通过 B 替代 A，构成了体现"A 是 B"的表达。[②]

体现在委婉语词 B 替代 A 过程中的内涵外延传承过程分两个阶段：首先，主体心目中有一个不便明说的事物（即 A 的直接指称物 A′），它可能是不雅的、难听的、忌讳的，或是带有歧视的，根据语境，在恰当的外延下捕捉一个涵项；然后，这一涵项输传下去，至适当分支涵项，确定一个自然语言的概念来承载，也就是委婉语词（即 B），实现以 B 替代 A，即在这一语境下"A 是 B"。例如，在一定语境下，出于委婉和美化的目的，需要用"城市美容师"替代"扫地工人"，扫地工人给城市街道做清洁就像给城市做美容一样。首先，主体在心智中把"扫地工人"（A）的外延、内涵内容作分解，并选取"功能"涵项中

[①] 参见徐盛桓：《转喻与分类逻辑》，《外语教学与研究》，2008（2），第 93-99 页。
[②] 参见徐盛桓：《"A 是 B 的启示"——再谈外延内涵传承说》，《中国外语》，2010（5），第 22-29 页。

"让城市干净整洁"这个支涵项，把它输传出去，并用能表征这个涵项的"城市美容师"（B）来承载，从而实现用"城市美容师"（B）来替代"扫地工人"（A）。由此，委婉语词 B 替代 A 能实现是以分类逻辑为前提，在人们的类层级知识结构中，B 和 A 所指称的概念/范畴之间发生互动，实现外延内涵的传承，这从原则上解释了委婉语词 B 为什么能替代 A。

根据 A 和 B 在类层级结构中的位置关系，我们把委婉语词分为基于相似关系和基于相邻关系的两类，对这两种类型的委婉语词体现的内涵外延传承的具体过程，我们将在第六章作详细说明。

本章对"意向性解释"模型下委婉语词的静态结构研究和发生结构研究作了说明。下面的章节将在本章内容的基础上对委婉语词进行更深入、细致的研究。第三章将对委婉语词在时间维度上的特征做出描述和说明，第四、五、六章将从认知－心智角度对委婉语词的发生结构作详细解析。

需要说明的是，心智哲学研究的目的是研究心智及其特征、心理现象的本质以及心－脑的关系。心智产生于大脑，语言活动是心智活动的一种。心智哲学视角下的语言研究是依据心智哲学的研究成果，参考认知科学、心理学、脑神经科学的新发展来进行的，其目的是刻画心智到语言的过程，用人类的心智活动和认知过程对语言现象做出概括性的解释，这是语言学研究的一条新的进路。

从认知－心智视角研究委婉语词的生成是在心智哲学语言研究观照下的一种新的尝试。我们从委婉语词这个语言现象入手，从主体的心智活动和认知过程来研究委婉语词的生成过程。我们把心智哲学以及认知科学理论中能解释委婉语词使用过程中的心智活动的概念抽取出来，建立"意向性-随附性：委婉语词的发生分析框架"，对委婉语词的生成过程进行全面深入的描写、分析和解释，研究委婉语词运用的认知-心智机理。我们将在后面的章节对委婉语词生成的认知-心智过程进行逐层深入的分析和说明。

3

委婉语词使用的时间维度

委婉语词使用的时间维度是本书静态结构研究的一部分，主要是考察委婉语词在时间轴上的流变特征，以及委婉语词在当代的使用中呈现出来的时代特征，回答"为什么要用委婉语词"这个问题。

从历时的观点看，语言处于不断的变化中，新词不断产生，旧词不断消亡。委婉语词也是这样，一个委婉语词随着时间推移会逐渐失去委婉的特征，被新生的委婉语词替代。委婉语词的形成和发展承载和反映了民族和社会的历史、政治、经济、文化、宗教、价值观、道德观等多方面的内容。"委婉语是社会文化域的语言映射"[1]，委婉语词与社会文化环境是多重映射关系，"它不仅体现为静态的载蓄，更表现为动态的反映"[2]。不同的时期，由于社会禁忌不同，委婉的对象体现出差异性。从最早的神讳、名讳，逐渐发展出对人的生老病死的禁忌，对不雅、不吉事物的禁忌。现当代委婉语词的使用又体现出什么时代特征，反映什么样的社会心态、价值观念和时代精神，是本书关注的焦点。

3.1 委婉语词的起源

委婉语一词的英语表达"euphemism"来源于希腊文，"eu"意思为"well or sounding good"（好的，好听的），"pheme"意思为"speech or saying"（话语），因此"euphemism"一词的字面意思是"to speak

---

[1] 彭文钊：《委婉语——社会文化域的语言映射》，《外国语》，1999（1），第67页。
[2] 彭文钊：《委婉语——社会文化域的语言映射》，《外国语》，1999（1），第67页。

with good words or in a pleasant manner"（说好听的话或好的说法）。委婉语的产生总是与社会禁忌相关的，某些事物或现象遭到禁忌，不能明说，只能借助别的方式表达，就产生了委婉语这一语言现象。

3.1.1 "塔布"与英语委婉语词起源

英语中的"塔布"（taboo）一词，来源于南太平洋汤加土语"tabu"，意思是"禁止"或"禁止的"。1777年英国航海家库克（Cook）第三次远航到达汤加群岛，在同当地居民接触中，他发现他们有很多奇特的社会禁忌现象。如某些东西一般人不能使用，只允许僧侣、国王、酋长等特定阶层使用；或禁止妇女出现在某些特定的场合，当地的居民称这种禁忌为"塔布"。库克将这个词带回欧洲，为英语所吸纳，"塔布"这个词后来就作为形容一种特殊的社会现象的术语进入人类学、人种志学和社会学的领域被广泛使用。

关于"塔布"的对象，弗洛伊德（S. Freud）在《图腾与禁忌》一书中做了这样的概括："'塔布'，就我们的理解，它代表了两种不同方面的意义。一方面，是'崇高的'、'神圣的'；另一方面，则是'神秘的'、'危险的'、'禁止的'、'不洁的'。"[1] 也就是说，"塔布"的对象包括两个方面：神圣的、神秘的事物和危险的、禁止的事物。《不列颠简明百科全书》列举的"塔布"对象包括在特定季节禁猎或禁止捕鱼、禁食特定的食物、禁止接触某社会阶层人员、妇女在经期禁止某些特定的活动等。[2]

语言"塔布"包括两方面："一是语言的灵物崇拜（语言拜物教），

---

[1] 弗洛伊德：《图腾与禁忌》，文良文化译，北京：中央编译出版社，2009年，第22页。
[2] 美国 ENCYCLOPAEDIA BRITANNICA, INC 编辑组：《不列颠简明百科全书》，上海：上海外语教育出版社，2008年，第1615页。

一是语言的禁用或代用（委婉语词和粗鄙语词）。"[1] 语言的灵物崇拜认为，语言有超自然的精神力量，它们能降福施吉，也能招灾引祸。其心理动机是把语言符号等同于所指对象，赋予语言一种它本身没有的超级力量。如把猛兽、鬼神的名称当成猛兽、鬼神本身，因此在交际中它们的名字首先必须回避。如英语中把"熊"称作"grandfather"（爷爷），"虎"称作"striped one"（带斑纹的）。英语谚语"Speak of devil and he appears"（说魔鬼，魔鬼就会出现）就反映了这种心理动机。英语中的禁忌语可大致分为亵渎神灵类、猥亵类、有伤大雅类。

随着社会文化的发展，"塔布"的对象也不断变化。"塔布"成为一种民俗形态，与社会文化特征及传统息息相关，影响人们生活的方方面面。普遍存在于英语文化中的"塔布"对象见表3.1[2]：

表3.1 英语"塔布"对象

身体及其释放的臭气、液体等（汗液、鼻涕、粪便、月经液等）； 性器官和性行为，排尿和排便； 疾病、死亡以及屠杀（包括狩猎和捕鱼）； 命名、称谓，以及对圣人、圣物、神职场所的称谓和触碰； 食物的采集、准备和食用

语言灵物崇拜和语言禁忌直接导致委婉语的产生。人们在语言交际中，有时不得不提及禁忌的事物时就需要找一种动听的、含蓄的表达法来替代禁忌语。这种用来替代禁忌语的表达式就是委婉语。禁忌对象大致决定了委婉对象，《英语委婉语词典》（刘纯豹，2002）把收录的英语委婉语词条分成12大类，如表3.2所示：

---

[1] 陈原：《社会语言学》，北京：商务印书馆，2000年，第343页。
[2] K. Allan, K. Burridge: *Forbidden Words: Taboo and the Censoring of Language*, Cambridge: Cambridge University Press, 2006, p.1.

表 3.2 英语委婉语词分类

① 世人与职业
② 人体部位与器官：禁忌部分
③ 人体部位与器官：中性部分
④ 疾病与残障
⑤ 死亡与殡葬
⑥ 分泌与排泄
⑦ 缺点与错误
⑧ 性爱与生育
⑨ 犯罪与惩罚
⑩ 政治与战争
⑪ 神明与魔鬼
⑫ 誓言与咒语

从表3.1和表3.2中不难看出，英语中大多数"塔布"对象都涵盖在委婉对象中。但也有例外，如表3.1"塔布"对象的最后一项"食物的采集、准备和食用"看似没有包括在委婉对象中，其实它散列在委婉对象⑦"缺点和错误"项下面的小类"贪食"（Gluttony：Food）和"贪杯，酗酒"（Gluttony：Drink）中。在西方文化中，"原罪"思想深入人心，具体指人类恶行的7大类，即"七宗罪"之说，包括怒（wrath）、贪（avarice）、懒（sloth）、傲（pride）、淫（lust）、妒（envy）、馋（gluttony）。"贪食"和"贪杯"既然是不好的行为，自然就是委婉对象，需要用好听的、含蓄的表达来替代。我们还可以发现，委婉对象中的①"世人与职业"和⑩"政治与战争"并没有包括在"塔布"对象中，这是因为表3.1中的"塔布"对象是英语文化沿袭下来的传统的社会禁忌，而表3.2中的委婉对象既包括传统的委婉对象，又包括随社会发展新生的委婉对象。这一差异体现了委婉语不断发展与更新的特点，即时代的变迁使得新的委婉对象层出不穷，我们将在后文详述。

3.1.2　避讳与汉语委婉语词

"委婉语词的产生，大抵是从塔布（禁忌）开始的。"[1] 汉语也不例外。古人对生死、雷电、洪水、日食、月食等现象不理解，便产生了恐惧，相信各种现象均由各种不同的自然之神所支配。"子不语：怪、力、乱、神"（《论语·述而》），主张"敬鬼神而远之"（《论语·雍也》）。古人对自然充满敬畏之情，不敢对自然现象妄加评论，进而导致语言禁忌的产生。当人们不愿意说出禁忌的人或事物，又不得不提及这些人或事物时，就要用好听的、曲折的、暗示性的语词来表达。这种由忌而讳的过程，是汉语和英语共有的。但由敬而讳，即避讳，却是汉语语言禁忌的显著特点。

《辞源》注解"避讳"为："古人在言谈和书写时要避免君父尊亲的名字。对孔子及帝王之名，众所共讳，称公讳；人子避祖父之名，称家讳。避讳之法，一般取同义或同音字以代本字，或用原字而省缺笔画。"[2]《辞海》注解为："封建时代对于君主或尊长的名字，避免直接说出或写出。"[3] 即中国古代回避君王、尊长的名讳。

据陈垣《史讳举例》，避讳始于周朝。"民国以前，凡文字上不得直书当代君主或所尊之名，必须用其他方法以避之，是之谓避讳。避讳为中国特有之风俗，其俗起于周，成于秦，盛于唐宋，其历史垂二千年。"[4] 周朝的避讳大致停留在"塔布"阶段。《左传·桓公六年》记载，鲁桓公给太子取名，问名于申繻。申繻说："周人以讳事神，名终将讳之。"由此可见，讳是周朝人"事神"的方法之一。到了秦汉时

---

[1] 陈原：《社会语言学》，北京：商务印书馆，2000年，第349页。
[2] 《辞源》，北京：商务印书馆，1979年，第3092页。
[3] 《辞海》，上海：上海辞书出版社，1979年，第2436页。
[4] 陈垣：《史讳举例》，上海：上海书店出版社，1997年，第1页。

期，避讳逐渐制度化，地名、人名、物名、官名都要回避当朝皇帝甚至皇帝祖先的名字。秦始皇名政，"政"和"正"同音，为了避他的名讳，规定把"政月"改为"正月"，"正"字改念平声，甚至改为"端月"。为避汉文帝刘恒名讳，改"恒山"为"常山"。秦汉时期的避讳制度虽然日趋完备，但其法尚疏。到唐宋时期，避讳制度更加完善，避讳的风尚更甚。在唐朝，为了尊祖敬宗，维护家天下的权威，对七世以内的已死君王必须避讳。柳宗元《捕蛇者说》中"以俟夫观人风者得焉"一句中的"人风"实为"民风"，避唐太宗李世民的讳，改"民"为"人"。到了宋朝，七世以上的君王名字也要避讳。宋朝把镜子称作"照子"或"铜鉴"，是为避宋太祖祖父赵敬的名讳，把"镜"改为"照"或"鉴"。到了清朝，避讳制度更加森严，犯讳忌成为清朝文字狱案中的重要部分。避讳制度随着清朝的结束而结束，其历史延续两千多年。

避讳是中国文化的一大特点，与英语文化的避讳有较大差别。第一，英语文化的避讳表现的是人与神之间的关系，而汉文化的避讳表现的是人与人之间的关系。在英语文化中，出于对鬼神的敬畏，神明和魔鬼的名字应当回避。比如，上帝的名字"Jehovah"（耶和华）就应当回避，所以人们往往不直接用"God"或"Jehovah"，取而代之以"the Creator""the Maker""the Supreme""Lord of Lords""Gosh""Golly"等。汉文化的避讳主要分国讳、家讳和圣人讳，分别体现君臣之别、父子之别、圣贤与黎民百姓之别，其实是维护权力、权威、社会秩序的手段和方法。第二，英语文化的避讳停留在习俗层面，而汉文化的避讳上升至制度和律法的层面。避讳制度作为中国古代礼制的一部分，充分体现了"君君、臣臣、父父、子子"的等级思想，为人们的社会活动和日常生活提供行为规范。

避讳作为汉语禁忌的一个重要部分，也是汉语委婉语词分类中的一大类。对比英汉委婉语分类，我们就可以看出其重要性（见表3.3）。

表3.3 英汉委婉语词分类对比

	英语委婉语分类①	汉语委婉语分类②
1	世人与职业	死亡与殡葬
2	人体部位与器官：禁忌部分	疾病与伤残
3	人体部分与器官：中性部分	分泌与排泄
4	疾病与残障	性爱与生育
5	死亡与殡葬	身体器官与生理变化
6	分泌与排泄	犯罪与惩罚
7	缺点与错误	战乱与灾祸
8	性爱与生育	家庭与婚配
9	犯罪与惩罚	人际关系与称谓
10	政治与战争	职业与境遇
11	神明与魔鬼	钱财与经济
12	誓言与咒语	品质与性情
13		动植物名称

从《英语委婉语词典》和《汉语委婉语词典》对英汉委婉语词的分类中，我们不难看出，两种语言中需要用到委婉语的范畴有很大的共性。英汉语中都归为禁忌的范畴包括死亡与殡葬、疾病与残障、身体器官、分泌与排泄、犯罪与惩罚、战争与灾祸、职业，缺点与错误（注：汉语分类归在"品质与性情"类）等。两种文化都认为生老病死、缺陷、错误、身体器官及一些生理功能是禁忌话题，说出来会不雅或不当，需要用委婉语词代之。从总体看，英汉语言禁忌有很多相似的地方。这种相似性既展现出人类文化有共性的一面，也体现了不同文化具

---

① 刘纯豹：《英语委婉语词典》，北京：商务印书馆，2002年。
② 张拱贵：《汉语委婉语词典》，北京：北京语言文化大学出版社，1996年。

有相互影响和相互渗透的一面。

同时，我们还发现，汉语委婉语有两大类是英语没有的，即"家庭与婚配"和"人际关系与称谓"。在"家庭与婚配"类中再细分"夫妻称谓与关系"和"其他成员称谓及关系"，分别有113和64个词条，如"内人""内助""高堂""贤郎"等。"人际关系与称谓"类再细分出"自称、对称"小类，计58个词条，如"卑人""大驾"等。这几类委婉语词都跟中国传统的避讳相关，反映了中国传统文化中的礼教规范对语言使用的影响。

在汉语中，称妻子为"老婆"不如"妻子"文雅。但按照古代礼制规定，皇帝的妻子称"后"，诸侯的妻子称"夫人"，大夫的妻子称"孺人"，士的妻子称"妇人"，老百姓的妻子才称"妻"。因此"妻子"一词，对上层人士来说也并不太雅，改称"夫人""公令"等。男尊女卑的观念在夫妻称谓词中也体现得很充分。"夫为妻纲"，女人对他人提及自己的丈夫，直言不讳视为不敬，要称"夫主""良人"等。古代女人地位低下，丈夫对人提及自己的妻子时，往往用谦称，如"荆人""内舍""箕帚"等。对于其他家庭成员的称谓词，直称比较通俗，婉称比较文雅。例如，称妻子的父亲为"岳丈"比"丈人"文雅，称"泰山""冰翁"就更文雅。值得一提的是，人际交往中的对称和自称，在传统的汉文化中，森严的社会等级和礼教规范使人们对别人的称谓有更多的忌讳，尤其是对尊长的称谓。因此。对称及对称其人的其他家庭成员，也尽量用敬语，即尊称或雅词，而避讳俗词，如"阁下""卿""贤契""尊驾"。与之相反，自称委婉语词则大多为谦语，尽量往卑贱方面说，既表示对对方的尊敬，也显出自己的谦逊，如"鄙人""老朽""末学""愚兄"等。

英语中少有这类委婉语。英语称谓敬语主要用在对王室成员、地位很高的神职人员的称谓上。如国王称"Your Majesty"，对王子、公主称

"Your Highness",对红衣主教称"Your Excellence",对大主教称"Most Reverend"等,但数量很少,《英语委婉语词典》(刘纯豹,2002)分类中就没有这一类。由此可见,英语在称谓方式上不像汉语有那么多禁忌,基本不存在忌讳问题。

3.2 委婉语词使用的历史变迁

委婉语词不是一成不变的,而是随着时代的变化而不断更新。一方面,委婉对象随时代变化而消亡、弱化、强化、新生;另一方面,委婉对象不变,委婉语词也处于不断变化之中,即旧的委婉语词不断被新的委婉语词替代。委婉语词是用来替代直言表达的,目的是弱化或掩盖直言表达所产生的负面联想以及对听者的刺激或伤害。当一个委婉语词使用了一段时间,它与委婉对象的关系逐渐固定且规约化时,其委婉义慢慢消失,其委婉功能也随之消失。这时候,新的委婉语词就出现了。

3.2.1 委婉语词的变化规律

委婉语词的产生、流行和消亡,一般遵循两个规律,一是格雷欣定律,二是更新定律。[1]

格雷欣定律是金融学货币理论中的一条定律,即劣币驱逐良币规律。面值相同而成色不同的两种钱币同时流通,成色不好的钱币最终会把成色好的钱币逐出流通领域,因为成色好的钱币会被人们收藏或输出国外。结果就是良币退出流通,劣币充斥市场。而词义的变化也有相似

---

[1] H. Rawson: *Rawson's Dictionary of Euphemisms and Other Doubletalk*, New York: Crown Publishers, 1995, pp. 5-7.

的规律。一个词的词义如有好有坏，那么坏的词义会逐渐把好的词义排挤出去。例如"crap"一词，本义为"残渣、剩余物"，后来用作"屎、排泄物"的委婉语词，"排泄物"词义就逐渐占据了主导地位，如今其他词义很少使用。其他的如"coition""copulation""intercourse"等词，最早普遍使用的词义分别是"在一起""连接""交流"，后来都用作"性交"的委婉语词，结果"性交"词义迅速占据了主导地位，其他词义几乎不再使用。汉语中"小姐"一词在民国时期和中国改革开放初期是对未婚女子的雅称，20世纪90年代，"小姐"一词成为"妓女""三陪女郎"的委婉语词，其原来对"未婚女子的敬称"这一褒义词义很少使用。

更新定律是指委婉语词在使用了一段时间后，其委婉色彩往往会部分乃至全部丧失，那么新的委婉语词就会产生。新的委婉语词在使用中又会逐渐丧失委婉色彩，被更新的委婉语词代替，如此更新发展，形成委婉语词发展链。英语"mad"（疯子）一词先后被委婉地表达为"crazy"（疯狂的人）、"insane"（精神失常的人）、"lunatic"（精神错乱的人）、"mentally deranged"（智力缺陷者）。由此可见，一些委婉语词经过一段时间的使用后委婉义丧失，有可能越来越显得刺耳，最后演化为禁忌的对象，需要更新。请看下例：

Negroes→blacks→African American→…

poor → needy → culturally deprived → underprivileged → disadvantaged→…

刮宫/打胎→堕胎→人流→终止妊娠→……

妓女→鸡/野鸡→风尘女子/青楼女子→小姐→性工作者→……

呆子/白痴→低能→弱智→智残→智障→……

盲流→打工仔→农民工→进城务工人员→……

需要指出的是，上例各组委婉语词并不一定按箭头所示的进程替代，而且也不一定是逐一替代。事实上，一个委婉语词的委婉义的消亡不是在短时间内发生的，而是有一个渐进的过程。在同一时期指称同一事物的几个委婉语词可能同时使用，此消彼长，推陈出新。例如"鸡/野鸡"曾被用作"娼妓/妓女"的委婉语词，后来逐渐丧失委婉义，成为刺耳、冒犯的词语，随后又被一系列表达取代。如"三陪女""发廊妹""按摩女郎""吧女""公关小姐"等后来统称"小姐"。现在"小姐"也成为一个不雅的词语，逐渐被"性工作者"取代。这样的更新替代是渐进的、持续的，新的委婉语词不断产生，取代已丧失委婉义甚至变为禁忌语的旧的委婉语词。某一特定对象的委婉语词更新得越快，社会对这个指称对象的敏感度越高。

3.2.2 委婉对象的变迁

作为一种语言替代手段，委婉语词的使用是为了回避禁忌的、冒犯的、不雅的或不礼貌的表达。在不同的历史时期，社会禁忌的对象各有不同。委婉对象的变迁指委婉对象的消失、弱化、强化，以及新委婉对象的产生。

当原有的委婉对象消失，指称它的直言语词也会随之被弃用，用以替代直言语词的委婉语词也会逐渐消亡。这里的消亡指委婉语词不再出现在人们的日常生活用语中，但可能依然出现在文学、史学作品和文献资料中。比如，太监是中国封建社会的一种特殊行业，虽然历史上有不少太监有权有势，但由于太监是被阉之人，所以这个职业本身是被人瞧不起的，因此需要用委婉语词来替代，诸如"公公""黄门""净身人""内相""熏子""中贵""中贵人"等。① 随着封建社会的瓦解，太监这个群体消失了，相应的委婉语词也不再出现在人们的日常用语中。再如，旧时中国妇女有缠足的习俗，因此婉指女性"小脚"的表达就有很多。张拱贵（1996）收录的相关表达有12例，如"寸金""金莲""莲瓣""莲钩""翘""三寸弓""三寸金莲""香钩""新笋""玉弓""玉钩""玉笋"。② 中华人民共和国成立后，政府废除了这一习俗，妇女不再裹足，"小脚"这一社会现象消失了，因此相应的委婉语词也被弃用。

委婉对象的弱化指有些事物虽在各个时期都存在，但由于特定的原因，在旧时期需要委婉而在新时期则没有必要的指称这些事物的委婉语词也会被淘汰。例如，旧时唱戏是被人瞧不起的行业，唱戏人的社会地位低下，因此"戏子"就有"伶伦""伶人""秋娘""小怜""妙音"③ 等委婉语词。如今，演员的社会地位提高，受人尊重，甚至受到年轻人的追捧，于是再无委婉的必要，上述词语也就被淘汰了。古时官吏辞官常常需要用婉词，如"避禄""初衣""解佩""乞骸骨"等。张拱贵（1996）收录的古时辞官的委婉语词有36例之多，而这36例委婉语词至今还沿用的只有一例"引退"。"引退"除了表示官员辞职，更多地表示某人从某个领域退出，词义已经扩大。如今辞官不再需要委婉，其直言表达"辞职"一词广泛地运用在社会生活中。

委婉对象的强化指有些事物过去有，现在也有，过去不需要委婉，但由于社会制度、价值观念、伦理道德等因素的改变，这些事物变成现

---

① 张拱贵：《汉语委婉语词典》，北京：北京语言文化大学出版社，1996年，第195－203页。
② 张拱贵：《汉语委婉语词典》，北京：北京语言文化大学出版社，1996年，第120－126页。
③ 张拱贵：《汉语委婉语词典》，北京：北京语言文化大学出版社，1996年，第195－203页。

实生活中的敏感事物，就需要用好听的、委婉的表达来替代。比如一些体力劳动工种被认为是低下的职业，但随着劳动者队伍整体的科学技术和文化素质逐步提高，传统的职业称谓就不符合变化后的语境。于是，一些传统意义中不起眼的，甚至被轻视的职业被冠以一个与其技艺相关的美名。这样，"garbage collector"（垃圾清运工）成了"sanitation engineer"（环卫工程师），"mechanic"（机修工）成了"automobile engineer"（汽车工程师），"dry cleaner"（干洗工）成了"dry cleaning engineer"（干洗师），"floor walker"（商场巡逻员）成了"aisle manager"（通道经理），"salesperson"（营业员）成了"sales representative"（销售代表），"gardener"（园丁）成了"landscape architect"（风景建筑师）。[①] 汉语中也有这种美化职业的趋势，最具代表性的例子就是"师"字的泛化。"师"在汉语中用来指擅长某种技术的人或向他人传授知识技能的人，如今被广泛用在一些服务行业的职业名称中，起美化的作用，如"厨师""面点师""美发师""美容师""调酒师""服装设计师"。

随着社会的发展和时代的变迁，一些新事物应运而生，当人们普遍认为用直言语词表达这些事物不妥时，就会创造新的委婉语词。传统中国文化对婚姻的态度很严肃、谨慎和保守，当今社会人们对婚姻的态度趋于开放，年轻人中婚前同居的现象越来越普遍，随之产生了"试婚"一词来婉指婚前同居。同样，在改革开放的城市化进程中，大批农民流动到城市从事建筑和服务行业的工作，"农民工"一词应运而生。当"农民工"的委婉义消失，"进城务工人员""城市建设者"等新的委婉语词开始流行。

3.2.3 委婉语词的推陈出新

有些事物虽长期存在，但其委婉语词在各个时代有所不同。张拱贵

[①] 刘纯豹：《英语委婉语词典》，北京：商务印书馆，2002年，第23-43页。

（1996）收录的汉语死亡类委婉语词共计 481 条，沿用至今的不足百条。霍尔德（R. W. Holder, 1995）收录的英语死亡类委婉语词共计 399 条，一半以上为古用或旧用表达，是被淘汰的委婉语词。

  从词汇角度来看，委婉语词被淘汰的主要原因是一些委婉语词文言色彩太浓，不容易被现代用语吸纳。汉语中有些委婉语来自不为大众所了解的典故，如"相如渴"。司马相如患有消渴疾，故后人用"相如渴"婉指此病。唐代李商隐《汉宫词》："侍臣最有相如渴，不赐金茎露一杯"；"金屏雀"婉指被选为婿，出自《旧唐书》的一段典故。这些委婉语随其典故的生僻化也逐渐被弃用。有些委婉语中的单字为生僻字，意思不为一般人所理解，由其构成的委婉语词也自然被淘汰，如"亹胙"婉指死亡，"罛师"为渔民的雅称，"術衕"旧时指妓院，也指妓女，"闺阃"婉指女人的隐私。还有一些委婉语，由于使用范围和使用频率有限，也自然被淘汰，如婉指殡葬的"科柏""引绋"，婉指妓院的"水户""水局"等。

  新生的委婉语词的来源大致有以下几类。由于报刊、广播电视以及网络等大众传媒的影响，以前小范围内（如方言和特定群体内）使用的委婉语词得到推广，成为全社会流行的委婉语词。① 如"摆乌龙"（由于粗心而弄错一件事）、"大排档"（廉价的街头饮食摊点）、"炒鱿鱼"（解雇）、"二奶"（小老婆或姘妇）等源于广东方言，"过桥费"（佣金，回扣）源于上海方言，"托儿"（由商人雇用假冒顾客诱骗他人上当的人）源自北京方言，婉指男妓的"牛郎"源于台湾话，"鸭"来自香港话，表示毒品的委婉用语"4 号"则源于吸毒群体的隐语。

  另外，随着科学技术的发展，行业之间相互渗透，一些原本是特定行业的专业术语被借用来当作委婉语词，广泛用于日常交际。如"软

---

① 尹群：《论汉语委婉语的时代变迁》，《修辞学习》，2003（2），第 5-8 页。

着陆"原为航空术语,现用来表示放慢速度、缓和地处理问题;"踩线"原为体育比赛用语,现指在不太明确的政策界线上试探;医学术语"换血"用来表示对某个机构或组织的彻底整顿和更新;工业用语"冷处理"婉指将问题搁置再作冷静处理;"交学费"原是教育行业用语,现表示因缺乏经验造成损失而付出的代价;原属股市用语的"套牢"则婉指遇到麻烦难以摆脱。[1]

还有一些语词原本不具有委婉义,但因交际的需求被赋予与原词义相关的委婉义,并作为流行的委婉语词得到广泛运用,犹如"老瓶装新酒"。如"上供""烧香"原为摆祭品拜神佛,进庙烧香,以求神明保佑,现婉指送礼品钱财给有关人士或部门,以求多多照顾;"跳槽"原指马跳出槽外觅食,现婉指调换工作;原来表示女子投身欢场作妓女的"下海"一词,现多用来婉指非经商人员转而做生意;"四合院"一词也常婉指对外封闭的思想观念。

网络语言的流行使得委婉语词的构成有字母化的趋势。首字母组合法(Acronym)是英语委婉语常见的一种构词法,将禁忌词语或敏感词语的第一个字母抽出来合在一起达到掩饰的目的。如"DA－drug addict"(吸毒者)、"BO－body odor"(狐臭)、"MINS－minors in need of supervision"(青少年犯)。网络上汉语委婉语也呈现出汉语拼音首字母组合的趋势,如"奸商"听上去太刺耳,就用 JS 替代,FB 表示"腐败",BT 表示"变态"等。需要指出的是,汉语拼音首字母组合形成的表达式语义有很强的不确定性,如 PP 可能是"票票"(钞票)、"漂漂"(漂亮)、"屁屁"(屁股)、"婆婆"等,具体词义要根据具体语境来确定。

---

[1] 本小节用例见欧阳因:《中国流行新词语》,北京:中国人民大学出版社,2000 年。

3.3 现当代委婉语词的使用特征

委婉语词与社会禁忌密切相关,在使用之初具有明显的宗教性和阶级性。随着时代的变迁和社会的发展,委婉语词也在不断发展和创新,具有鲜明的时代性。除了保留对不吉、不雅的事物使用委婉语词这一特点,委婉语词还表现出很强的当代特征。本节着重讨论委婉语词在当代的新发展和新特点。

3.3.1 中立语——当代委婉语词的新发展

中立语源于英语的"inclusive language",指能避免把特定人群排除在外的词语和表达,特别是一些带性别歧视的词语。如"man""mankind"以及阳性代词,用它们表示全称概念就把女性排除在外了。[1] 如今中立语被广泛运用在有关种族、性别、年龄、性取向、身体残障、宗教、政治观点冲突等方面。如傻子被称作"智力障碍者",反对派被称作"持不同意见者",农民工叫"进城务工人员"。使用中立语的目的是不侵犯他人,反对歧视,保护弱势群体,强化平等意识,维护社会和谐。

中立语是否是委婉语词,学界说法不一。有学者(如 Banks & Mulder,1996;Hilton,1993)认为,中立语只是对语言更准确、更精细化的使用,并不是委婉语词。例如把"chairman"改为"chairperson",表达上更为精准,而不是变委婉,因为女性也可以是一

---

[1] 《柯林斯字典》,http://www.collinsdictionary.com/dictionary/english/inclusive-language,2013-03-18。

个机构的首领。另外，他们还认为中立语是一种公共行为形式，会刻意强化特定人群的某些身份。如把美国黑人称作"African American"，强化了美国黑人的历史根源，由此产生了一系列表示美国少数族裔的用语如"Japanese American""Italian American"等。希尔顿（Hilton, 1993）认为，中立语的使用把重大事件或社会现象枝节化，有损语言存在的健康状态。

如前文所述，委婉语词的重要形式特征是替代，替代是委婉语词的表意途径。比如非禁忌表达替代禁忌表达，文雅表达替代不雅表达，吉利的表达替代不吉的表达，动听的表达替代刺耳的表达等。委婉语词的更新性和时代性使得各个时期需要替代的事物有所不同。中立语体现了现当代社会出现的不同于以往的新的社会禁忌，因而需要用具包容性的表达替代有歧视性、排斥性的表达，在这一点上它跟委婉语词是同质共核的。其次，委婉语词与直言语词的关系是异形同指关系，即用不同的方式表达相同的所指。中立语和非中立语的关系也是异形同指关系，如"盲流"和"进城务工人员"的所指相同，不同的是两个表达传递的情感价值不同，"进城务工人员"具包容性，而"盲流"则带歧视性。另外，使用委婉语词的目的是表示对言语所涉及的人的礼貌，即对他人的尊敬。中立语的使用是为了维护特定人群的面子，对其缺点、不足、过失、缺陷等进行掩饰或美化，从而达到表达礼貌和尊敬的目的。最后，委婉语词的使用效果是弱化或美化所指事物，中立语同样遵循弱化或美化的效果原则。例如把"残疾儿童教育"称作"特殊教育"，在语言层面上是一种替代，用"特殊教育"替代"残疾儿童教育"，其效果是弱化"残疾儿童教育"带来的负面影响，目的是避免"残疾儿童教育"所表达的歧视性含义，维护残疾儿童的面子，实现礼貌性的要求。不用中立语而用直言语词，在语言使用中会产生一定的排他性或阶层性，即把一类人置于另一类人之外，固化负面的社会形象。因此，中立语的出现和使用可以视为委婉语词在当代的新发展，是委婉语词不断推陈出新的结果。

3.3.2 中立语与政治正确

"政治正确"（political correctness）一词兴起于 20 世纪 80 年代。其核心要求是修正语言中带有偏见和歧视的表达，用非歧视性的词汇替代，以避免给人被轻侮和受到冒犯的感觉。比如，传统上美国黑人被称为"negro""nigger""nigga""niggruh""colored"等，这些源于对美国黑奴的称呼带有一定侮辱性，之后越来越多的人用"black"或"African American"（非裔美国人）来指美国黑人，表明自己非歧视的立场。语言的"政治正确"源于美国 20 世纪 60 年代的民权运动和女权运动，其基本思想是倡导人生而平等的理念，提倡社会公平，反思和声讨美国社会的各种歧视现象。美国 1964 年《民权法案》明确规定，美国境内不得采取种族隔离政策，并规定对黑人、少数民族和妇女的歧视为非法。在这种背景下，人们开始限制和更正日常生活中的歧视性用语，社会出现在语言上追求"政治正确"的诉求。"政治正确"对语言的纠正包括种族、性别、性取向、年龄、身体健康状况、宗教信仰等方面。简而言之，"政治正确"就是"在多元文化中，为了维护不同种族、性别、文化、阶层之间的平等，所应修正、反省以及必须保持的正确观念"[①]。

从"政治正确"到语言的"政治正确"是从道德自律到语言自律的演化过程。首先，"政治正确"代表的是公众的社会共识，即特定社会团体的集体意向性而不是国家政治权力意志。"政治正确"是有关公

[①] 詹姆士·芬·加纳：《政治正确童话：不具歧视和偏见的童话故事》，蔡佩宜、晨星编译组，译. 台中：晨星出版有限公司，2000 年，第 6 页。

共行为的道德习惯，同时具有道德自律的约束作用。它要求人们对敏感话题诸如种族、性别、年龄、性取向、社会阶层等持公平、开放、宽容、礼貌的态度。这种道德自律是约束和修正公众表达的隐形社会规约。这种社会规约的出现原因如下：第一，社会需要衡量社会成员的观念是否与群体的价值观一致；第二，观察社会成员的语言使用，特别是公开言论，能有效地反映他们的观点是否与社会的价值观保持一致。这需要社会成员在使用语言时有自觉、自查、自律的能力，不使用带歧视性的表达，使用中立的、非歧视性的、不冒犯他人的表达，以避免直言表达带来的负面效果。因此，"政治正确"是"不隐含批评、嘲弄或侮辱的一系列语言行为"[1]。"政治正确"一词更多地表示社会成员的语言行为，而不是一种政治立场；同时，也是不冒犯任何人或团体的集体意向性的体现。"政治正确"不再指向某种政治立场，而是对弱势群体以及社会敏感事件的同情和包容。例如"龙套"一词在英语中是"extra actor"，但现在人们多使用"background artist" "background talent" "background cast member"等更容易被接受的表达。人们使用这些表达不是出于某个政治团体的政治立场或为了履行某种政治承诺，而是因为这些表达更恰当、更合适，更能反映社会的集体意向性。

在英语国家，中立语是以政治正确为目的的委婉语词。如前文所述，委婉语词的产生总是与社会禁忌息息相关的。社会禁忌不是一成不变的，它随着社会的变迁而不断变化。虽然亵渎神圣和猥亵仍然是英语文化的两大禁忌，但随着现代社会世俗化趋势的加强，这些禁忌远不如从前森严，现代英语中有大量有关排泄物、身体禁忌部分、性交等方面的粗鄙表达。一些禁忌尺度逐渐放宽，另一些新的禁忌随着社会的发展

---

[1] K. Allan, K. Burridge: *Forbidden Words: Taboo and the Censoring of Language*, Cambridge: Cambridge University Press, 2006, p.91.

产生。新的社会禁忌包括性别歧视（sexism）、种族歧视（racism）、年龄歧视（ageism）、宗教信仰歧视（religionism）等。从20世纪80年代开始，英语国家就呈现出一种趋势，即谈及弱势群体或少数族群特别小心谨慎，明显的特点就是对"-IST"用语的限制。所谓的"-IST"用语是涉及性别歧视、种族歧视、年龄歧视以及宗教信仰歧视的语词和表达，因为"sexist""racist""ageist""religionist"都以"-ist"结尾，所以涉及上述歧视的表达通常称作"-IST"用语。[1]"-IST"用语被认为是不礼貌的，甚至是粗鄙的语言，要用礼貌的、中立的、不带伤害性的表达替代，即非歧视性表达（non-discriminatory language）。米尔伍得－哈格雷夫（Millwood-Hargrave，2000）针对社会新的禁忌对语言使用的影响作了定性和定量的研究，测试人们对脏话和冒犯性语言的态度。[2]其研究结果表明，最不具冒犯性的是模仿儿语的表达如"poo"和"bum"，稍具冒犯性的是亵渎神明的表达如"God""Jesus Christ"，然后是与性和身体功能有关的表达如"shit""fucking bell""shag""pussy"等，最具冒犯性的表达是对少数族群的不敬语词，少数族群指残疾人、不同宗教信仰者、同性恋、少数民族等。其中最不敬的是种族歧视表达，有53%的人认为"nigger"不能出现在广播电视新闻报道中，而只有38%的人认为"fuck"应该在广播电视中禁止。由此可见，中立语的产生是为了替代新生的社会禁忌，即有歧视性的语言表达，消除体现在语言中的歧视和偏见，不侵犯他人，保护弱势群体或少数族群，从而实现"政治正确"。简言之，在英语国家"政治正确"是中立语使用的目的，中立语是实现"政治正确"的语言手段之一。

---

[1] K. Allan, K. Burridge：*Forbidden Words: Taboo and the Censoring of Language*，Cambridge：Cambridge University Press，2006，p. 99.
[2] A. Millwood-Hargrave：*Delete Expletives?*，London：Broadcasting Standards Commission，2000.

作为社会规约,"政治正确"是社会文明的需要,是多元文化发展的需要。在多元文化碰撞的社会,"政治正确"成为公众共识的语言行为。中立语的使用在语言层面上为弱势群体或少数族群争取平等权利,缓解因多民族、多文化、多阶层共存产生的矛盾起到了一定的积极作用。另外,中立语还是人际关系的润滑剂。中立语的使用涉及礼貌原则和自我保护原则。利奇(Leech)的礼貌原则要求说话人从自己的角度考虑和尊重话语涉及对象,在语言形式上采取赞美对方或自谦以取悦对方的手段。自我保护原则要求人们在交际过程中,更多地考虑自己的社会地位和身份,尽量在语言中保护自己的利益和尊严,不用粗俗表达来谈及有关事物。[1] 中立语的使用既保护了他人的面子,也保护了说话人自己的面子,有助于维持和谐的人际关系。诚然,中立语在本质上没有改变所指对象的属性,但是淡化了直言表达带来的贬损性的情感联系,提高了所传递负面信息的可接受程度,保护说话者和听话者的面子,建立平等关系,促进言语交际。

3.3.3 中立语与包容性

在当代中国语境中,社会包容性发展、建设和谐社会的时代特征在中立语的使用中得到了反映。包容性社会是兼收并蓄、求同存异的社会,让不同阶层的人追求更美好的生活,倡导机会均等。最基本的含义是坚持社会公平正义,着力促进人人平等,公平对待每个人、每个群体,消除人与人之间、群体之间的歧视。语言表达要委婉含蓄,不要言辞激烈,对自己的情感、态度、立场、看法等的表达要迂回曲折,不能有伤害性和冒犯性,反对歧视,保护弱势群体,维护社会各阶层的和谐。否则,语言带有一定的排他性,体现互斥性或阶层性,把一个群体

---

[1] 束定芳:《委婉语新探》,《外国语》,1989(3),第28-34页。

置于另一个群体之上,固化对某一群体的负面的社会成见则不利于社会和谐。如中立语"进城务工人员"体现了社会对农村进城打工的农民工的包容,而粗鄙表达"盲流"一词带有明显的排他性,把农民工视为低人一等的群体,具有区别性和歧视性。

中立语反映的社会包容性具体来说就是儒家"己所不欲,勿施于人"的观点,自己不希望他人用何种言行对待自己,自己也不要以那种言行对待他人,体现在语言上就是移情作用。移情是设身处地为他人着想的能力,是"能使我们对别人的思想、观点、情感产生共鸣的作用,能改善我们对语言和文化有别于自己的个人或群体的态度"[①]。移情作用体现在语言使用的多个层面。在词汇层面,就是在具体词项的语义潜势系统中对同一指称的多种表达形式进行选择,实现不同的态度认同。例如:

①把农村进城务工人员纳入保障房体系中,这首先是一个该不该的问题。(《南方周末》,2011-03-10)

②农民工群体的形成和变迁,无不与这个时代相关。(《南方周末》,2011-06-02)

③我看这个城市怎样对待所谓的盲流民工,对我而言,这是非常具体的文明的尺度。(《南方周末》,2010-08-05)

中立语"进城务工人员"是对进城打工的农民的一种比较委婉的表达,说话人用这一表达表明他对进城打工农民的认同和尊敬,具有很高的移情值(empathy value)。"农民工"一词是对打工农民的中性表

---

① J. C. Richards, et al.: *Longman Dictionary of Language Teaching and Applied Linguistics*, Essex: Pearson Education Limited, 1992, p.122.

达,不带明显的感情色彩,移情值居中。"盲流"一词表明说话人对打工农民的态度是轻视和贬低的,具有排他性,强化了负面的社会成见,移情值低。由此可见,说话者通过在由"进城务工人员""农民工""盲流"所构成的语义潜势系统中做出不同的移情选择来表达他对进城打工农民这一群体的不同态度和情感。中立语移情值高,对与自己不同的个人或群体认同度高。一个表达的移情值越高,包容性就越强。

不管是"政治正确"的取向,还是"包容性"的取向,都是特定群体在集体意向性作用下的结果。在现当代,带歧视性的表达被认定为新的社会禁忌,是集体意向性作用下的社会趋同性的反映。也就是说,外部事物和事件被认定是禁忌的、不雅的、冒犯的、贬损的、带歧视性的,可以理解为是集体意向性的认定和整合作用的结果。集体意向性在委婉语词使用中的作用,我们将在第五章做出详细论述。

3.3.4 中立语的分类

根据其使用范围,中立语大致分为以下6类。

(1) 职业类中立语:当代新语词中有很多美化职业名称的委婉语词。例如:

gardener(园丁)——landscape architect(园林风景建筑师)

butcher(屠夫)——meat technologist(肉类技术专家)

locksmith(修锁匠)——locktician(修锁师)

secretary(秘书)——administrative assistant(行政助理)

housewife(家庭妇女)——domestic engineer(家政工程师)

环卫工——城市美容师

伙夫/炊事员——厨师

剃头匠——理发师/美发师

裁缝——服装剪裁设计师

餐馆大师傅——美食烹调师

舞台设计人员——艺术总监

(2) 教育类中立语：针对大、中、小学生，在学校或其他教育领域使用的委婉语词。例如：

moronic（低能的）—educationally subnormal（接受教育低于正常水平的）

extremely stupid（非常愚蠢的）—educable（可教育的）

stupid（愚蠢的）—slow（迟缓的）

idleness/laziness（懒散）—concentration problem（精力不集中）

poor student（差生）—underachiever（尚未达到要求的学生）

failed（考试不及格）—referred（被退还）

差生——后进生

双差生——问题儿童

少年犯——失足少年

留级生——重修生

网络成瘾——病理性上网

(3) 性别类中立语：指用无性别歧视词替代性别歧视词。例如，英语中用"Ms."代替"Mrs., Miss"之类标记女性婚姻状况的称呼语；由"he, him, his"作通称的句子改用复数形式表达"they, them, their"；除此之外，具有男性标识的一些通用名词也替换为无性别标识词。例如：

mankind—humanbeings/humankind

businessman—business person/business owner

layman—layperson/nonspecialist

salesman—salesperson/sales representative

congressman—representative/member of congress

weather man—weather reporter

insurance man—insurance agent

mailman—mail carrier

chairman—chair/chairperson

manpower—human resources / staff personnel/labor force

（4）反种族歧视中立语：指替代含种族歧视表达的委婉语词，主要用在美国英语中。例如：

nigger/negro—African American（美国黑人）

chicks—Chinese Americans（华裔美国人）

Indian—Native American（印第安人）

frog—French American（法裔美国人）

Japs—Japanese Americans（日裔美国人）

Kikes—Jewish Americans（犹太裔美国人）

Oriental—Asian（亚洲人）

（5）政治类中立语：指用于国际、国内政治事务和经济领域内的委婉语词。例如：

United States non-nationals（非美国公民）—foreign nationals

（外国国民）

　　illegal immigrant（非法移民）—undocumented person（未获登记证件者）

　　refugee（难民）—displaced person（离乡者）

　　pension（救济金）—income maintenance（维持性收入）

　　opposition to racialintegration（反种族融合）—Wallaceism（华莱士主义）

　　economic depression（经济萧条）—economic recession（经济萎缩）

　　deficit（赤字）—revenue gap（岁入差）

　　fluctuation（股市价格波动）—technical readjustment（技术性调整）

　　air attack（空袭）—air support（空中支持）

　　armed dispute（边境局部战争）—border incident（边境事件）

经济倒退——经济负增长

通货膨胀——经济失控

市场萧条——市场不景气

经济领域的政府行为——宏观控制

反对派/反动派——持不同政见者/政治异议者

暴动/动乱——群体事件

拆迁——搬迁

　　（6）弱势群体类中立语：指替代刺耳的、带冒犯性的弱势群体称谓词的委婉语词。弱势群体是引起社会广泛关注，需要国家和社会给予支持和帮助的社会群体。大体上说，弱势群体包括儿童、老年人、残疾人、精神病患者、失业者、贫困者、下岗职工、灾难中的求助者、农民工、非正规就业者以及在劳动关系中处于弱势地位的人。例如：

  old people（老人）—senior citizens（高级公民）
  the handicapped（残疾人）—the physically challenged（身体具挑战性的人）
  a fat person（肥胖人士）—calorie counter（热量计数者）
  slum（贫民窟）—inner city（内城）
  male homosexuality（男同性恋）—lavender boys（薰衣草男孩）
  聋子——听力障碍人士
  弱智儿童学校——启明/启智学校
  残疾人教育——特殊教育
  残疾儿童——特殊儿童
  自闭症儿童——星星的孩子
  无业游民——失业人员
  下岗工人——富余劳动力
  农民工——进城务工人员
  卖淫女——失足妇女
  妓女——性工作者

  以上分类是根据中立语的使用范围做出的，是对中立语的使用范围的大致描述。但以上分类并非泾渭分明，有些中立语在分类上有交叉现象。如"特殊教育"是替代残疾人教育的中立语，它既可以归为弱势群体类，也可以归为教育类；"进城务工人员"是替代农民工的中立语，它既可归为弱势群体类也可归为职业类。把"特殊教育"和"进城务工人员"归为弱势群体类，是考虑到残疾人和农民工是弱势群体中两个重要的次群体，以体现群体基本特征。换言之，残疾人和农民工作为弱势群体的特征更明显、更突出，因而将"特殊教育""进城务工人员"归为弱势群体类。

3.3.5 中立语的使用特征

中立语是委婉语词在当代的新发展，"政治正确"和包容性是当代委婉语词表现出来的总体时代特征。针对前文对中立语的分类，当代委婉语词的时代性有以下4个特征。

（1）美化职业名称：通过对传统上"卑微"职业名称进行美化，在一定程度上起到提升从业者信心、消除职业歧视、体现行业平等和各行业间相互尊重的作用。英语中"engineer"一词原指受过专业教育的技术人才，现广泛用于职业类中立语。如：dry cleaning engineer（干洗工），building engineer（大楼保管员），footwear maintenance engineer（擦鞋工），exterminating engineer（捕鼠工），packing engineer（装运工），domestic engineer（家庭妇女）。另外，表示"专家""专业人员"的后缀"-ician"和"-ist"也大量用于职业类中立语。如：locktician（锁匠），shoetrician（补鞋匠），beautician（美容师），frizzician（买汽水冷饮的人），taste technician（购衣参谋），hair stylist（理发师），garbalogist（垃圾集运工），grief therapist（殡葬工）等。汉语"师"可表示擅长某种技术的人，但由于传统汉文化对"天地君亲师"的尊崇心理，汉语中"师"具有区别于"工"和"匠"的含义，蕴含"尊敬"的情感。在汉语职业类中立语中，"师"被泛化使用，以美化职业名称，如：环卫工——城市美容师、剃头匠——美发师、调酒员——调酒师。

（2）淡化种族差异：英语中有不少涉及种族和民族的词语，因历史原因已经过时或是具有冒犯性的贬称，使用时应当避免，代之以较少刺激的中立表达，以示尊重。如称呼美国黑人的"nigger""nigra" "negro"等词已很少使用，取而代之的是中立表达"African American""colored people""member of a minority group""non-white"等。对犹太人的称呼也少用"Jew"，多用"Jewish""cosmopolitan""Israelite""Zionist"等中立表达。种族（race）一词也因长期使用带有一定负面色彩，有时也需要替换，如：multi-racial（多种族）—multi-cultural（多元文化），race riots（种族冲突）—civil disturbances（内部骚乱）。

（3）强化平等意识：主要作用于弱势群体类、教育类和性别类中立语。性别类中立语的使用有助于消除女性在语言上受到的歧视和侵犯，体现男女平等意识和对女性的尊重。如把具有男性标识的一些通用名词替换为无性别标识词："salesman—salesperson / sales representative""congressman—member of congress"。教育类中立语多用于成绩差、智力水平低、行为规范差的学生，既保护了学生的面子和自尊心，使他们不受到歧视，又体现了学校和社会的人文关怀。如汉语用"后进生"替代"差生"，英语用"underachiever"替代"poor student"。使用弱势群体类中立语，就是用委婉礼貌的表达方式营造和谐氛围，减少粗鄙表达给弱势群体带来的负面影响，强化平等意识，体现社会的包容性和人文关怀。如：把农民工称作"进城务工人员"，下岗工人称作"富余劳动力"。在英语里，将"old people"（老人）称为"senior citizen""seniors"，将"old age"（老年）称为"golden age""golden years""keen age""third age"，将"home for old people"（老年公寓）称为"rest home""convalescent home""twilight home"等。

（4）弱化社会矛盾：政府和媒体往往会采用中立的或婉转的语词表达一些负面事件或现象，从而弱化或掩饰负面影响，鼓励积极正面的态度，维护社会稳定。如："搬迁"替代"拆迁"，"群体事件"替代"动乱"，英语中表示非法移民也多用"undocumented person"，少用"illegal immigrant"，表示"空袭"也常用"air support"替代"air attack"。

3.3.6 中立语的构造手段

中立语的构造手段主要有语音手段、词汇手段和语义手段。

(1) 借词：从其他语言或方言引进词汇替代含负面意义的表达。英语借用拉丁词 *filius nullius*（本义为 son of nobody，无人之子）、*filius populi*（本义为 son of the people，人民之子）替代 "bastard"（私生子）；借用法语词 *au pair girl*（本义为平等互惠的姑娘）替代 "maidservant"（女佣），借用印地语 *bibi*（本义为 lady，女士）替代 "prostitute"（妓女）。汉语借用英语表达 "developing/emerging/fledgling countries"，把贫穷落后的国家婉称为 "发展中国家"和"新兴国家"；借用英语的 "Alzheimer disease" 把以前的俗称老年痴呆症婉称为 "阿尔茨海默病"，先天愚型婉称为 "唐氏综合征"（Down syndrome）。

(2) 语义扬升：用具有积极含义的词语指称在人们心目中地位一般或不好的事物。职业类中立语主要使用语义扬升手段，达到行业美化的目的，提高卑微职业的社会地位。英语中 "hair dresser" 婉称为 "hair stylist" "beautician" "cosmetician" "cosmetologist"，汉语中的理发匠也婉称为 "美发师""发型设计师" 等。

(3) 语义扩大：使用较抽象的上位词替代有负面含义的词语。英语中把 "cancer"（癌症）婉称为 "growth"（生长）。从生物学的角度看，"growth" 指生物体由小到大的过程，也指人体组织、器官的变化，并不一定是恶性生长。使用语义更宽泛的 "growth" 替代 "cancer"，避免 "cancer" 一词带来的负面作用。同理，英语把 "syphilis"（梅毒）婉称为 "social disease"（社会疾病）。语义扩大手段还大量用于性别类中立语中，即把具有男性标识的一些通用名词替换为无性别标识词。如 "businessman—business owner" "weather man—weather reporter"。汉语把动乱/骚乱称作 "群体事件"，把双差生称作

"问题儿童",把农民工称作"进城务工人员",也是使用了语义扩大手段。

（4）语义转移：基于相似性联想通过一个事物来说明另一个事物，即用一个包含隐喻的语词替代禁忌表达，避免禁忌表达给人带来不好的、刺耳的、冒犯性的、歧视性的负面影响。如：英语称"old age"（老年）为"golden years""golden age"（金色年华），把"male homosexuality"（男同性恋）婉称为"lavender boy"（薰衣草男孩）。汉语把清洁工婉称为"城市美容师"，把自闭症儿童婉称为"星星的孩子"，把少年犯婉称为"失足青少年"。

（5）迂回陈述：用轻描淡写或拐弯抹角的说法替代难堪、刺耳、冒犯性的表达方式。迂回陈述手段在政治类和教育类中立语中使用较多。如：英语中把"invasion"（入侵）称为"pre-emptive action"（先发制人的行动），"air attack"（空中打击）称为"air support"（空中支持），"retreat"（撤退）称为"strategic withdrawal"（战略转移）。学校的"bad students"（差生）被称为"educationally disadvantaged group"（教育上处于不利地位的群体），社会上的"poor people"（穷人）被称为"socially disadvantaged group"（社会上处于不利地位的群体）。汉语中把股市下调婉称为"技术性调整"等。

（6）语音手段：语音手段种类多。英语中有：①语音畸变法（phonetic distortion），即通过改变一个词的读音来弱化其负面含义。如：用"Joosh"替代"Jews"，两词音相似而形相异，达到委婉、不冒犯的目的。②首字母缩略法（initialing）。如：用"AC/DC（alternating current/direct current 交直流两用电）"婉称"bisexual"（双性恋者）、"G-man"替代"garbage man"（垃圾工）。③截短法（clipping）。如："les"替代"lesbian"（女同性恋者），"bi"替代"bisexual"（双性恋者）。④合成法（blending）。如："masseuse（massage + use）"替代

"prostitute"（妓女）。⑤逆拼法（Pig Latin）就是把禁忌或敏感的单词的第一个字母调至后面，颠倒拼写顺序，以掩盖负面含义，如"ag-fay"替代"fag"（男同性恋者）。汉语中用到的语音手段有谐音法。如：把吸毒成瘾者婉称为"隐君子"，因为"隐"与"瘾"同音；把惧内的男人婉称为"气管炎"，因为"气管炎"与"妻管严"谐音。

中立语的构造基本遵从3个原则：距离原则、相关原则、动听原则。① 距离原则指中立语在构造上通过替换能指即语言符号，使能指和所指不直接对等，在心理上加大能指和所指之间的距离；相关原则指中立语在某种程度上与原语言符号有一定的联系，能提供人们理解其所指的线索。距离原则要求所指与中立语之间的距离越大越好，而相关原则却制约着它，使两者之间的距离在正常语境下听话人所能理解的限度内；动听原则要求中立语具有好的伴生意义（connotation），能给人以好的、积极的联想。

3.4 弱势群体称谓词使用分布情况分析

3.4.1 弱势群体及其构成

弱势群体是目前社会广泛关注的群体，也叫社会脆弱群体、社会弱者群体，在英文中称"social vulnerable groups"。按照西方学界的共识，所谓社会弱势群体是指那些由于某些障碍及缺乏经济、政治和社会机会而在社会上处于不利地位的人群。我国以往的政策法规、大众媒体和民间用语都没出现过"弱势群体"这个词语，多用"救助对象""困难群

---

① 参见束定芳：《委婉语新探》，《外国语》，1989（3），第28-34页。

众"等名称代替。2002年3月，朱镕基在九届全国人大五次会议上所作的《政府工作报告》使用了"弱势群体"一词，此后该词流行开来，引起国内的广泛关注。

那么，在中国什么是社会弱势群体？它包括哪些社会群体？本书参照《中国人民大学中国社会发展研究报告2002：弱势群体与社会支持》，将弱势群体界定为"那些依靠自身的力量或能力无法保持个人及其家庭成员最基本的生活水准、需要国家和社会给予支持和帮助的社会群体"①。弱势群体大致包括儿童、老年人、残疾人、精神病患者、失业者、贫困者、下岗职工、灾难中的求助者、农民工、非正规就业者以及在劳动关系中处于弱势地位的人。

随着社会对弱势群体的关注，弱势群体类中立语的使用也越来越广泛。美国在20世纪90年代倡导社会使用"'people first'language"，即用后置定语替代前置定语。如："残疾人"用"people with disability"替代"disabled people"，因为后置定语式表达更委婉、更礼貌，多用在教育界和心理研究领域。② 弱势群体称谓语是中立语的一个重要组成部分。本节考察国内媒体对弱势群体称谓词的使用分布状况。

3.4.2 粗言式、直言式与委婉式

根据阿伦和伯里奇（Allan & Burridge，2006），人们在指称某人或某事物时，出于不同的情感和态度可能会用到三种表达式，"dysphemism""orthophemism""euphemism"③，笔者分别译为粗言、直

---

① 郑杭生：《中国人民大学中国社会发展研究报告2002：弱势群体与社会支持》，北京：中国人民大学出版社，2003年，第7页。
② H. Halmari："Political Correctness, Euphemism and Language Change: the Case of 'People First'"，*Journal of Pragmatics*，2011（43），pp. 828 – 840.
③ K. Allan, K. Burridge：*Forbidden Words: Taboo and the Censoring of Language*，Cambridge：Cambridge University Press，2006，pp. 31 – 32.

言和婉言。粗言指对所指称的人或事物有冒犯意味的表达式，人们使用粗言表达是源于对所指的反感、敌对、恐惧或轻视。直言式和婉言式是用以替代粗言的表达式。直言式（"orthophemism"一词是阿伦和伯里奇为研究方便生造的，"ortho-"在希腊语中意为"正的""直的""正确的"）是中肯的、较直接的、非修辞性的表达，直言式既不婉转悦耳、礼貌动听，也不会让听者觉得刺耳、唐突或不愉快。婉言式则是一种间接婉转、修辞性的表达。根据阿伦和伯里奇的划分，英文中的"faeces, toilet"为直言式，"poo, loo"为委婉式，"shit, shithouse"则为粗言式。不同的表达式给听者带来不同的情感和心理反应，同时也反映出说话者对所指语言的态度。如在一篇有关区域暴动的新闻报道中，记者在事发后15分钟对普通民众进行了采访。有被采访者称暴动者为"自由战士"（freedom fighters），也有人称之为"游击队员"（guerrillas），还有人称之为"恐怖分子"（terrorists）。

一个词的粗言式、直言式和委婉式也可理解为跨语域的同义词，外延相同，但内涵特征和意义不同。如前文中的"toilet, loo, shithouse"所指为同一事物，但使用的语境不一样。内涵意义的体现取决于有关所指的百科知识，以及对语境的体会和看法。在阿伦和伯里奇的划分中，限制语境的一个因素是中产阶级礼貌准则（middle-class politeness criterion, MCPC），即"为了在中产阶级环境的正式场合中，对偶然相识的异性表现出礼貌，人们通常会使用委婉语词或直言表达，而不是相对应的不好听的表达。那个相对应的不好听的表达就是粗言表达"[1]。

阿伦和伯里奇的MCPC准则并不一定适合解释委婉语词在中国使用的语境情况，但是他们的"x-phemism"的三划分有助于考察国内媒体

---

[1] K. Allan, K. Burridge: *Forbidden Words: Taboo and the Censoring of Language*, Cambridge: Cambridge University Press, 2006, p. 34.

对弱势群体称谓词的使用现状。例如,农民工是近年来媒体比较关注的一个群体,若干年前他们被称为"盲流",但后来"盲流"一词令农民工们反感,受到他们的排斥。随着对弱势群体关注的呼声越来越高,"城市/进城务工人员"等词应运而生。按照阿伦和伯里奇的划分,"盲流"一词是粗言语词,"农民工"是直言语词,"城市/进城务工人员"是委婉语词。对残疾人的称呼也有"残废""残疾""残障"等不同的称谓词,也可按照阿伦和伯里奇的划分冠之以直言式、委婉式和粗言式名称(见表3.4):

表3.4 "农民工""残疾人"直言式、委婉式、粗言式表达

直言式	委婉式	粗言式
农民工	城市/进城务工人员	盲流
残疾人	残障人士	残废人

3.4.3 调查研究

本节考察以上两组词在2010至2011年《南方周末》上的使用分布情况。选择《南方周末》是因为它是中国发行量大、传阅量大、影响广泛的新闻周报,新闻内容紧扣时代发展的热点与焦点,反映和报道新近发生的重大事件。我们在"中国重要报纸全文数据库"[1] 中全文检索"盲流""农民工""城市/外来务工人员"在《南方周末》2010年1月至2011年6月的使用频次[2],检索结果如下(见表3.5):

---

[1] 中国重要报纸全文数据库,http://epub.cnki.net/kns/brief/result.aspx?dbPrefix = CCND,2011-11-16.
[2] 作者的数据检索时间是2011年11月16日,当时能在"中国重要报纸全文数据库"检索到的最新文章截至2011年6月,故本调查的检索截至2011年6月。

表3.5 "盲流""农民工""城市/外来务工人员"使用分布情况

表达	文章数	文章数占比（%）	出现频次	出现频次占比（%）
盲流	1	1.2%	1	0.4%
农民工	71	86.6%	216	94.3%
城市/外来务工人员	10	12.2%	12	5.3%
总计	82	100%	229	100%

检索文章共计82篇，其中出现"盲流"一词的文章1篇，占总数的1.2%；出现"农民工"一词的文章71篇，占总数的86.6%；出现"城市/外来务工人员"的文章10篇，占12.2%。从出现频次看，"农民工"一词出现的频率最高，共计216次，占总数的94.3%；"城市/外来务工人员"出现12次，占5.3%；"盲流"一词出现1次，占总数的0.4%。

我们使用"中国重要报纸全文数据库"，全文检索"残废人""残疾人""残障人士"在《南方周末》2010年1月至2011年6月的使用频次，检索结果如下（见表3.6）：

表3.6 "残废""残疾""残障"使用分布情况

表达	文章数	占比（%）	出现频次	占比（%）
残废	4	13.8%	4	7.1%
残疾	21	72.4%	40	71.4%
残障	4	13.8%	12	21.5%
总计	29	100%	56	100%

检索文章共计29篇，出现"残废"的文章4篇，占总数的13.8%；出现"残疾"一词的文章21篇，占总数的72.4%；出现"残障"的文章4篇，占总数的13.8%。出现频次最高的是"残疾"一词，

共出现 40 次，占总数的 71.4%；"残障"次之，出现 12 次，占总数的 21.5%；"残废"出现 4 次，占总数的 7.1%。

3.4.3.1 "盲流""农民工""城市/进城务工人员"使用情况分析

"盲流"在我们的实际检索中出现 4 次，罗列如下：

④我看这个城市怎样对待所谓的盲流民工，对我而言，这是非常具体的文明的尺度。(《南方周末》，2010－08－05)

⑤当时都是迷笛的学生乐队，农民工、盲流、愤青、无政府主义者、诗人，所有社会边缘的、非主流的人，大家聚到一起，我出了七八万块钱，把学校的小礼堂改装了一下，就开演。(《南方周末》，2010－09－30)

⑥"这两人在我眼里以前是些狗屁，都是卖鸡丸的，社会盲流。"上述警官对此不屑一顾。(《南方周末》，2010－05－13)

⑦在生活中，只有一部分人能够成为实践的波希米亚人，这些人被称为盲流、北漂或蚁族。(《南方周末》，2010－04－29)

分析"盲流"出现的文本语境，不难看出，在例⑤、例⑥、例⑦中"盲流"并不指代农民工，而是指生活不稳定、居无定所的社会闲散人员。只有例④中的"盲流"指代农民工。因此，在数据统计时，"盲流"的出现频次只计数为 1。

"城市/外来务工人员"出现 12 次，多为正式的文本语境。其中 3 例有关政府或机构公文，如：政府出台的政策（《关于将农村进城务工人员纳入住房保障体系的建议》）、上海市的保险政策变动（进城务工人员的"综合保险"）。另外还有 4 例出现在具有公文性质的语境中：

社会研究（"研究人员指出……"），官员公告（"开县县长×××公开宣布……"），城市规划布局（"……将为入住这里的务工人员提供极大交通便利"），商品房购买群体构成（"主要来自各个乡镇的公务员、教师、商人、务工人员……"）。其余 5 例用在普通新闻报道语境中。

"农民工"出现 216 次，出现频次明显高于"盲流"和"城市/外来务工人员"。"农民工"一词的使用，有 3 点值得注意。①出现在文章标题中的都是"农民工"，如："上海大火中的农民工""年薪十万砸中农民工""保障房应打破户籍覆盖农民工"。②其中"新生代农民工"出现 22 次。2010 年 1 月，国务院发布的 2010 年一号文件《中共中央　国务院关于加大统筹城乡发展力度进一步夯实农业农村发展基础的若干意见》（2009 年 12 月 31 日）中，首次用"新生代农民工"指年青一代农民工，主要指"80 后""90 后"。跟上一代农民工相比，新生代农民工教育水平较高，重视社会保障，维权意识更强。"新生代农民工"的这些内涵特征使得其意义有别于"农民工"，是比"农民工"一词更委婉、更包容的表达。③"农民工"一词有 34 次用在"农民工＋名词"结构中，如"农民工子女""农民工群体""农民工工资""农民工家庭""农民工题材""农民工问题""农民工歌手"等。在这些表达式中，"农民工"用作前置定语修饰其后的名词。

"农民工"和"城市/进城务工人员"两种表达在使用的时间分布上存在差异。"城市/进城务工人员"出现的文章总数为 10，其中 2011 年有 8 篇，占总数的 80%；"农民工"出现的文章总数为 71，其中 2011 年有 32 篇，占总数的 45%。

3.4.3.2　"残废""残疾""残障"使用情况分析

"残废"一词在检索中出现 6 次。但以下两例为不合格数据没有纳入统计：

⑧袁彪很清楚，招标时折扣压那么低，书就只好弄成了"残废"。(《南方周末》，2010-09-16)

⑨在书单上打钩，看起来是《基督山伯爵》《红楼梦》等经典，书到了一看，全是"残废"的小册子。(《南方周末》，2010-09-16)

在例⑧、例⑨中，"残废"一词比喻装帧残破的书籍，不指代身体有伤残的人士，是不合格数据，不作统计，所以我们的数据统计中"残废"一词出现的频次为4。在这4例中，有两例用法特殊，都用在回溯历史事实的文本语境中。如："20世纪80年代之前，身体有障碍的人叫残废人。""……原内务部1951年4月发文……以革命残废人员予以抚恤。"因此，严格意义上说，用"残废"指代身体有伤残的人士，在我们的检索中只有两次。

"残障"一词出现12次，"残疾"一词出现40次，"残疾"一词出现的频率明显高于"残障"一词，但两个词的时间分布特征存在差异。出现"残障"的文章4篇，其中只有1篇报道的时间是2010年12月23日，其余3篇均为2011年的报道。2011年"残障"出现的文章数占总数的75%。出现"残疾"的文章21篇，其中只有7篇是2011年的报道，其余均为2010年的报道。2011年"残疾"出现的文章数占总数的33.3%。

3.4.4 调查结果及说明

我们使用"中国重要报纸全文数据库"全文检索"盲流""农民工""城市/进城务工人员"和"残废""残疾""残障"两组表达在《南方周末》2010年1月至2011年6月的使用分布情况，调查结果如下。

（1）"农民工"组出现的频次明显多于"残疾"组。在检索范围内，共有56篇文章涉及"盲流""农民工""城市/进城务工人员"，它们出现的频次共计229次；有29篇文章涉及"残废""残疾""残障"，它们出现的频次共计82次。可以看出，农民工和残疾人属于社会弱势群体，但在一定的时间范围内大众媒体对他们的关注度不同。在2010年1月至2011年6月期间，《南方周末》对农民工的关注高于对残疾人的关注。

（2）在《南方周末》刊登的文章中，粗言语词使用频率很低，直言语词使用频率最高，委婉语词的使用频率低于直言语词。国家大力倡导社会对弱势群体要给予关注和关心，提倡使用中立语称谓弱势群体，而我们的调查结果发现委婉语词的使用频次却低于直言语词，可能的原因如下：

第一，新闻报道所使用语言需要简明扼要和直截了当，尤其是新闻标题，必须准确、简练。委婉语词为了达到包容、反歧视的目的，常常需要用迂回、含蓄、间接的表达来实现。如前文分析，出现在文章标题中的都是"农民工"，而不是"城市/进城务工人员"。跟"残障人士"相比，"残疾人"用字更少，表达更直接，更有可能用在新闻标题中。我们的调查发现，"残疾人"被用在标题中的次数为1，而"残障人士"为0。另外，在"名词＋名词"结构中，新闻报道倾向于用简短的表达作为词组的构成部分，"农民工群体"就比"进城务工人员群体"更简洁明了。在我们的调查数据中"农民工"一词有34次使用在"农民工＋名词"结构中，如"农民工子女""农民工群体""农民工工资""农民工家庭""农民工题材""农民工问题""农民工歌手"等。在这些表达式中，"农民工"用作前置定语修饰其后的名词。

第二，为避免重复，新闻报道要求语言表达的多样性。直言表达虽然不会婉转悦耳，也不会让听者觉得刺耳、唐突或不愉快。而新闻报道的语言特殊性要求在可接受范围内，直言表达和委婉语词可以交替使用。与此不同的是，一些政府和机构的公文及其名称使用更多的是委婉语词，并且相对固定。

第三，新闻报道应具有真实性，应最大可能还原采访的真实感，这就要求对他人的引用要保持原样，不作修饰和改动。比如："'如果不上大学，'我说，'娃娃的未来只是农民和农民工的区别。'"（《南方周末》，2010-01-28）"你说，生了一个残疾的小孩，能把他掐死再生一个吗？"（《南方周末》，2010-07-01）

(3) 委婉语词（中立语）的使用频次近年来有增加的趋势。如前文分析，2011年有"残障"一词的文章数占总数的75%，而同期"残疾"一词出现的文章数占总数的33.3%；2011年"城市/进城务工人员"出现的文章数占总数的80%，而同期"农民工"出现的文章数占总数的45%。从数据上看，委婉语词的使用频次有逐年增加的趋势。"新生代农民工"一词的使用频次也相当高，共计22次。其实，"新生代农民工"已经是区别于"农民工"的对农民工的新的委婉语词，应当看作中立语。不难看出，委婉语词的使用有逐渐增加的趋势，这种趋势也反映出社会对弱势群体的关注程度在不断增加。

本章讨论委婉语词在时间维度上的特征。首先，委婉语词的起源与社会禁忌有关，这在各种语言中情况大致相同。但文化的差异性使得委婉语词的来源存在一定的差异，英语由忌而讳的委婉语词较多，而汉语由敬而讳的委婉语词较多。此外，委婉语词不是一成不变的，它随着时代的变迁和社会的发展不断地继承、发展和创新，它在时间维度上的更新体现为委婉对象和语言表达的更新。从最早的有关神讳、名讳的委婉语词，逐渐发展出有关人的生老病死的委婉语词以及求雅、趋吉的委婉语词。发展到现当代，委婉语词新的特征体现为包容性和反歧视性，用中立语替代具有冒犯性的、歧视性的表达。中立语使用的目的是试图不侵犯他人、保护弱势群体、强化平等意识、维护社会各阶层的和谐。中立语的产生和使用反映了英语国家"政治正确"的社会诉求，也反映中国"包容性发展"的时代精神。

从历时的角度看，在特定时期、特定文化内产生的委婉语词是这个时期的社会文化现象的一面镜子，它的变迁、更新、消亡可以折射出在不同时期的社会心态和时代特征。从共时的角度看，委婉对象的变迁、委婉语词的更新，都是在一定的语境中，在特定社会群体的集体意向性作用下发生的，因为集体意向性是社会群体进行语言活动的社会认知基础。意向性和集体意向性在委婉语词的生成过程中的作用如何，我们将在下一章重点讨论。

意向性与委婉语词

发生结构研究是基于认知-心智的委婉机制研究，是从心智的角度回答委婉语词（B）替代直言语词（A）是如何发生的和为什么能发生两个问题。语言是基于心智的，是由心智产生的，委婉语词的运用说到底是心智的活动，对这两个问题的讨论，我们将围绕意识的意向性、心-物随附性、概念外延内涵的传承展开，这也是本书第四、五、六章讨论的重点。通过解释委婉语词运用过程中的认知-心智状态，本书希望能对这一语言现象作充分和深入的解释。

本章围绕意向性展开对委婉语词生成的讨论。意向性是意识活动的一项核心内容，贯穿语言活动的始终。语言主体运用委婉语词的意识活动从意向性开始，意向性贯穿整个意识活动，因此我们的发生结构研究以意向性为基点展开，也是本章讨论的重点。围绕意向性，我们还将对主体意识活动的两个层次以及委婉语词生成过程中从事件到用例事件的过程做出说明。

4.1 意向性的一般说明

意向性（intentionality）来源于拉丁词 *intentio*，指"关指（to be about）、表征（represent）和代表（stand for）事物、特征（properties）

和事态（states of affairs）的心智能力"①。

"意向性"一词来自经院哲学。19世纪德国哲学家和心理学家弗兰茨·布伦塔诺（F. Brentano）将其引入当代哲学，将其定义为"心理现象"的特征之一，由此使其与"物理现象"区分开来。他提出意向性有两种含义：一是意向活动的内在性，即意识的内容可以包含实际上并不存在的东西；二是指意向活动与某种对象有关。布伦塔诺之后，胡塞尔（Edmund Gustav Albrecht Husserl）进一步发展了意向性理论，认为意向性是意识指向某种对象的指向性。胡塞尔用"意向性"来指示包括物理的和心理的、外在的和内在的对象在内的一切现象。他把行为的意向本质分为"质性"与"质料"两个方面，又把行为的本质性要素分为"实项内容"和"意向内容"两个方面。行为的"实项内容"指行为中能被体验到的"主观意义上的内容"，而"意向内容"指属于行为中被给予的"客观意义上的内容"，具体包括行为的意向对象、意向质料（与意向质性相对）、意向本质3个方面。②

有关"意向性"的讨论在当代呈现多样性特点，学者们从心理语义学、哲学解释学、认知科学、人工智能、计算机科学等立场讨论意向性的根据、起源、基本结构、本质特征等问题。虽然持不同观点的学者对意向性的理解不尽相同，但他们基本认同"直观上，意向性系指心智状态或过程具有的'关于性'，即心智内容是关于或表征某种东西的"③。比如，人有信念，那它一定是关于什么的信念，即相信什么就是实际情况；人有担忧，它一定是关于某种东西的担忧，或者害怕某件事情会发生；人有愿望，那一定是关于做某件事情的愿望或某件事情应

---

① P. Jacob："Intentionality"（Stanford Encyclopedia of Philosophy），http：//plato.stanford.edu/entries/intentionality/，2013 – 05 – 26.
② 埃德蒙德·胡塞尔：《逻辑研究（第二卷第一部分）》，倪梁康译，上海：上海译文出版社，1998年，第436页。
③ 郦全民：《意向性的计算解释》，《哲学研究》，2012（9），第95 – 103页。

该成为事实的愿望。总之,许多心理活动和状态是关于外部世界的,意向性就是这里的"关于"。

美国哲学家塞尔(John Searle)也对意向性作了系统的研究和阐释。在他看来,意向性就是心智"能够以各种形式指向、关于、涉及世界上的物体和事态的一般性名称"①。人的心智就是这样以意向性的关指能力(aboutness)为出发点,通过人的认识和实践活动同世界相联系,"它通过意向性使我们同实在世界相联系"②。这样看来,指向性就是意向性的最重要的特征。人的心智以意向性的关指作为观照(construe)事物的起点,把人的认识和实践活动同世界有针对性地联系起来。这样,心智可以指向一个对象,并针对这个对象表示某种意图,或者呈现出相信、希望、愿望、喜欢、憎恶、赞扬等心理状态和倾向,从而更好地进行对象性活动,把自己的行动同社会生活联系起来。那么,人的心智是如何关指外部世界事态的呢?心智哲学研究告诉我们,意向性可以体现出一种"利己"的取舍倾向,认知主体的感觉总是倾向于关注那些对自身有获得意义可能的事物,这就是在行为和认知中选择与定向对自身有意义的事物。如果没有这样的关指性,意识活动就是盲目的,甚至无从开始③。

意向性是人的意向性,是认知主体的意向性,那么语言是如何被赋予意向性的呢?语言的意向性源自心智的意向性,"心智将意向性施加于那些本质上并没有意向性的实体之上,方法是将表达心理状态的满足

---

① 约翰·塞尔:《心灵、语言和社会:实在世界中的哲学》,李步楼译,上海:上海译文出版社,2006年,第83页。
② 约翰·塞尔:《心灵、语言和社会:实在世界中的哲学》,李步楼译,上海:上海译文出版社,2006年,第98页。
③ 参见徐盛桓:《意向性的认识论意义——从语言运用的视角看》,《外语教学与研究》,2013(2),第174-184页。

条件有意地赋予该外部物理实体"①。外部物理实体的表达性、关于性、指向性是寄生于认知主体的意向性，认知主体的意向性称为原生意向性，心智赋予其他实体的意向性称为"寄生意向性"（parasitic intentionality）②，如语言表达式、各种手势、身体语言、暗号、交通信号灯等，在这个意义上都具有寄生意向性。以交通信号灯为例。红、黄、绿灯本身是没有意向性的物体，是人们把"停止""缓行""通行"的意向性"寄生"在红、黄、绿灯上，交通信号灯才有表意功能。在语言使用中，人们也可以把意向性"寄生"在没有生命的语言符号上，语言表达不管是直言式（如：faeces, toilet）、委婉式（如：poo, loo），还是粗言式（如：shit, shithouse），都具有"寄生意向性"：3种表达方式在承载心智表征事物属性和事件状态的能力方面，没有本质的不同。心智把意向性"寄生"在语言符号上的方法是"将表达心理状态的满足条件有意地赋予该外部物理实体"③。

由此可见，意向性总体上具有3个特点：关指性、定向性、寄生性。结合语言运用来看，语义也是从心智的意向性开始的，也就是说，主体只有通过心智的意向性的关指作用，才能展开围绕语言的对象性活动。定向性就是意向性在语言表征时具有的选择性。主体在识解意义时，总是选择对自身有意义的事物，让它突显，成为注意的焦点，并在表述中选择一定的方式突出焦点。如：同一事件可以表达为"动乱""骚乱"，也可表达为"群体事件"。这3个语词指向的是同一事件，但是所表示的行为状态和说话人对事件性质的看法却不一样，这就是主体

---

① J. R. Searle：*Intentionality: An Essay in the Philosophy of Mind*, Cambridge: Cambridge University Press, 1983, p. 27.
② J. R. Searle：*Intentionality: An Essay in the Philosophy of Mind*, Cambridge: Cambridge University Press, 1983, p. 251.
③ J. R. Searle：*Intentionality: An Essay in the Philosophy of Mind*, Cambridge: Cambridge University Press, 1983, p. 251.

意向性的定向作用的结果。寄生性是把主体的意向性"寄生"在语言符号上，就是把主体自身的心理状态或感受"寄生"在语言上，这样，将体现意向性的各种心理状态与一定的语言表达形式相结合，就有了意向性的语言表征。

塞尔还引入集体意向性（collective intentionality）来探讨意向性在人类社会群体中的作用。他区分了"我们－意向性"（We-intentionality）和"我－意向性"（I-intentionality），因为除了"我意图""我希望""我相信"等意向性形式，还有一种诸如"我们意图""我们希望""我们相信"的意向性形式，后者就是集体意向性的体现形式。个体的意向性来自集体意向性，"集体意向性是一切社会活动的基础"①，是人们合作、分享思想和情感的基础。比如，一场篮球赛、一次集会、一场演出、学校的一堂课等都可以体现集体意向性的作用，人们正是通过集体意向性把意识、心智、语言和社会联系在一起。使用语言的过程，是基于集体意向性的典型的合作过程，习得语言和用语言交流都是集体互动的结果。塞尔列举了语言的3个特征：①象征其自身以外的事物；②它们能够象征其自身以外的事物，这是经过约定的；③它们是公共性的。② 语言的规约性和公共性是集体意向性作用的结果，只有个体意向性是无法产生语言的，也无法有语言的交流。维特根斯坦反驳私人语言（private language）的存在，他认为语言是遵守规则的活动，遵守规则不可能是个人的，规则也不可能私自被遵守，因为语言是公共性的，是集体意向性作用下的实践活动。

---

① 约翰·塞尔：《心灵、语言和社会：实在世界中的哲学》，李步楼译，上海：上海译文出版社，2006年，第117页。
② J. R. Searle：*The Construction of Social Reality*，London：The Penguin Press，1995，p. 66.

4.2 意向性的定向作用与委婉语词的替代

我们先看几个委婉语词的用例：

①维秘超模隐退内幕，感觉自己像性工作者。（摘自新民网，http://ent.xinmin.cn/2013/05/20/20329273.html，2013-05-28）

②夜幕慢慢褪去，他们也悄然离去，他们是一群城市美容师。（摘自《贵州日报》，http://gzrb.gog.com.cn/system/2012/05/15/011752686.shtml，2013-05-28）

③别样的"花朵"在宁夏特殊教育学校快乐成长。（摘自云南信息港，http://news.yninfo.com/tu/201305/t20130526_2062898.html，2013-05-28）

④在世界人才竞争日趋激烈和我国高级人才严重不足的情况下，重视和充分利用"银色人才"资源，不失为一个明智而富有远见的选择。（摘自南方网，http://www.southcn.com/job/careercenter/hrheadlines/200411260793.htm，2013-05-28）

⑤ We are not murderers... we are freedom fighters against international imperialism. （R. W. Holder, *A Dictionary of Euphemisms*, 1995, p.141）

⑥To avoid embarrassing its trading partners in emergent Africa, South African officials in trade organizations will not disclose the destination of it £800m. annual food exports. （R. W. Holder, *A Dictionary of Euphemisms*, 1995, p.117）

以上 6 例中"性工作者""城市美容师""特殊教育""银色人才""freedom fighters""emergent"都是委婉语词,分别实指"妓女""扫地工""盲、聋、哑、智力落后儿童教育""老年人才""terrorists""poor and uncivilized"。在以上用例中委婉语词和实指语词的关系可以表示为[妓女是性工作者]、[扫地工是城市美容师]、[盲、聋、哑、智力落后儿童教育是特殊教育]、[老年人才是银色人才]、[terrorists IS freedom fighters]、[poor and uncivilized IS emergent],这样的关系可以进一步抽象化为[A 是 B]。在具体的语句中,语言主体用 B 替代 A 来完成某种想法的表达或意图的实现。对语言主体而言,就是一种选择,即选择 B 来替代 A。接下来我们从意向性的角度解释语言主体为什么要选择 B 来替代 A,解释将围绕意向性的属性和维度展开。

4.2.1 意向性的属性:B 替代 A 的由来

语言作为一种实践活动,既涉及语言的主体又涉及语言所指的对象,因此语言活动既是主体活动又是对象性活动。对象性活动就是"实践主体、认识主体针对、意指心智中一个特定客体而展开的行为、思维、言语等的活动"[1]。这种主体针对、意指心智中的一个特定客体而展开的行为、思维、言语等活动是意识的意向性的重要体现,表现为主体的指向和对象的被指向关系。语言活动作为人的意识活动,必然受到意向性的作用,表现为语言主体的指向和对象的被指向。我们来看看"意向性"的定义:

$$I = df \{X | \mu (X)\}[2]$$

---

[1] 徐盛桓:《意向性的认识论意义——从语言运用的视角看》,《外语教学与研究》,2013(2),第 176 页。

[2] 徐盛桓:《意向性的认识论意义——从语言运用的视角看》,《外语教学与研究》,2013(2),第 177 页。

在这个式子中，I 是"意向性"；df 为"定义（definition）"；X (X^i, X^j…) 为 I 中的元素；μ (X) 表示 X 具有 μ 的属性，μ 是谓词。因此，这里的"意向性"为所有意向性元素 X 的集合，所有的 X 都要满足 μ 的属性，即"自我意识与对象意识的统一"。这个定义表明：意向性是对人们在进行意识活动时所具有的"指向"对象能力的抽象，"自我意识与对象意识的统一"是意向性的属性。

"自我意识"指主体对自己身心活动的觉察，即对自己意识活动的认识和体验，是自我的反身认识，表现为自我感觉和自我观察，认识到自己注意力所在；"对象意识"是指主体对客观世界中各种事物、现象及其关系的觉察；"自我意识与对象意识的统一"指主体观念的意识到自我意识的指向，而这种指向总是涉及某个外部对象，对外部对象的意识使得自我意识的指向落到实处，这样就使得自我意识同对象意识统一起来。统一的过程就是意识指向外部世界的过程。前例"性工作者""城市美容师""freedom fighters"中，外部对象分别是"妓女""扫地工""terrorists"，在这些用例中，语言主体能够将自己的注意力分配在"妓女""扫地工""terrorists"上，同时能意识到自己的注意力的所在，前者为对象意识，后者为自我意识，两者完成了统一。

不难看出，意向性的属性就决定了意向性的定向作用：自我意识同对象意识的统一说明主体能够将自己的注意力集中在某个外部对象上，注意力集中的过程就是对外部对象定向的过程，也就是意向性的定向作用。也就是说，意向性一方面代表主体的自我，另一方面代表与内外部世界发生联系的意向对象，两方面统一于意向性的指向性，指向过程很重要的一个功能就是对意向对象的定位、选择和组织，即意向性的定向作用。就认知主体而言，意向性的定向作用是在其意识活动中对对象给予注意的同时，对"注意"进行分配、定位和选择，是一次具体意识活动的发端；就语言主体而言，意向性的定向作用就是语义的发端，落实在委婉语词的表达上，就是每个委婉语词表达的发端。

作为人的意识活动的一项核心内容，意向性不但是一次委婉语词表达的意识活动发端，而且贯穿这一活动的全过程，对语言主体的意识活动起着"统领"作用。这里的"统领"作用意指整体定位，统领全局，起着自上而下的系统策划作用。具体而言，语言主体意向性在委婉语词生成过程中起着触发作用、定向作用和选择作用。下面我们对这3个作用分别作进一步说明。

第一，意向性的触发作用主要体现为委婉语词生成过程中的第一次定位作用，语言主体将自己的注意力集中在某个外部对象上。委婉语词定位的外部对象往往是出于某种原因不好直说的外部事物或事件，如生老病死、生理缺陷、错误、身体器官、生理功能、弱势群体。当语言主体把注意力集中在这些事物或事件上，就开始了主体生成委婉语词表达的过程。这一作用好比"触发器"，在语言主体的心智中触动并引发一系列的意识活动，并在一定条件作用下完成委婉语词的生成过程。

第二，在定位的基础上，语言主体将注意力集中于所选信息上，实现用例事件的定向。试看下例：

⑦I was grateful for that—I've seen enough blacksmithing and candle dipping to last me well into my sunset years. (Hugh Rawson, *Rawson's Dictionary of Euphemisms and other Doubletalk*, 1995, p. 407)

⑧The problem with 'white tops', old folks with failing reflexes, impaired facilities or the effects of prescription drugs, let loose on the highways, is causing concern in Florida. (R. W. Holder, *A Dictionary of Euphemism*, 1995, p. 403)

⑨... helping the wrinklies with their heating bills. (R. W.

Holder, *A Dictionary of Euphemism*, 1995, p. 410)

⑩Being a senior citizen, or seasoned citizen, does not mean you are dead. (http://voices.yahoo.com/senior-citizen-summer-activities-seasoned-6386626.html, 2013-05-30)

⑪Roger Dean also pleaded guilty to causing grievous bodily harm to another eight nursing home residents injured by the blaze in 2011. (http://www.foxnews.com/world/2013/05/27/australian-nurse-admits-murdering-11-people-in-nursing-home-fire/, 2013-05-30)

以上6例都有替代"old people"（老人）的委婉语词，"sunset years""white tops""wrinklies""senior citizen""seasoned citizen""nursing home residents"。例⑦中的"sunset years"本义为"黄昏岁月""日落之年"；例⑧中的"white tops"本义为"白发"或"银发"；例⑨中的"wrinklies"本义为"皱纹"；例⑩中的"senior citizen"和"seasoned citizen"本义分别为"资深公民"和"饱经风霜的公民"；例⑪中的"nursing home residents"本义为"疗养院住户"。上述几例虽然都是替代"old people"的委婉语词，但表达形式迥异。这是因为在意向性的定位作用下，语言主体将注意力集中在不同的信息上，即"old people"的不同的特征：生命过程的最后一个阶段，头发变白，脸上多皱纹，生活经历丰富，可能会住在养老院等。正是由于语言主体把注意力集中在"old people"的不同的特征上，才实现用例事件的定向，从而最终生成替代"old people"不同的委婉语词。

第三，前面我们把实指与委婉语词的关系形式化为[A是B]，意向性的选择作用解释为什么选择B来替代A。人们不能随意地选择一个表达来替代A，实现委婉的目的，"新造的委婉语必须在某种程度上与原语言符号有一定的联系,能提供人们理解其所指的线索"①。委婉语词与直言语词之间的联系的建立,是意向性的选择作用使然。如上例中"old people"和"sunset"之间联系的建立,就是主体意向性定位在"sunset"的结构特征并由此在相似性的基础上建立"old people"和"sunset"的联系。在这个例子中,二者的联系建立在"过程阶段"的相似性上,"old people"的阶段特征是人生的最后一个阶段,"sunset"的阶段特征是白天的最后一个阶段。这个联系的建立过程我们会在第七章详述。

以上,我们对语言主体意向性在委婉语词生成过程中的作用作了概括性的说明,意向性的定向作用决定了其在委婉语词生成过程中的"统领"作用,这就意味着意向性的定向作用会体现在委婉语词生成过程的各个阶段,做出多次定向、多次选择,其作用贯穿委婉语词生成的整个过程。下面,我们就从意向性的维度对委婉语词的生成作进一步说明。

4.2.2 意向性的两个维度:意向内容与意向态度

我们在上一小节基于意向性的属性对意向性在委婉语词生成过程中的"统领"作用作了概括说明。意向性的"统领"作用源于其定位作用,那么,主体意向性又定位在哪里?意向性定位的依据是什么?我们将围绕意向内容和意向态度对这两个问题展开说明。

4.2.2.1 意向内容:主体定位的基础

意向内容就是指主体的意识活动以什么为内容和这样的内容又怎么体现为一定的语言表达方式。意向内容也就是主体意向活动所注意的内容,是一次表达的核心内容。下面我们以一个语言运用的具体例子进行

---

① 束定芳:《委婉语新探》,《外国语》,1989(3),第31页。

说明：

⑫While they two approached the man standing there, they looked at each other in anxiety. The man spoke to them for about ten minutes in a resonant voice so that everyone in the hall could hear. At last he gave two things to them. After a few words, the ordeal was over. Her veil lifted, they kissed and turned around to walk out, with others in the rear.

上面这段描述并没有出现"wedding""bride""bridegroom""priest""church"等词，但听者或读者会明白描述人所要表达的就是"wedding ceremony"（结婚仪式），这就是意向内容决定语言主体定位的体现。上面的文字关注、指向的是"wedding ceremony"，熟悉西式婚礼的人都知道仪式涉及的人和流程是什么样的。上面的描述包括人物、地点、场景、事件、过程等都指向"wedding ceremony"。例如表示人物的"they two""the man standing there"（新郎、新娘、牧师）；表示地点和场景的"hall""everyone in the hall"（婚礼场、婚礼来宾）；表示事件和过程的"approach""the man spoke to them for about ten minutes""gave two things to them""veil lifted""kissed""walk out"（走过婚礼甬道、牧师证婚、交换戒指、揭开婚纱、亲吻、走出婚礼场）；表示当事人感受的"in anxiety"（诚惶诚恐），都是描述者意向性的指向之所在，并通过选用的词语表示这样的意向性的最终落脚点。作者指向明确，其意向内容就是"wedding ceremony"，因此容易引发听者、读者在指称上的共识，为理解这段话提供了解读的基础。只要明确了作者意向性所指之所在，通过对意向性和相关对象性活动的分析，有关语词和表达指向什么对象就会比较清楚明了。

在委婉语词的使用中，意向内容就是语言主体注意力所集中的地方，也就是委婉语词所表征的外部事物或事件。试看几个委婉语词用例：

⑬中国当代的一颗巨星，就这样陨落在异国他乡。(《人民文学》，1987年第10期)

⑭社会保障体系是经济运行的稳定器，更是城市弱势群体的安全网，它主要包括社会保险、社会救助和社会福利。(2006年胡锦涛新年贺词)

⑮据深圳统计局发布的统计数据显示，今年前两个月，深圳规模工业增加值、规模以上工业销售产值、进出口总额、出口总额等七大经济指标出现负增长。(摘自光明网，http://politics.gmw.cn/2012-04/07/content_3920956.htm，2013-06-02)

例⑬中"陨落"表征的意向内容是某人死亡，例⑭中"弱势群体"表征的意向内容是社会贫困阶层或老弱病残人群，例⑮中"负增长"表征的意向内容是经济下滑。这些意向内容就是说话人注意力的关注点，是意向性定位的位置所在，体现在语言表达式中，就是其自主成分，即表达的内核。委婉语词表达的意向内容通常是不好的、令人反感的、容易冒犯别人的、不好直接言说的事物或事件，如上例中提到的死亡、贫困阶层、经济下滑等。但是，同一个意向内容可以通过不同的态度传递，可明白也可隐晦，可谐趣也可庄重，可通俗也可古雅，可简明也可详尽。如例⑫就选择用隐晦和详尽的态度去传递"wedding ceremony"这一意向内容。由于同一意向内容可以用不同的态度传递，生成话语则有多种方式。如"死亡"可以表示为"安息""百年""断气""玉殒香消""驾鹤西去""为国捐躯""涅槃""见马克思""进八宝山"等，英语中"death"也可表示为"pass away""fall asleep""be asleep in the Arms of God""be taken to paradise""return to dust""pay the debt of nature""close up one's account""go west"等。这里就有涉及意向性的另一个维度：意向态度。我们将在下面的小节对意向态度以及意向内容和意向态度的关系作详细说明。

4.2.2.2 意向态度：主体定位的依据

意向态度是意向性的另一维度，就是主体以什么态度来指向思维的内容。如例⑬中"陨落"指死亡，用的是惋惜、同情、悲悯的态度；例⑭中"弱势群体"指贫困阶层或老弱病残人群，用的是包容、反歧视的态度；例⑮中"负增长"指经济不景气、经济下滑，用的是掩饰、美化的态度。

可以看出，进入人的意向性的意向内容，就会受到意向态度的观照和处理。从语言运用来讲，意向态度是语言主体意向性定位的依据，可细分为3个次范畴。①

（1）体现为一种心理状态，如相信、知道、怀疑、害怕、希望、热爱、憎恨等心理状态，常常还可以用一个表示相关的心理状态的谓词明显地表征出来，后面跟一个命题作其宾语。比如我知道/相信/希望/怀疑明天会下雨；又如，因为知道/相信×××来了，所以可以说"请×××到主席台就座"。

（2）体现为对对象作用的心理估量，例如认为对象显［显要，与之相对的为"次要"］于、前于，显［显现，与之相对的为"隐现"］于、先于……另一（些）物。比如：I saw reading a book in the park and I saw a handsome young man coming toward me. →I was a handsome young man coming toward me when I was reading a book in the park. 这两个句子

---

① 徐盛桓、廖巧云：《意向性解释视域下的隐喻》，《外语教学》，2013（1），第1-6页。

是对同一事件的两种叙述，但是这两种叙述对"先"和"后"有不同的考量，说明语言主体对事件各环节、对事件展开的重要性和作用作了不同的估量，因此表现出不一样的意向态度。再如：The door opens very smoothly. /The wood saws easily. /She doesn't photograph well. 在这些叙述中，事件的施动者都"隐"去了，而施动的对象被置于事件的出发点而"显"现出来，说明语言主体对事件作了不同的"显"和"隐"的估量，对事件参与者的重要性有不同的认识，也表现出不同的意向态度。

（3）体现为观照某物的某种心理取向，如对对象以常态的（中性的）、形象的、委婉的、谐趣的、夸张的、亲切/冷淡的、责备/表扬的、正面/负面的、美化/丑化的等心理取向加以观察和叙述。李白《秋浦歌》以"白发三千丈，缘愁似个长"开头，用夸张的取向来描述内心愁绪，奇妙且逸趣横生；唐寅《绝笔》中"生在阳间有散场，死归地府也何妨"对死亡作了谐趣的比喻和描写。

从意向态度的这 3 个次范畴展开对一定意向内容的解释，本质上是"认知主体、话语主体在一定的心境下同一定语境相互关联中展开的对有关意向内容的意向性解释"①。例如用"The door opens very smoothly"而不用"People open the door very smoothly"，把死亡表达为"生在阳间有散场，死归地府也何妨"而不是"十年生死两茫茫"，就是这样的意向性解释。

落实到委婉语词的生成上，意向态度是委婉语词生成过程中主体意向定位的依据，关于语言主体的意向态度解释是这样的：主体在害怕、怀疑、希望、意图等心理态度的观照下；将委婉对象（实指对象）置

---

① 徐盛桓：《意向性的认识论意义——从语言运用的视角看》，《外语教学与研究》，2013(2)，第 181 页。

于后于、隐于等心理估量的观照下；在委婉、谐趣、表扬、美化、亲切等心理取向的观照下，选择温和、好听、包容、委婉的语词替代刺耳、冒犯、歧视性、粗直的语词。在［A 是 B］形式中，语言主体在这样的心理态度、心理估量、心理取向的观照下，选取 B 来替代 A。电影《阿甘正传》中学校校长对甘夫人说："Your boy's... different, Mrs. Gump. Now his IQ was seventy-five."校长为了给对方留面子，在希望、意图的心理状态作用下，选择"different"（与众不同的）来替代"stupid"（愚蠢的）。电影《四个婚礼和一个葬礼》中加雷斯（Gareth）因心脏病突发去世，牧师请他的同性伴侣马修（Matthew）致哀悼词："Our service will begin in a few minutes, but first we have asked Matthew, Gareth's closest friend, to say a few words."这里，在隐显某物的心理估量的作用下，牧师隐去了马修的真实身份，用"closest friend"（最亲密的朋友）替代"same sex companion"（同性伴侣）。《公主日记》里"Mia, no town, no city, no country can function peacefully of its officers and its transportation engineers don't follow the letter of the law"，在委婉、表扬、美化等心理取向的作用下，说话人选择"transportation engineers"（交通工程师）替代"drivers"（司机）。由此，主体在意向态度作用下，对外部对象进行定位，形成具体的委婉语词。

4.2.2.3　意向内容与意向态度的"纠缠"关系

在前面两小节，我们对意向内容和意向态度在委婉语词的意向性解释中的作用作了说明，意向内容决定了主体的意向性指向的位置，意向态度为意向性的定位提供了依据。意向性的双维度同时作用于委婉语词的生成，二者之间是一种"纠缠"关系。也就是说，外界信息一旦成为主体注意力关注的对象，即意向内容，它作为意向性的一个维度，总是和另一个维度意向态度"纠缠"在一起。意向内容和意向态度的"纠缠"关系体现为：①意向内容和意向态度的统一；②意向内容和意向态度的自主-依存关系。

意向内容与意向态度的统一是指,进入人的意向性的意向内容会受到意向态度的处理,而意向态度总是指向意向内容,在二者的统一作用下,语言主体生成具体的委婉语词,即选取 B 来替代 A。

前文例①"维秘超模隐退内幕,感觉自己像性工作者",关于"性工作者"替代妓女的意向性解释是这样的:妓女是主体注意力集中的地方,是进入主体意向性的意向内容,但由于妓女是指代从事色情服务女子的直言表达,会引发一些负面的联想,诸如败坏社会风气和伦理道德、传播多种疾病、诱发其他犯罪行为等,而这些是语言主体希望隐去的。因此,在委婉、正面、美化的心理取向的作用下,"性工作者"被用来替代妓女。这里,意向内容是妓女,意向态度是委婉和美好,在二者的统一作用下,语言主体生成委婉语词"性工作者"。前文例⑤"We are not murderers... we are freedom fighters against international imperialism",关于"freedom fighter"替代"terrorist"也可以作同样的意向性解释:"terrorist"是主体意向性指向定位所在,但"terrorist"是指代从事暴力恐怖活动人员的直言表达,总是让人联想到危害普通民众的生命和财产、破坏社会稳定、危害社会安全的活动,而这些是语言主体希望隐去的。因此,在委婉、正面的心理取向的作用下,选择"freedom fighter"来替代"terrorist",是在意向内容和意向态度的统一作用下,语言主体生成委婉语词"freedom fighter"。一个具体的委婉语词的生成体现了语言主体的意向内容和意向态度的统一;任何委婉语词都是根据一定的意向态度对一定的意向内容做出的处理和说明;委婉语词反映的通常是避讳、婉转、谐趣、包容、正面、美化等意向态度,体现的通常是不好的、不雅的、令人尴尬的、冒犯的、带歧视性的意向内容。

意向内容和意向态度的"纠缠"关系还体现为自主-依存关系,

意向内容是语言主体意向性定位的基础,是一次表达的内核,是自主的;意向态度作用于意向内容,是依存的。意向内容和意向态度的自主-依存关系可以进一步总结为:"相同相似的意向内容可以从多个不同的意向态度来识解、表述;反过来,同样的意向态度可以识解、表述多个不相同不相似的意向内容"①。对委婉语词来说,一方面,相同或相似的意向内容在不同的意向态度处理下会生成不同的委婉语词,也就是说在[A 是 B]形式中,B = $\{B_1, B_2, B_3,..., B_n\}$。相同相似的意向内容在不同的意向态度下得到的委婉语词不是唯一,而是由 B_1,B_2,B_3,B_4...构成的一个集合。例如,基于相同或相似的意向内容——妓女来说,在不同的意向态度的作用下,会生成不同的委婉语词如"小姐""三陪""流莺""按摩女""失足妇女""性工作者"等。另一方面,同样的意向态度可以依存不同的意向内容,作用于多个不相同、不相似的意向内容,生成不同的委婉语词。比如,在美化的心理取向的作用下,"美发师"替代理发匠,"服装设计师"替代裁缝,"城市美容师"替代扫地工,"艺术总监"替代舞台设计人员,"meat technologist"(肉类技术专家)替代"butcher"(屠夫),"domestic engineer"(家政工程师)替代"housewife"(家庭主妇)等。

至此,我们对委婉语词替代实指语词,即[A 是 B]结构中选择 B 替代 A 作了详细的意向性解释。首先,选择发端于语言主体的意向性,而意向性的定位作用是由其属性决定的,即自我意识与对象意识的统一;意向性具有意向内容和意向态度两个维度,意向内容是主体意向性定位之所在,意向态度是主体意向性定位的依据,在两个维度的"纠缠"作用下,语言主体生成了委婉语词,也就是完成了对 B 的选择。

---

① 徐盛桓:《意向性的认识论意义——从语言运用的视角看》,《外语教学与研究》,2013(2),第 181 页。

我们在这里做出的有关委婉语词的意向性解释是基于个体意向性，即语言主体的意向性，语言主体将注意力定位在意向内容上，在意向态度的观照下，完成对 B 的定位，也就是对 B 的选择。但是，仅仅从个体意向性出发并不能对选择过程做出全面的解释。我们在第三章对委婉语词的时间维度的研究中发现，委婉语词的推陈出新在很大程度上是因为委婉对象随时代的改变而发生了变化。个体意向性无法对委婉对象的流变做出完备的解释，下面的讨论将围绕集体意向性展开，对委婉语词的变迁作进一步的说明。

4.3 集体意向性与委婉语词

4.3.1 集体意向性与个体意向性

从心智哲学角度看，意向性是人的意识指向外部对象和事态的一种心理状态。只有个体才有大脑，有大脑才有意识，有意识才能指向自身之外的外部世界。这样的意向状态都是个体意向性，即"我希望……""我相信……""我意图……"等第一人称单数的意向性。但是又确实存在形如"我们希望……""我们相信……""我们意图……"等第一人称复数的意向性。因此，意向性的主体不仅可以是一个一个的"我"，还可以是"我们"。这样的"我们－意向性"（We-intentionality）就是集体意向性。

集体意向性最初是由托米拉和密勒（R. Tuomela & K. Miller）于 1988 年在《哲学研究》（*Philosophical Studies*）上发表的《我们意向》

（"We-Intentions"）一文中提出的。[1] 他们用个体意向和互为信念对集体意向进行分析，认为集体意向性是在社会成员的集体行动中得以体现的，前提是社会成员拥有共同的信念。吉尔伯特（M. Gilbert）认为，"集体意向就是每个集体成员都分有的意向，并且这种意向在集体中是公开的"，他们都遵照共同承诺进行有效行动，使意向得到实现。[2] 塞尔（J. Searle）认为，集体意向性是一种原初意向性，同个体意向性一样，存在于个体的大脑中。[3] 也就是说，集体意向性和个体意向性并存于个体大脑中，个体同时具有"我－意向性"和"我们－意向性"两种形式。布拉特曼（M. Bratman）进一步提出，集体意向性的产生是个体意向之间的某种联系，而不单纯是个体与外部环境互动。[4] 哲学家们从不同的角度对集体意向性作了既有区别又有联系的讨论，从他们的讨论中可以看出，集体意向性是人进行社会活动和交流的基础，集体意向性不仅使集体成员可以合作，还可以分享意向状态，如信念、愿望和意图。

塞尔曾经举例来具体说明什么是真正的集体意向性。[5] 假设有一群人坐在草地上，突然天开始下雨，于是他们起身跑向某处避雨。每个人都有"我要跑去某处避雨"的意向，但每个人的个体意向却不能构成集体意向，原因就在于"避雨"的意向相对于他人是独立的，不是一种具有公约性的集体行为，他们每个人的行动都只是为了满足个体的目标而不是集体的目标。如果我们设想某舞台上有一群演员正在表演

---

[1] R. Tuomela, K. Miller："We-Intentions", *Philosophical Studies*, 1988（53）, pp. 367 – 389.
[2] 柳海涛：《关于集体意向性问题》，《哲学动态》，2008（8），第84页。
[3] 约翰·塞尔：《心灵、语言和社会：实在世界中的哲学》，李步楼译，上海：上海译文出版社，2006年，第116页。
[4] 柳海涛：《关于集体意向性问题》，《哲学动态》，2008（8），第83 – 88页。
[5] J. R. Searle："Collective Intentions and Actions", in P. Cohen, J. Morgan, M. E. Pollack, eds., *Intentions in Communication*, Cambridge, MA：Bradford Books, MIT Press, 1990, pp. 401 – 416.

"避雨"场景,情况就不一样了,演员要完成表演,就必须有一种共同完成某事或共同期望某事的集体意向,即"我们要跑去某处避雨"的意向。在第一种场景中,不能从"我意向"充分得出"我们意向";在第二种场景中,个体的"我意向"在一定程度上需要解释为它来源于集体的"我们意向","我正在做活动 S"的个体意向可以从"我们正在做活动 S"的集体意向中派生出来。因此,塞尔把集体意向性的结构表述为"通过个人行为 X 执行集体行为 Y",这种集体意向性形式允许在行动者大脑中既有集体成分又有个体成分。塞尔进一步确定集体意向性存在的条件,即其构成性规则"X 在 C 中构成 Y"[1]。这个规则可以解读为:X 算作 Y,其先决条件是集体成员 C 形成了一个契约,承认在一定条件下 X 是 Y。这里的"构成"是功能的实现,它包含集体的同意和接受的含义。我们以货币为例。"货币"可释义为"在央行批准发行的纸钞(X)被视为在中国的(C)货币(Y)",也就是说,Y(指代某种货币)所包含的内容是通过集体的意向即同意和接受来赋予 X(人民币)要素的。

塞尔的集体意向性理论对语言学研究的启示在于,人们正是通过集体意向性把心智、意识、语言、社会联系起来的。塞尔认为,集体意向性是一切社会活动的基础。集体意向性赋予特定人群以共享的思想和情感,使之形成相互合作和交流的基础。"在一个群体中广泛流行的、重要的、有价值的、有特点的思想、叙述、关指、托意,会储存在人们的知识结构和长期记忆里,成为他们的一种常规意识,成为他们在一定情境下关指、描述、理解、表征的思维工具。"[2] 这里的关指是指集体中的个体意识活动对社会生活过程和条件的分配注意,进行选择和定位时

---

[1] 约翰·塞尔:《心灵、语言和社会:实在世界中的哲学》,李步楼译,上海:上海译文出版社,2006 年,第 120 页。
[2] 参见徐盛桓:《话语理解的意向性解释》,《中国外语》,2006(7),第 36 页。

的观念的社会趋同性。① 例如，淘宝网上流行的"淘宝体"被广泛运用在人们生活的方方面面，就体现了集体意向性对语言使用产生的影响。"亲"字原本是卖家在跟买家交流时使用的亲昵称呼语，意图是拉近彼此的距离，有利于促成交易。随后，"亲"的使用范围得到延伸，广泛用于人际交流和社会公告。如"亲，祝贺你哦！你被我们学校录取了哦！亲，9月2号报到哦！录取通知书明天'发货'哦！亲，全五分哦！给好评哦！"（南京理工大学录取短信）；"亲，快速车道很危险哦！"（交通安全宣传）。"亲"一词在这两例中的使用，是为了拉近学校与考生、交警部门与普通老百姓的距离。这种"拉近"功能的实现是通过集体的意向即集体的同意和接受来赋予的，是个体意向性与有关的集体意向性趋同的结果。

4.3.2 集体意向性与委婉语词

上面的分析告诉我们，集体意向性是一切社会交际的基础。个体意向性存在于主体的大脑里面，具有私人性。在集体意向性作用下，人们在特定人群或团体内形成统一的意向性，并在此基础上合作、沟通、交流。个体意向性是集体意向性的基础，集体意向性是在此基础上形成的一个包含一个群体全体成员的意向集合；同时，个体意向性受制于集体意向性，"集体意向性对个体意向性起制约作用，具有对个体意向性实施认定和整合的功能"②。具体到委婉语词的生成，集体意向性的认定和整合作用体现在以下4个方面。

（1）委婉对象随时代变迁而变化，因而产生不同的委婉语词。委婉语词的产生开始于社会禁忌，从最初的由忌而讳，由敬而讳，到后来

---

① 参见何爱晶：《意向性视域下的"淘宝体"》，河南大学学报（社会科学版），2012（4），第145-151页。
② 徐盛桓：《话语理解的意向性解释》，《中国外语》，2006（7），第36页。

对生老病死、缺陷、错误、身体器官、一些生理功能、不雅或不当行为的委婉表达，以及现当代出现的反歧视的中立语，这一流变的过程反映了集体意向性的认定和整合作用。我们再看看塞尔有关确定集体意向性存在的构成性规则"X 在 C 中构成 Y"。其中，X 是原初现象，在人们的集体意向性作用下，即人们相互之间的约定、同意和接受，在一定条件下 X 是 Y。那么，委婉对象的确立也是集体意向性作用的结果，X 为各种外部事件、事物或现象，在集体意向性的认定和整合作用下，即在集体成员之间的约定、同意和接受下，特定的外部事件或事物被确定为委婉对象 Y。比如在旧中国，"戏子"是被人瞧不起的行业，地位低下，在集体意向性的认定和整合作用下"戏子"一词被确定为委婉对象。也就是在社会成员之间形成契约性的认同，"戏子"是地位低下、卑贱的行业，提及时需要用委婉的语词来替代，因此"伶伦""伶人""秋娘""小伶""妙音"等委婉语词产生了。同样的，在现代社会，演员的社会地位提高，甚至被年轻人追捧，因此在集体意向性作用下社会成员不再认定演员为委婉对象，那些曾经广泛使用的相关委婉语词也在日常交际中消亡。可见，委婉对象的变迁是集体意向性同社会环境发生协同作用的结果。

（2）不同社会群体对同一委婉对象可产生不同的委婉语词。以"死亡"为例。汉语中用"去见马克思"婉指死亡，然而英语中并没有"go to see Marx"这一表达来婉指"to die"，英语中有关死亡的委婉语词有"be asleep in the Arms of God""to be with their Father""join the angels""have fallen asleep in the Lord""pay Saint Peter a visit"。也就是说，在中国人的常规意识里，"马克思"与"死亡"以常规关系储存于人们的大脑，在集体意向性作用下"将常规关系提升为语言运用的结构前提和逻辑预设"①，因此汉语可用"去见马克思"来替代死亡。然而，在英语国家人们的常规意识里，"Marx"和"death"之间没有建立一种可以用作语言运用结构前提的常规关系。在他们的常规意识里，"God""Father""angels""Lord""Saint Peter"同"death"以常规关系储存于大脑中，在集体意向性的作用下生成以上委婉语词来表示死亡。同样的，"rioters"（暴动者）可能被一群人称作"freedom fighters"（自由战士），被另一群人称作"terrorists"（恐怖分子），这也是集体意向性认定和整合作用的结果。

（3）委婉对象在不同语言中都存在缺失现象。我们在第三章指出，英汉两种语言中委婉对象的范畴有很大的共性，包括死亡与殡葬、疾病与残障、身体器官、分泌与排泄、犯罪与惩罚、战争与灾祸、职业、缺点与错误等。但是，英语和汉语中的委婉对象也有其个性特征。汉语的称谓委婉语词数量较多，分列为"人际关系与称谓""夫妻称谓与关系""其他成员称谓及关系"三小类，共计177个词条。② 如称父亲为"令尊""家尊"，称岳父为"泰山""冰翁"，而英语中少见这类委婉语词。旧中国社会等级森严，崇尚礼教规范，在集体意向性的认定和整合作用下，把"人际称谓"确定为委婉对象，需要人们用礼貌的、尊敬的表达来称谓，由此产生大量的称谓委婉语词。英语委婉语词有"police"一类，共计166个词条。③ 如"blue""bobby""bear""big brother""bull""button""cop""country Joe""grasshopper""green stamp collector""helmet""Jack rabbit""John""Smokey"等。汉语中有关警察的委婉语词很罕见，只有"条子"一词。英语中有关警察的委婉语词多来自民用波段无线电台（Citizen's band radio）常使用的俚语和行

---

① 徐盛桓：《话语理解的意向性解释》，《中国外语》，2006（7），第33-37页。
② 张拱贵：《汉语委婉语词典》，北京：北京语言文化大学出版社，1996年。
③ R. W. Holder：*A Dictionary of Euphemisms*, Oxford：Oxford University Press, 1995.

话，称作"CB slang"（民用电台俚语），主要是 20 世纪 70 年代和 80 年代早期卡车司机之间交流信息的行话。① 民用电台俚语中有很大一部分跟警察有关，如把警察称作"bear"，警察局称作"bear cage"，警用直升飞机称作"a bear in the air"，超速车辆称作"bear food"，超速罚单称作"a bear bite"，女警察称作"a lady bear"，这些都是卡车司机之间独特的交流用语。之后，民用电台俚语的使用人群不断扩大到整个美国社会，其中一部分演变为有关警察的委婉语词继续被人们使用。民用电台俚语到委婉语词的演变体现了集体意向性的认定和整合作用：首先，某些用语（X）在民用电台使用者（C）中被视为关于警察的行话（Y），X 是 Y 的先决条件，是在集体成员（C）中形成了契约；然后，在集体意向性和社会环境的协同作用下，民用电台俚语演变成社会中多数人使用的委婉语词，民用电台俚语（X）在美国社会成员（C）中被视为关于警察的委婉语词，X 是 Y 的先决条件，是在集体成员（C）中形成了契约。而汉语中有关警察的委婉语词却很罕见，也同样体现了集体意向性的作用。中华人民共和国成立后，警察被称为"人民警察"，树立了忠于国家、作风优良、乐于奉献、服务热情等良好的社会形象。因此，在中国人的常规意识里，"人民警察"总是和消除社会隐患、解决人们生活疾苦、体贴、周到、热情等积极正面的联想形成常规关系。而委婉语词替代的通常是消极的、负面的、不好的表达，这样，我们就不难理解为什么汉语里有关警察的委婉语词比较罕见。另外，英语中有关"old age"的委婉语词很多，霍尔德编纂的 *A Dictionary of Euphemism* 共收录 58 条，如"blue hair""evening of your days""golden years""mature""middle-aged""senior citizens"等。而汉语中有关老年的委婉语词很少，张拱贵的《汉语委婉语词典》中一条都没有，散见在人

---

① 维基百科，http://en.wikipedia.org/wiki/List_of_CB_slang, 2013 - 06 - 18.

们日常用语中的表达也不多,只有"长者""迟暮之年"等,数量极少。究其原因,也是不同集体在集体意向性作用下对"老年""old age"作的不同定向。英语文化里把"old age"认定为人生中孤单、落寞的一个阶段,社会认同的负面性较高,因而"old age"被视为委婉对象,从而衍生很多与"old age"相关的委婉语词;汉文化则不同,在汉民族的常规意识里,老年是人生中阅历丰富且受人尊重的一个阶段,社会认同的积极性较高,因而通常不被视为委婉对象,而尊重老人的常规意识的形成是集体意向性作用的结果。

(4) 委婉语词中体现了社会文化固型。固型(stereotype)在心理学上的基本定义是指对特定类型的人或特定的事件所采取的看法和观点,这些观点和看法并不一定准确地反映实际情况。[①] 固型可以作用于人与人之间,影响人与人之间的观点、态度和看法;固型也作用于群体与群体之间,影响群体与群体之间的观点、态度和看法。作用于群体之间的固型就是一个群体对另一群体特征的集体认识和集体态度,同一社会集体的成员承担相同的固型。例如,英语中有很多跟荷兰人有关的委婉语词。"Dutch auction"(荷兰拍卖法,也叫降价式拍卖)、"Dutch bargain"(不公平交易)、"Dutch concert"(喧闹的酒会)、"Dutch courage"(酒后之勇)、"Dutch feast"(客人清醒而主人大醉的聚会)、"Dutch headache"(宿醉)、"Dutch treat/go Dutch"(AA 制)、"Dutch widow"(妓女)、"Dutch uncle"(严厉或直率的批评者)。[②] 从以上由"Dutch"构成的英语委婉语词可以看出,在英国人的心目中,荷兰人的固型是虚假的、吝啬的、胆小的、令人反感的人。这样的固型是凝固在委婉语词中的集体意向性。三百多年前英国人与荷兰人为争夺大西洋

---

① 维基百科,"stereotype", http://en.wikipedia.org/wiki/Stereotype, 2013 - 06 - 18.
② R. W. Holder: *A Dictionary of Euphemisms*, Oxford: Oxford University Press, 1995.

霸权进行了长达 26 年的战争，战争和矛盾使得英国人把荷兰人认定为劣等的、令人反感的、虚假的族群，在集体意向性作用下，英国人的常规意识里就把荷兰人与虚假、吝啬、令人反感等特征形成常规关系，因而才会形成上面列举的跟"Dutch"有关的委婉语词。同样，在英国人心目中法国人的固型是不义的、色情的人，因此由"French"构成的委婉语词多数跟不义的、色情的事物有关。如"French"本身就是"profanity"（亵渎）的委婉表达，英语中有"Pardon my French"，意思是"原谅我的冒犯/不敬"；"French letter"婉指避孕套；"French disease"婉指梅毒；"the French way"婉指口交；"French leave"婉指不告而别。① 以上由"Dutch""French"构成的委婉语词都暗含一个群体对其他群体的集体认识和集体态度，是集体意向性作用下的常规意识的反映和体现，并以一种语言事实的形态加以确认。

在本小节中我们对个体意向性和集体意向性的关系以及集体意向性对委婉语词生成的作用做出了阐述和解释。个体意向性是主体在先天和后天条件下发展起来的，同时受制于集体意向性。集体意向性对个体意向性起制约作用，具有对个体意向性实施认定和整合的功能。在集体意向性的作用下，委婉语词体现出更新性、时代性和群体性。

4.4　委婉语词的意向性分析框架

在前文中，我们讨论了什么是集体意向性，集体意向性和个体意向性的关系，集体意向性的作用，什么是意向内容、意向态度，二者的作

---

① H. Rawson：*Rawson's Dictionary of Euphemisms and Other Doubletalk*, New York：Crown Publishers, 1995.

用和关系，基于前文的分析和讨论，我们构建出意向性分析框架，如图 4.1 所示：

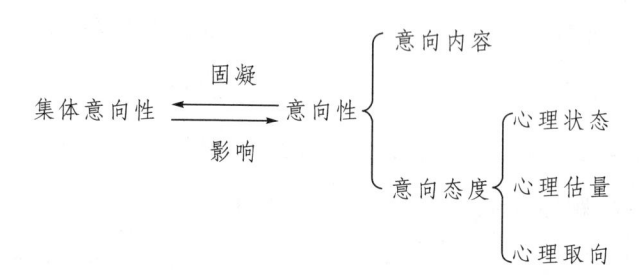

```
                    固凝        ┌ 意向内容
    集体意向性 ⇌ 意向性 ┤              ┌ 心理状态
                    影响        └ 意向态度 ┤ 心理估量
                                        └ 心理取向
```

图 4.1　意向性分析框架

根据以上讨论，我们把意向性分析框架总结如下。

（1）意向性分析包括两个方面，即集体意向性和个体意向性。

（2）在集体意向性的作用下群体形成共同的认知、意图和情感，对委婉对象和委婉语词有认定和整合作用；在集体意向性和社会环境的协同作用下，委婉语词表现出明显的更新性、时代性和群体性。

（3）集体意向性影响个体意向性，具有对个体意向性实施认定和整合的功能；集体意向性来源于个体意向性，一个群体的成员的意向性会凝固为集体意向性，形成成员之间语言活动的基础。个体意向性承担"意义充实"的任务，只有在个体意向性参与下，意义在意向性活动中才能获得实在的形式，使意义具体化。

（4）个体意向性有两个维度，即主体的意向内容和意向态度。

（5）意向内容指主体的意识活动以什么为内容，这样的内容又怎么体现为一定的语言表达方式，是主体定位的基础。在委婉语词的使用中，意向内容就是语言主体注意力所定向的地方，也就是委婉语词所表征的外部事物和事件。

（6）意向态度是主体以什么态度来指向意识活动的内容，是主体在一定的情景和语境中对意向内容所指向的对象产生的心理感受的反映，是主体意向性定位的依据。意向态度可细分为 3 个次范畴：心理状态、心理估量、心理取向。在委婉语词的使用中，主体在害怕、怀疑、希望、意图等心理态度的观照下，将委婉对象置于后于、隐于等心理估量的观照下，在委婉、谐趣、表扬、美化、亲切等心理取向的观照下，选择温和、好听、包容、委婉的语词替代刺耳、冒犯、歧视性、粗直的语词。

（7）意向内容和意向态度具有"纠缠"关系，"纠缠"关系体现为意向内容和意向态度的统一，以及意向内容和意向态度之间的自主-依存关系。相同、相似的意向内容可以从不同的意向态度的角度来识解和表述，同样的意向态度可以识解和表述多个不相同或不相似的意向内容，二者有一项不同，就可能生成不同的委婉语词。

语言主体的意向性分析过程要诉诸一定的意向法则，委婉语词生成过程中的主体意向性法则如下：

（1）P 感知 A，A 成为 P 的意向内容，因而 P 对 A 有某种信念；

（2）P 对 A 具有意向态度 I（如心理状态、心理估量、心理取向）；

（3）P 据 I 找出一定的理由用 B 替代 A。

下面，我们用图 4.1 所示的解释框架对两个委婉语词的生成作具体的意向性分析，所选例句为前例②和⑦：

②夜幕慢慢褪去，他们也悄然离去，他们是一群城市美容师。

⑦I was grateful for that—I've seen enough blacksmithing and candle dipping to last me well into my sunset years.

在例②中，"城市美容师"是扫地工人的委婉表达；例⑦中"sunset years"（迟暮之年）是"old age"（老年）的委婉表达。如果用［A 是 B］形式来概括，例②和⑦可以概括为：

② ［扫地工人是城市美容师］
⑦ ［old age IS sunset years］

试看例②。扫地工作为一种职业由来已久，主要负责街道卫生保洁工作，给人们以干净整洁的工作和生活环境。由于工作时间长，工资较低，基本无安全保障，所以扫地工被认为是一个辛苦且卑微的工种，以前常常被称作"扫大街的"。扫地工又是怎么成为委婉对象的呢？当代社会提倡和谐和包容性发展，倡导社会公平正义，消除人与人、群体与群体之间的歧视，在这样的社会环境和集体意向性的协同作用下，扫地工被认定为委婉对象，由于集体意向性对个体意向性有认定和整合的作用，语言主体也把扫地工认定为委婉对象，在称呼时以相应的意向态度处理。语言主体用"城市美容师"替代扫地工的意向法则是这样的：外部事物经过主体（P）分配注意、进行选择和定向的意识活动，选择了"扫地工人"（A）为意向内容，这时主体会对"扫地工人"（A）（实指对象）有一定的意向态度，包括主体在希望、意图等心理态度的观照下；将"扫地工人"（A）置于后于、隐于等心理估量的观照下；在正面、表扬、美化等心理取向的观照下，选择"城市美容师"（B）替代"扫地工人"（A）。

在例⑦中，"old age"被婉指为"sunset years"。首先，在英语国家里，由于大多数老人都是独居，不跟自己的子女住在一起，所以常常因疏于照顾生活境遇不如以前。在这样的社会环境和集体意向性的协同作用下，"old age"被认定为委婉对象，在集体意向性对个体意向性的认定和整合作用下，语言主体也视"old age"为委婉对象，在提及或表述时会以相应的意向态度处理。语言主体用"sunset years"替代"old age"的意向法则是这样的：外部事物经过主体（P）分配注意、进行选择和定向的意识活动，选择了"old age"（A）作为意向内容，语言主体会对"old age"（A）有一定的意向态度，包括主体在希望、意图等心理态度的观照下；将"old age"（A）置于后于、隐于等心理估量的观照下；在委婉、表扬、美化等心理取向的观照下，选择"sunset years"（B）替代"old age"（A）。

综上，我们通过意向性分析框架对意向性在委婉语词发生过程中的"统领"作用作了详细说明。扫地工人可以用委婉语词"城市美容师"来替代，也可用"马路天使"来替代；"old age"可以婉称为"sunset years"，也可以婉称为"blue hair"，都是意向内容和意向态度"纠缠"作用的结果。但是，在 B 替代 A 的过程中，语言主体的具体的意识过程如何？主体意识过程又体现什么状态和性质？下一小节我们将围绕事件和用例事件作进一步说明。

4.5　事件与用例事件

事件泛指外部世界中出现的一切事件，用例事件指语言主体用来表征外部事件的特定的表达式，在主体意向性作用下，事件转换成语言形态的用例事件。本小节将对在意向性作用下从事件到用例事件的过程做出详细说明。意向性是意识的本质和根本特征，因此有必要先对意识的两个层次以及语言同意识的两个层次的体验的关系做出说明。

4.5.1　原初意识与反思意识

意识是人与生俱来的能力，指"对环境中的事件或刺激以及对诸如记忆、思维和整体感觉等认知现象的觉知"①。可以看出,意识是从感觉到感受的心理过程,有两个层次不同的体验。首先,主体通过眼、耳、鼻、舌、身等感觉器官感知外部事件的种种物理信息,并形成大脑中的映像。这时的意识是一种原初状态的体验,称为原初意识(primary consciousness)。原初意识是意识的各种主观的感觉内容,包括感觉、知觉和心理意象等,如人们对蓝色的体验、对鸟鸣的体验、对疼痛的体验等。原初意识是主体进行下一步思维的基础,即在感觉经验的基础上进行反思,获得感受。大脑的认知功能会对获得的感觉体验进行处理,在原初意识上进行反思和扩展,称为反思意识(reflective consciousness),如通过回忆、联想和想象所呈现出来的相关意象。

在心智哲学的研究中,众多学者都对意识的两个层次的体验进行了讨论和分析,不同的学者从不同的角度来认识这两个层次,用不同的命名来概括这两个层次,但都大体相似。达马西奥(Damasio)把意识区分为核心意识(core consciousness)和扩展意识(extended consciousness)②,认为核心意识是一种简单的生物学现象,是大脑神经结构作用下生物体能对环境产生反应的觉知,扩展意识是在核心意识的基础上依赖记忆和语言建立的更高一级更复杂的大脑的能力;布洛克(N. Block)把意识区分为现象意识(phenomenal consciousness 或 P-consciousness)和获得意识(access consciousness 或 A-consciousness)③,现象意识是未经加工的、原初的经验,获得意识是经过一定加工后的并

---

① 罗伯特·索尔所等:《认知心理学》,邵志芳等译,上海:上海人民出版社,2008年,第475页。
② A. Damasio: *The Feeling of What Happens: Body, Emotion and the Making of Consciousness*, New York: Harcourt Press, 1999, pp. 315 – 316.
③ N. Block: "On a Confusion About a Function of Consciousness", in N. Block, O. Flanagan, G. Guzeldere, eds., *The Nature of Consciousness: Philosophical Debate*, Cambridge, MA: MIT Press, 1999, pp. 374 – 415.

可以为语言所提取的意识;埃德尔曼和托诺尼(Edelman & Tononi)则将其区分为初级意识(primary consciousness)和高级意识(high-order consciousness)①,初级意识是包括感觉、知觉的简单意识,高级意识包括反思、抽象思维、意志力等高级意识活动。这些不同的命名反映出学者所关注的意识动态发展过程中的不同重点和特点。

虽然命名不同,但学者们都注意到意识的两个不同层次及其动态发展过程。在我们的研究中,原初意识是主体对外部世界形成的感官映像,反思意识是在记忆和语言等能力的帮助下,通过回忆、联系和想象所呈现出来的意象,这些意象是通过对沉淀在记忆中的意象进行体验得到的。② 对主体体验而言,二者分别对应原初意识体验和反思意识体验。例如,在 T_1 时刻,主体的意识体验 CE_1 是:我正看着窗前金黄的银杏树。这里 T 表示时间(time),C 表示意识(consciousness),E 表示事件(event)。我们把主体在 T_1 时刻的意识体验 CE_1 称为原初意识体验。在 T_2 时刻,主体的意识体验 CE_2 是:我正想着我刚才在看窗前金黄的银杏树。我们把主体在 T_2 时刻的意识体验 CE_2 称为反思意识体验,它是在 T_2 时刻把原初意识体验 CE_1 当作体验内容的体验。

下面,我们具体讨论语言运用与两个意识层次的体验。心智哲学视角下的语言研究有一项假设:"感知觉信息的表达是语言运用的前提和基础"③,也就是以主体的眼、耳、鼻、舌、身等感觉器官获得的信息是语言表达信息的基础。这样的信息基础不是语言表达信息的全部内容,语言表达的内容往往同主体对内外事物的感受有关。我们结合意识的两个层次的体验具体分析如下:首先,语言主体通过感觉器官获得对

---

① G. M. Edelman, G. Tononi: *A Universe of Consciousness: How Matter Becomes Imagination*, New York: Basic Books, 2000.
② 李恒威:《意识、觉知与反思》,《哲学研究》,2011(4),第 95 - 102 页。
③ 徐盛桓:《语言研究的心智哲学视角——"心智哲学与语言研究"之五》,《河南大学学报(社会科学版)》,2011(4),第 5 页。

外部事物/事件 O 的感觉信息，包括视觉、听觉、嗅觉、味觉、触觉等信息，形成原初意识体验 CE_1，并以意象的形式储存于大脑；当主体遭遇另一事物/事件 O′时，通过反思（回忆、联想、想象等）将沉淀在记忆中的 CE_1 的意象同 O′的特定属性和特征关联起来，形成对 O′的反思意识体验。我们以苏格兰诗人罗伯特·彭斯（Robert Burns）的名句"My love is like a red red rose"为例具体说明。首先，诗人有对 O（red rose/红玫瑰）的原初意识体验 CE_1，将其颜色、形状、气味等特征以意象形式储存于大脑记忆中，包括艳丽的色彩、娇艳多姿的形态、芳香的气味等。当诗人遇到 O′（my love/心爱的姑娘）时，通过回忆、联想、想象将对玫瑰花的 CE_1 与心爱的姑娘的感知关联起来形成 CE_2。最后，诗人将这一体验内容用语言符号表征出来，就得到诗句"My love is like a red red rose"。语言生成过程中，从原初意识到反思意识的体验过程如图 4.2 所示：

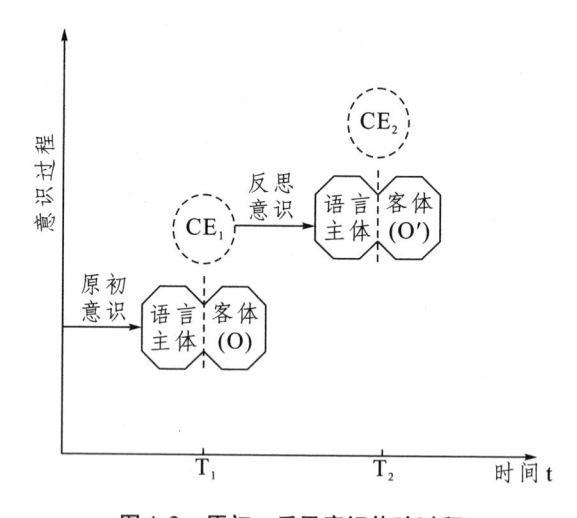

图 4.2　原初－反思意识体验过程

如图 4.2 所示，在原初意识的作用下，语言主体获得对客体 O 的感觉信息，形成原初意识体验 CE_1；在反思意识的作用下，语言主体获得 O－O′关联，形成反思意识体验 CE_2；原初意识是反思意识的基础，反思意识是在此基础上的扩展或变异；CE_1 与 CE_2 有时间差，T_1 是主体获得感觉信息的时刻，T_2 是主体形成感受的时刻，CE_2 是以 CE_1 储存在记忆中的意象为基础形成的。图中实线表示客观存在，虚线表示虚拟存在，箭头表示作用于。O-O′关联建立的基础是两个事物在来源、构成、结果、特征、属性或作用、功能等内涵特征方面有相邻或相似关系。关于 O-O′关联基础我们将在第六章详述。这样，语言主体的意识过程是从原初意识到反思意识的动态发展过程，分别包括原初意识体验和反思意识体验，反思意识体验内容为语言所表征，外化为语言表达式。

委婉语词的表达也同样反映主体的原初－反思意识体验过程。例如，汉语中表示高级妓院的委婉语词有"翠楼""翠馆""红楼""青楼""青楼楚馆""谢馆秦楼""玉楼"等。杜牧《遣怀》"十年一觉扬州梦，赢得青楼薄幸名"，白居易《听崔七妓人筝》"花脸云鬟坐玉楼，十三弦里一时愁"。"青楼""玉楼"原指装饰豪华的高楼、华丽的屋宇、华美的楼房等，后来逐渐发展为婉指妓院。在这类委婉语词生成过程中，语言主体的意识活动用原初－反思意识体验过程可作如下简述：首先，语言主体通过感官获得对高级妓院（O）的外部物理信息即主体的感觉，形成原初意识体验 CE_1，如高级妓院的外观、颜色、装潢，以及出入妓院的人的奢华生活等，这些原初意识体验以意象的形式储存于主体的大脑中；然后，主体通过反思，即回忆、联想、想象，把沉淀在记忆中的对华美楼房的感知与妓院联系起来，获得 O-O′关联，形成反思意识体验 CE_2。中国古代的高级妓院是达官贵人、文人墨客经常光顾之地，往往在城市闹中取静之处，其外观大多豪华精致，青漆高楼，红漆大门，因此高级妓院的一些物理特征和属性同豪门高户的院落的特征有很多相似之处，在反思的作用下两者产生了关联，进而形成有关高级妓院的反思意识体验，最后在涌现作用下表征为外部语言形式，如

"青楼""红楼"等。

我们再来看前例"城市美容师"。语言主体首先通过感官活动获得对扫地工人（O）的原初意识体验 CE_1，扫地工人在城市的大街小巷清扫街道，让城市街道变得干净整洁。这些信息以意象的形式储存于主体的大脑中；之后，主体通过回忆、联想和想象，把沉淀在记忆中对扫地工人的感知与美容师联系起来，在原初意识体验 CE_1 的基础上扩展和变异，并在 O-O′关联的基础上形成对扫地工人的反思意识体验 CE_2。O-O′关联的建立是因为扫地工人和美容师在功能和作用方面有相似性，扫地工人让城市街道变干净整洁，美容师让人的面貌变得干净和漂亮。

本节我们解析了委婉语词的生成与主体意识的两个层次体验。在委婉语词的生成过程中，主体意识分别经过原初意识和反思意识两个阶段，分别对应主体的原初意识体验和反思意识体验，委婉语词就是以意象为形式的反思意识体验内容外化为语言表征的结果。

4.5.2 事件与用例事件

这里的事件泛指客观世界中的一切自然界和人类社会发生的自在的事件。用例事件是兰盖克（R. W. Langacker）在 20 世纪 80 年代提出的概念，指"说话人在特定的环境为特定的目的而组装起来的象征性表达式，这一象征关系是详细的、依赖语境的概念化与某种类型的语音结构的配对"[①]，我们沿用兰盖克对用例事件的定义，即语言主体在特定的情景中使用特定的表达式所表示的事件。

在继续讨论之前，我们还应进一步解析用例事件。用例事件有两种形态——前语言形态和语言形态。前语言形态用例事件指在特定语境中

[①] R. W. Langacker: *Foundations of Cognitive Grammar, Volume 1, Theoretical Prerequisites*, Stanford: Stanford University Press, 1987, p.66.

出于特定目的，语言主体在大脑中将外部事件构建为一个用例事件；语言形态用例事件是将前语言形态的用例事件语码化后得到的各种语言表达式。前语言形态的用例事件是主体大脑中的意象，语言形态的用例事件是将这些意象用语言符号固化下来的语言表达式，前者是虚拟的，后者是实在的。大脑意象语码化过程是"表象"（imagen）到"语象"（logogen）的过程[1]，是把通过回忆、联想、想象所呈现的意象外化为语言形式的过程。例如，在面对离别事件时，人们的表达方式会有所不同。如"劝君更尽一杯酒，西出阳关无故人"（王维《送元二使安西》），"请君试问东流水，别意与之谁短长"（李白《金陵酒肆留别》），"一看肠一断，好去莫回头"（白居易《南浦别》）。这些表达都是对外部事件（离别）的具体用例，是语言形态的用例事件，是根据大脑中沉淀的对离别的意象构建起来的前语言形态的用例事件语言表征的结果。在下面的论述中，我们对两种形态的用例事件不作严格的区分，在需要说明两者差异时，以"用例"指代语言形式的用例事件。

主体形成的用例事件是主体在感知外部事件的基础上形成的主体"我"的感受。具体而言，一方面，用例事件的构建依赖于外部事件，没有外部事件，没有主体对外部事件的感觉信息，就不可能形成用例事件；另一方面，主体"我"的感受的形成，是主体在时间、空间等外部因素和生理、心理等内部因素的影响和制约下对事件做出的认识和识解。[2] 不同的认识和识解的方式会构建不同的用例事件，也就有不同的语言表达式，因而用例事件呈现出多样性的特点。

---

[1] A. Paivio: "The Relation Between Verbal and Perceptual Code", in Edward C. Carterette, Morton P. Friedman, eds., *Handbook of Perception*, Vol. 8, New York: Academic Press, 1978, pp. 375 - 397.
[2] 徐盛桓：《从"事件"到"用例事件"——从意识的涌现看句子表达式雏形的形成》，《河南大学学报（社会科学版）》，2012（4），第137 - 144页。

4.5.2.1 委婉语词的事件依赖性

一般认为,事件是指事物存在的状态及其行为变化发展的过程。具体到委婉语词的研究中,事件是存在于自然或社会中的由于某种原因不便直说的事情。如果直言可能会引起他人的恐惧、反感、难堪,或让他人觉得被冒犯或受到歧视,如生病、死亡、性爱、排泄、战争、犯错等;用例事件是表征不便直言事件的语言表达式,也就是委婉语词。

事件依赖性是指用例事件是依赖外部事件存在的,语言主体通过感知事件并通过大脑中的意象的方式构建用例事件,映现的图像与事件相关,语码化的用例事件即语言表达式也与事件相关。试看下列诗句:"明月出天山,苍茫云海间"(李白《关山月》)、"一夕瘴烟风卷尽,月明初上浪西楼"(贾岛《寄韩潮州愈》)、"明月松间照,清泉石上流"(王维《山居秋暝》)、"月光恋爱着海洋,海洋恋爱着月光"(刘半农《教我如何不想她》)……无论这些表达式有多么的不同,描写的都是月亮挂在天上这一外部事件,其他相关意象诸如山、云、树、楼、泉、海等都是围绕月亮挂在天上这个事件构建成为不同的映像图像。然而,由于受到时间空间因素的影响,以及运用语言的生理、心理条件的限制,人们用语言表达时,不能把看到、听到、触摸到、感受到的一切都全部表达出来,同时,"语言的运用会受语言成为系统后所形成的'编码限制'的制约"①,因而就有关于同一外部事件的千差万别而又万变不离其宗的语言表达式。

委婉语词具有事件依赖性,也就是说,委婉语词的表达离不开事件本身,是主体感知外部事件并通过大脑中的意象的方式构建的用例事件。也可以这样理解,用例事件是主体反思意识的结果,反思性的意识

---

① 徐盛桓:《从"事件"到"用例事件"——从意识的涌现看句子表达式雏形的形成》,《河南大学学报(社会科学版)》,2012(4),第137-144页。

体验是在一定的外部刺激下形成的，离开了外部事件的刺激就不会有这样的反思。我们以性爱为例具体说明。性爱作为一个事件就包括人物、地点、时间、状态、方式、过程、结果等要素，作为用例事件的委婉语词总是和性爱的一个或多个事件要素相关。涉及事件人物的委婉语词有"男女""阴阳""夫妻生活"等；涉及事件地点的委婉语词有"房室之事""衾枕之乐""枕席之欢""花前月下"等；涉及事件时间的有"夜月花朝""风月"等；涉及事件状态和过程的有"吹灯""颠鸾倒凤""朝云暮雨""侍寝"等；涉及事件结果的有"破瓜""破体"等。由此可见，与事件的不同要素相关就会构建出不同的用例事件，也就有不同的委婉语词；用例事件跟外部事件的哪些要素相关，是主体意向性定向作用下选择的结果，前文已有详述。同样，英语中有关"intercourse"的委婉语词也有类似表达。如 "conjugal relations"（本义：夫妻关系），"conjugal visit"（本义：夫妻见面），"marital duty"（本义：夫妻义务）跟事件的人物相关；"to be in bed"（本义：躺在床上），"go to bed with"（本义：与人共寝）涉及事件的地点；"funch"（fuck at lunch time, 本义：午餐时性交），"night work"（本义：夜班活儿），"larks in the night"（本义：夜间之乐）涉及事件的时间；"to career"（本义：抚摸、爱抚），"to jump"（本义：跳跃），"to get it on"（本义：来劲、兴奋起来），"The bee is in the hive"（本义：蜜蜂在巢）涉及事件的状态和过程；"consummation"（本义：完成、成就），"gratification"（本义：心满意足）涉及事件的结果。可见，对同一个出于特定原因不便直说的事件，中英文都有相似的委婉语词，这就体现了委婉语词的事件依赖性，用例事件要依赖于主体感知到的外部事件，不存在凭空出现的委婉语词。

值得注意的是，委婉语词除了事件往往还涉及人和事物，如有关老人、职业、弱势群体、疾病、身体部位、金钱的委婉语词。从词类上讲，这类语词大多是名词性的，表面上看并不涉及事件，如前文举例"扫地工—城市美容师""old age—sunset years"，那么这类名词性的委婉语词又怎么会具有事件性呢？

徐盛桓（2001）提出"名动互含"假说来说明名转动、动转名的语义基础。"名动互含"是指在语义上"名词的语义内容包含有动作的语义成分，同样，动词的语义内容也含有表事物的语义成分"①。也就是说，名词和动词的语义内容是相辅相成的，是相互包含的。一般来说，名词指称人或外界事物，人或事物的特征的展示和功能的实现都离不开一定的动作，人/事物的特征和功能要在一定的动作发生之后才能显现，是某类动作的结果，简而言之，人/事物隐含了动作过程。如"孤儿"是父母去世的结果，"寡妇"是丈夫去世的结果，"家庭"是以婚姻形式组合的结果，"早餐"是烹饪的结果。一类名词总是隐含一类动作。例如，"bread"（面包）的释义是"baked dough made from flour usu. leavened with yeast and moistened, eaten as a staple food"（*The Concise Oxford Dictionary*, 9th ed.），那么面包必然是"bake"之后产生的结果，面包一词就隐含了"bake"一类的动作，因而"bread"就包含表这一类动作的语义成分。"男孩"的释义是"从出生到青春期的男性"，那么"男孩"就是生长之后的结果，这个词就隐含了生长一类的动作，因此"男孩"就包含表生长这类动作的语义成分。"名动互含"假说摆脱了传统词类研究的局限，为分析语言运用中的心理过程提供了一种新的视角。

那么我们再来看名词性委婉语词的事件依赖性。前例"扫地工—城市美容师"中，"城市美容师"是主体依赖"扫地工"构建的用例事件。"扫地工"作为一类工种的称谓词，其语义内容包含扫地这类工种

---

① 徐盛桓:《名动转用的语义基础》,《外国语》,2001（1）,第15-23页。

的特征和功能，蕴含一系列事件要素：某人（人物）、清晨或白天的任何时刻（时间）、在城市街道上或其他公共城市区域（地点）、用扫帚（方式）、扫除城市垃圾（过程）、让城市更干净整洁（结果）。这些事件要素以意象的形式储存在主体的大脑里并构建为用例事件。"城市美容师"就是依赖扫地事件生成的一个具体的用例，依赖的触点就是扫地事件的结果——让城市更干净整洁。在"old age—sunset years"中，"sunset years"是主体依赖"old age"构建的用例事件。"old age"意指人生过程的最后一个阶段，其语义内容包含人生的发展进程这类事件的特征和功能，发展事件的显著特点就是时间的延展性，包括起点和过程中的各个节点以及终点，主体把这类事件的感觉信息储存于大脑并构建为用例事件，"sunset years"就是依赖于人生进程事件而生成的一个具体的语言用例。

4.5.2.2 用例事件与委婉语词表达的多样性

如前文所述，用例事件就是主体以对某一事件的感觉信息的记忆作为基础，反思成为该事件一个全新的意象，并在当下语境中对该事件进行映现形成合适的"用例"。将用例事件在大脑里的意象外化为语言符号，这就成为语言对该事件的表达式。在委婉语词的研究中，事件存在于自然或社会中，出于特定原因不便直言，如果直言则可能会引起他人的恐惧、反感、难堪，或让他人觉得被冒犯或受到歧视；用例事件表征不便直言事件的语言表达式，也就是委婉语词。委婉语词的生成依赖于外部事件，没有外部事件的刺激就没有反思为用例事件的基础，我们在上一小节已作详细讨论。由于反思是主体通过记忆、联想和想象形成的意象，因此用例事件具有明显的主观构建性，同时也具有多样性。也就是说，由于主观构建的差异性，处理同一外部事件，不同的语言主体会有不同的"用例"，并语码化为不同的委婉语词。

用例事件具有主观构建性，是主体"我"的感受的形成，但这种

"我"的感受不是任意性的，要受时间、空间等外部因素和生理、心理等内部因素的影响和制约。在这些因素的制约下，主体对同一事件会有不同的认识和识解方式，不同的认识和识解方式会构建不同的用例事件。前例中有关性爱的委婉语词有很多，如"男女""阴阳""夫妻生活""房室之事""衾枕之乐""枕席之欢""花前月下""夜月花朝""风月""吹灯""颠鸾倒凤""朝云暮雨""侍寝""破瓜""破体"等。这些委婉语词的生成是主体在时空因素和生理、心理因素的影响和制约下，在意向性的作用下，定向和选择人物、地点、时间、状态、方式、过程、结果等不同的事件要素，对它们进行识解而构成的不同的用例事件。委婉语词的多样性就表现为对同一事件不同的语言主体有不同的语言表达式。

我们再回顾前例"扫地工—城市美容师"和"扫地工—马路天使"。至此，我们可以回答在前文中提出的问题：为什么"扫地工"既可以婉称为"城市美容师"，也可以婉称为"马路天使"？"城市美容师"和"马路天使"都是主体在获得扫地工的感觉信息的基础上，通过反思形成的用例事件。根据"名动互含"假说，"扫地工"实际隐含"扫地"这个事件，"扫地"作为一个事件，包括人物、地点、时间、方式、过程、结果等事件要素。扫地事件的要素如图4.3所示：

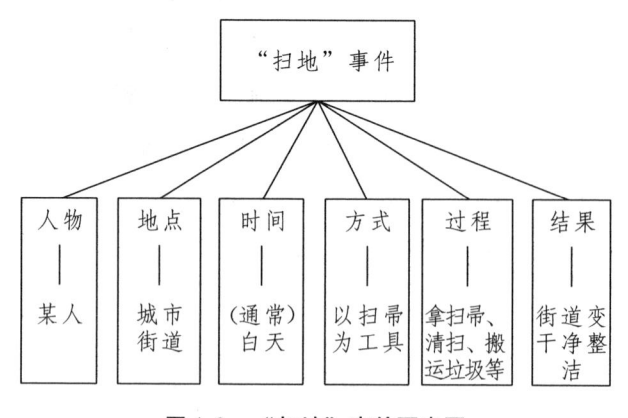

```
                  "扫地"事件
        ┌─────┬─────┬─────┼─────┬─────┐
       人物   地点   时间   方式   过程   结果
        │     │     │     │     │     │
       某人  城市  （通常） 以扫帚 拿扫帚、 街道变
            街道   白天   为工具 清扫、搬 干净整
                                运垃圾等  洁
```

图4.3 "扫地"事件要素图

首先，语言主体通过感官获得关于"扫地"（外部事件）的感觉信息，感觉信息包括事件要素的各方面，并以意象的形式储存于大脑中。然后，主体在意向性作用下对储存于大脑中的关于"扫地"事件的意象进行定位和选择，被定位的信息就会得到格外的关注。意向定位在扫地事件的结果，那么扫地事件的结果诸如让街道更干净整洁、让城市更美丽等就会作为定位信息被筛选和提取出来，这些被筛选和提取出来的信息会在意向性作用下被进一步处理，通过反思，即记忆、联想和想象，建立"扫地工"和"美容师"的关联，并获得有关"城市美容师"的反思意识体验，沉淀为大脑中的一个用例事件，反思意识的结果为语言符号所承载，外化为实际语言运用中的一个用例——"城市美容师"。如果意向同时定位在扫地事件的地点和结果，那么扫地事件的地点（城市街道）和结果（让街道更干净整洁、让城市更美丽）就会作为定位信息被筛选和提取出来，同样是通过记忆、联想和想象，获得新的有关"马路天使"的反思意识体验，最后语码化为实际语言运用中的一个用例——"马路天使"。由此，对待同一事件，不同的语言主体有不同的表达式。一方面，用例事件依赖外部事件而形成，没有外部事件就不可能形成用例事件。如果没有语言主体对"扫地工"的感知，没有主体对"扫地工"的感觉信息的记忆，就没有"城市美容师""马路天使"等委婉语词形成的基础。另一方面，用例事件具有多样性，主体在时空因素和生理、心理因素制约下，在意向性的定向作用下，选择事件的不同要素，经过回忆、联想和想象，反思形成不同的用例事件。

4.5.3 事件－用例事件过程

从前面的讨论可以看出，从事件到用例事件是一个动态的意识过程。从前一小节有关原初意识和反思意识的讨论中，可以更清楚地解释从事件到用例事件语言主体的动态的、发展的意识过程。意向性贯穿在事件到用例事件的过程中，在意向性的定向和选择作用下，主体将事件构建为用例事件。事件到用例事件的过程如图4.4所示：

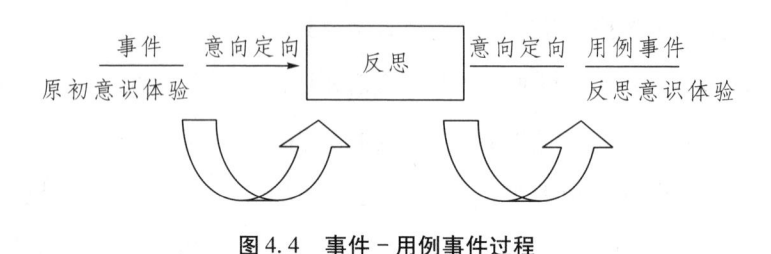

事件　意向定向　反思　意向定向　用例事件
原初意识体验　　　　　　　　　　反思意识体验

图4.4　事件－用例事件过程

根据图4.4，我们把委婉语词从事件到用例事件的过程总结如下。

（1）在委婉语词的研究中，事件是存在于自然或社会中的由于某种原因不便直说的事件，如果直言可能会引起他人的恐惧、反感、难堪，或让他人觉得被冒犯或受到歧视。用例事件是表征不便直言事件的语言表达式，也就是委婉语词。

（2）语言主体在感官（眼、耳、鼻、舌、身）作用下形成对出于特定原因不便直说的外部事件的感觉，也就是主体对该事件的原初意识体验，并以意象的形式储存于大脑中。

（3）主体在意向性作用下对储存于大脑中的关于事件的意象进行定位和选择，把注意力分配在事件的某一要素，并对定向信息进行筛选和提取。

（4）主体对定向信息进行反思，获得反思意识体验。反思就是主体在自己当下和/或过往的记忆的基础上，对感觉到的事件进行格式塔转换式的联想和想象，从而产生对事件的感受，即反思意识体验。

（5）联想和想象是在主体意向性作用下形成的事件－用例事件的关联。

（6）反思意识体验是前语言形态的用例事件，这种形态的用例事件为语言符号所承载，就表征为委婉语词。

（7）从事件到用例事件的各个阶段并无明显的界限，主体对一个事件的感觉意识到对一个用例事件的感受意识过程是一个涌现（emergence）的过程，在图4.4中用大弯箭头表示。涌现是复杂系统由低级向高级演变过程中的属性，具有非加和性的特点。我们将在第五章对涌现属性与委婉语词的生成作详细讨论。

本章我们对意向性在委婉语词生成过程中的统领作用作了详细说明。一次委婉语词的使用从主体的意向性开始，主体的意向性将其注意力集中在某个出于特定原因不便直言的外部对象；主体选择B（委婉语词）来替代A（实指）是在意向内容和意向态度的"纠缠"作用下完成的，意向内容决定主体意向性定位的基础，委婉语词所表达的意向内容是忌讳的、粗俗的、不雅的、不礼貌的、冒犯别人的事物或事件，在委婉的、亲切的、表扬的、美化的、正面的意向态度作用下，主体选择B替代A。选择B替代A的主体意识过程是以主体对事件（委婉对象）的感知为基础，反思成为对这个事件的全新的意象，涌现为用例事件，用例事件外化为语言符号就是委婉语词。在集体意向性作用下，委婉语词表现出群体性、时代性和更新性。

在意向性作用下语言主体是对什么做出的选择？在第五章我们将围绕心-物随附性作详尽解释。

5 随附性与委婉语词

从前面的讨论我们知道，在委婉语词的发生过程中，意向性对委婉对象和所采取的态度作了定向。也就是说，主体意向性既对态度做出选择，又对作为外部事件的委婉对象做出选择。要对委婉语词的发生过程作完整的描述，除了对主体意向性的定位和选择做出解释，还需要对作为客体的委婉对象的属性进行分析说明。委婉语词的发生涉及外部事物/事件（委婉对象）本身的物理属性，一个事件的物理属性包括多个方面，选择不同的方面就会在主体心理引发不同的心理感受。本章我们将围绕属性二元论和心－物随附性进行讨论，解析委婉对象的物理属性和心理属性以及心－物随附性在委婉语词发生过程中的作用。

5.1 心－物随附性简述

简而言之，心－物随附性是指事物/事件的心理属性在一定程度上依赖于其物理属性，但又有一定的自主性。在解析心－物随附性在委婉语词替代过程中的作用前，我们对属性二元论和心－物随附性作简要说明。

5.1.1 属性二元论

身心（body-mind）关系是心智哲学研究的核心问题。对于身心关系，笛卡儿（Descartes）最著名的学说是"身心二元论"。他认为身、心是完全有别的两种实体，身体是具有广延特征的物质实体，心智不同于物质的实体,具有思维的特征。思维和广延是相互排斥的,广延的实体不能思想,思维的实体不能延展。心智是思维的实体,身体是延展的实体,因此心智有别于身体。尽管身心有别,但它们之间可以相互作用,外部世界通过人的感官作用于心智。莱布尼茨(Leibniz)则坚持"心物平行论",认为身心就好像上帝造的两架十分精确的钟表一样,它们都按自身的规律而又与对方一致,心智中的事件与物质世界中的事件是系统共变的,但两者之间并没有因果关系。尼古拉斯·马勒伯朗士(Nicholas Malebranche)提出的"偶因论"认为,上帝对事件系列的存在及其特征发挥着积极的作用,企图对心智实体和物质实体表面上的相互作用给出一种解释。这些把身-心视为不同实体的二元论在哲学上称作"实体二元论"。"实体二元论"关于心智实体特征的论述有助于我们理解意识活动的一些特征,如思维性、私人性、自由性等。但是,如果把身-心视为两种完全不同的实体,具有完全不同的特征,就意味着在二者之间建立了一道形而上的藩篱,阻碍人们深入理解它们之间是如何相互作用的。

当代心智哲学关于身心关系的讨论更加深入、全面,先后出现了物理主义、功能主义、自然主义、还原论、同一论、取消论、副现象论、属性二元论等观点。其中戴维森(Donald Davison)的属性二元论(property dualism)备受关注。属性二元论认为,世界上只存在一种实体,即物质实体,但是却存在两种区别性的属性,物理属性(physical property)和心理属性(mental property)。心物之间存在因果交互关系,"因果是世界的黏合剂;因果的概念使我们拥有整个宇宙的图景,否则,世界就分裂为心理和物理的双折画(diptych)"[1]。心理事件是物理

---

[1] D. Davison:"Mental Events", in *Essays on Actions and Events*, 2nd edition, Oxford: Clarendon Press, 2001, p.7.

世界的一部分，只有这样，心理事件才能在人的行为中产生物理效果；由于意识的独特属性，心理事件是物理世界的异常（anomaly），因而戴维森把他的属性二元论也称作异常一元论（Anomalous Monism）。①

物理属性是事物自身拥有的属性，可通过观察或实验揭示，包括物质实体的物理的、化学的属性，生命实体还包括其生物属性，一般可以还原为该事物；心理属性指"感知对象在感知主体的心理中呈现出一种（些）什么样的属性"②，也就是实体在人们的心理中呈现出什么样的属性，但它来自事物本身，因此还是事物的属性，能够反映感知主体的心理感受。比如感觉到疼痛，由某物引发的信念、愿望、感情等，一般不能还原为事物本身。当我们用手触碰装满开水的玻璃杯会有"烫"的感受，我们感觉到"烫"，一方面是神经纤维发生的变化，另一方面是杯子遇热升温发烫的物理属性导致产生了这种感觉。

由此，事物除具有自身的物理属性，还具有心理属性，物理属性以不同的方式作用于主体的心理，产生不同的心理感受。从语言运用的角度看，事物的物理属性作用于语言主体的心理，产生不同的心理感受，因而有不同的表达式。同样是"雪景"，可以是"忽如一夜春风来，千树万树梨花开"（岑参《白雪歌送武判官归京》）般惊喜、陶醉的感受，也可以在孤独郁闷的心境下感受为"孤舟蓑笠翁，独钓寒江雪"（柳宗元《江雪》）；可以是"燕山雪花大如席，片片吹落轩辕台"（李白《北风行》）般厚重、气势恢宏的雪，也可以是"江南雪，轻素减云端"（王琪《望江南》）般轻盈、宁静。同样的物理事件"雪景"能够在不同主体的心里产生不同的感受，这是由于不同的主体可能用不同方式的

---

① D. Davison：" Mental Events ", in *Essays on Actions and Events*, 2nd edition, Oxford：Clarendon Press, 2001, pp. 170-183.
② 徐盛桓：《语言研究的心智哲学视角——"心智哲学与语言学研究"之五》，《河南大学学报（社会科学版）》，2011（4），第9页。

概念化实体产生有关实体的不同的心理属性。主体的心理感受是由事物的物理性状产生的，同事物自身的属性不可分。比如谢朗把雪比拟为盐——"撒盐空中差可拟"，而谢道韫把雪比拟为柳絮——"未若柳絮因风起"。虽然盐和柳絮是两种不同的事物，但它们的颜色和性状跟雪相似，当主体看到雪的时候就会产生雪像空中飞舞的盐或柳絮的联想，但雪自身的属性绝不会使主体产生像看到煤块、木炭那样的感受。说到底，事物的心理属性和物理属性之间有着因果关系，心智哲学家称心物之间的这种因果关系为心-物随附性。

5.1.2 心-物随附性

"supervenience"（随附性）一词派生于动词"supervene"（随附），源于拉丁合成词 *supervenirne*，前缀"super"的意思是"附加的""额外的"，"venirne"的意思是"出现""来到""发生"，合在一起的意思是"伴随发生""接着而来""（以意外的形态）续起"（*Webster's New World College Dictionary*，1996）。多数人认为在哲学意义上第一个使用"supervene"一词的是英国涌现进化论者摩根（Lloyd Morgan，1923）。他用"supervene"来刻画涌现属性（emergent properties）与基础属性（base properties）之间的关系，认为涌现属性区别于（distinctive from）基础属性并附加在（additional to）基础属性之上，同时具有不可预测性（arise unpredictably）。[①] 之后，英国道德哲学家哈瑞（R. M. Hare）将该词引入伦理学，讨论抽象道德属性与自然属性之间的非还原关系。

戴维森（Donald Davison）把"随附性"引入当代心智哲学的讨论，以此来解释心理事件和物理事件的关系。心理事件无法脱离脑、身

[①] B. McLaughlin, B. Karen: "supervenience", *The Stanford Encyclopedia of Philosophy*, http://plato.stanford.edu/entries/supervenience/, 2013-07-16.

体和世界，在他看来，心理事件不是独立于物理事件的存在，"从某种意义上，心理特征依赖或随附（supervenient）于物理特征"[1]。他进一步提出三原则。[2] ①互为因果作用原则：所有心理事件在因果上都关联于物理事件。②因果关系的法则性（nomological）原则：有因果性就有法则作用，如果两个事件有因果关系，就会有它们所从属的严格的律则。③心理事件的异常性（anomalism）原则：不存在严格的决定性的心物法则让我们对心理事件做出预测或说明。第一条原则讲到的关联其实就是指物理事件是因，心理事件是果，并可反作用于物理事件；第二条原则中的严格法则是指物理世界中的因果关系是严格的、确定的，要遵守律则原则；第三条原则讲到不存在严格的心物法则，就是说物理事件和心理事件之间的因果关系并不遵循严格的法则，它们之间的因果关系是心理-物理事件之间的随附性。心-物随附性是心理事件对物理事件的既依赖又独立的关系：一方面，心理事件和物理事件具有因果关系，如一个人伸手拿滚烫的杯子这个物理事件引起灼热疼痛感这个心理事件，灼热疼痛感这个心理事件又引起缩手这个物理事件；另一方面，心理事件不完全服从物理事件，具有一定程度的自主性，如在一定条件下（如心里想到杯子价格昂贵，摔坏了可惜），尽管感到灼热疼痛也不缩手，也就是通常所说的自由意志或自主意识。

在戴维森"随附性"概念的基础上，金在权（Jaegwon Kim）进一步区分和定义"弱随附性""强随附性""全体随附性"，并揭示了随附性的逻辑结构。"随附性"的基本含义可以这样表述：

---

[1] D. Davison: "Mental Events", in *Essays on Actions and Events*, 2nd edition, Oxford: Clarendon Press, 2001, p.176.
[2] D. Davison: "Mental Events", in *Essays on Actions and Events*, 2nd edition, Oxford: Clarendon Press, 2001, pp.171-172.

属性集合 A（如心理属性）随附于属性集合 B（如神经属性），当且仅当对于任意的 x 和 y，如果 x 和 y 共有 B 中的所有属性（即关于 B 的不可分辨性），那么 x 和 y 也共有 A 中的所有属性（即关于 A 的不可分辨性）。

A set of properties A (e.g. mental properties) supervenes on a set of properties B (e.g. neutral properties), if and only if any two objects x and y which share all properties in B (are "B-indiscernible") must also share all properties in A (are "A-indiscernible").[①]

从这个定义可以看出，如果属性族 A 随附于属性族 B，那么 B 所包含的属性就是基础属性，A 所包含的属性就是随附属性。戴维森曾把真理的语义学概念与句法学概念之间的关系比作心－物随附性：在一定的意义下，一个句子的真理依赖于其句法属性，但句子的真理不可能根据句法加以定义或还原。[②] 这说明，心理事件和物理事件之间不存在绝对的法则性联系，心理事件对物理事件既服从又具有一定程度的自主性或不确定性。

对语言的表达，心－物这种既依赖又独立的随附性发挥了很大的作用。具体来讲，"是心理事件对物理事件既依赖又独立的心理感受的选择，对由感知对象所激发出来的信念、愿望、情感等进行合尺度的过滤和把握"[③]。心理所依赖的是认知对象的基本物理属性，独立的是在基本属性制约下的调整。试看下面的例子："落尽琼花天不惜，封它梅蕊

---

① 维基百科，"supervenience"，http://en.wikipedia.org/wiki/Supervenience，2013 - 07 - 18.
② D. Davison: "Mental Events", in *Essays on Actions and Events*, 2nd edition, Oxford: Oxford Clarendon Press, 2001, p. 177.
③ 参见徐盛桓：《语言研究的心智哲学视角——"心智哲学与语言学研究"之五》，《河南大学学报（社会科学版）》，2011（4），第 1 - 12 页。

玉无香"（杨万里《观雪》）；"揭起窗屉，从玻璃窗内往外一看，原来不是日光，竟是一夜大雪，下将有一天多了，天上仍是搓棉扯絮一般"（曹雪芹《红楼梦》第四十九回）；"看红装素裹，分外妖娆……山舞银蛇，原驰蜡象……"（毛泽东《沁园春·雪》）；"粉妆玉砌"（成语）。雪是白色的，这是雪的基本属性，是任何主体感受所依赖的，因此我们在话语表达时一般不会把雪比作蓝色或黑色。上例中"琼花""棉絮""素裹""银蛇""蜡象""玉"等有关雪的意象都是基于雪是白色的这一基本属性产生的。但是，对雪的"白"的感受可以在自由意志作用下自由发挥：杨万里看它像洁白的花（"琼花"），曹雪芹觉得它像飞舞的棉和絮（"棉絮"）；毛泽东发现它像白色外衣、像银蛇、像蜡白色的象（"素裹""银蛇""蜡象"），人们把它视为玉（"粉妆玉砌"）。这一切都是依赖认知对象的基本属性，但又在自由意志作用下进行调整的结果。只有这样语言描述才有真实感和新鲜感。真实感源于认知对象的物理特征，新鲜感来自语言主体个体感受的差异。

5.2 委婉语词与心物属性

在上一小节中，我们对属性二元论和心-物随附性作了简述。下面，我们通过该理论来解析委婉语词生成过程中委婉对象的物理属性和心理属性以及心-物属性的随附关系所起的作用，从而说明主体选择什么来实现[A是B]中B对A的替代。

5.2.1 委婉对象的物理属性

前面我们提到，事件/事物的物理属性主要指生物化属性，是事物自身拥有的、必然的、基本的属性，可通过观察或实验揭示出来，一般可以还原为该事物。这些属性也反映为感知主体得到的认识。如水的化学组成是 H_2O，盐的化学组成是 $NaCl$，它们的化学属性为人们所认识。如果某一属性没被人们发现或认识，尽管这一属性可能早已存在，人们也还是不会提。从这个意义上说，事件/事物的物理属性是人们迄今对这事件/事物的基本属性的认识的结果。以死亡为例，它具有的物理属性包括呼吸停止、心脏停止跳动、瞳孔放大并失去光泽、延髓处于深度抑制和功能丧失的状态、各种反射消失、各重要器官的新陈代谢相继停止等。

由此可见，事件/事物有各种各样的物理属性，人们在认识外部世界的过程中，会观察和感知活动对事件/事物的物理属性的认识，并把这种认识以类层级结构的形式储存于大脑中。所谓类层级结构，就是根据人们对事物分类的规约性的认识建立起来的一个既按常规关系又按类属关系分层级的类层级结构；由于常规关系在较高的层次可以抽象为相邻或相似的关系，因此类层级结构可以体现为对事物以相邻和/或相似这两个维度所建立起来的概念类层级系统。事件/事物的物理属性主要包括4个方面：

（1）结构和位置：概念所指称事物所处在事物类层级结构的时空位置；

（2）特征和属性：概念所指称事物的各种特征和属性，包括事物的运动、变化、结构、层次、构成、特征、规律、条件、结果等；

（3）生成和来源：概念所指称事物的始肇、历史、源起、过程、原因、原料、产生地、产生的方式方法等；

（4）功能和作用：概念所指称事物的功能、作用、地位、所要达到的目的、所扮演的角色等。①

---

① 徐盛桓：《"A 是 B"的启示——再谈外延内涵传承说》，《中国外语》，2010（5），第 22-29 页。

委婉对象的物理属性也主要包括以上4个方面，主体对事件/事物的物理属性的选择也基于以上4个方面的选择。我们在第四章讨论委婉语词的事件依赖性时提到，委婉语词的表达离不开事件本身，事件本身就是指事件的可观察、可感知的物理属性。也就是说，语言主体在意向性作用下首先是对委婉对象的物理属性的某一方面进行选择，然后通过回忆、联想、想象等心智过程的加工，形成对某一委婉对象的委婉语词的一次实际用例。仍然以死亡为例。不同的委婉语词反映主体对死亡事件的物理属性的不同方面的选择。"安眠""闭眼""断气""吹灯""归天""归西""裹革""裹尸""陨落""香消玉殒"等委婉语词选择的是死亡事件的特征和属性；"百岁""老了"等选择的是死亡事件物理属性的位置和结构方面，因为人老了或人的年龄到一百岁和人的死亡在人们认识的类层级机构中处于相邻的关系中；"山陵崩""不禄""无禄""不育"等选择的是死亡事件物理属性的功能和作用方面；"吊颈""悬梁""遇难"等选择的是死亡事件物理属性的生成和来源方面中的方式方法。不难看出，在委婉语词的生成过程中，主体在意向性作用下做出的选择首先是对外部事件的物理属性的某一方面的选择。

下面，我们举例具体分析主体对事件/事物的物理属性的选择。

①近段时间以来，日本首相安倍在慰安妇问题上说法一日三变，反复无常，引起亚洲国家的强烈抗议，也沦为国际社会的笑柄。（摘自腾讯话题，http://view.news.qq.com/a/20070406/000004.htm，2013-07-20）

②程莉莎《风雪夜归人》落幕，向往自由的金丝雀。（摘自凤凰网，http://yue.ifeng.com/news/detail_2012_12/25/20508613_0.shtml，2013-07-20）

③C'mon t'daddy little girl. C'mon an' get your nose candy. （R.

W. Holder, *A Dictionary of Euphemisms*, 1995, p. 53)

在例①中,"慰安妇"是替代"军妓"的委婉语词。日本的《广辞苑》对"慰安妇"的解释是"随军到战地部队,安慰过官兵的女人"。而更多的学者将"慰安妇"一词定义为:第二次世界大战期间,被迫为日本军人提供性服务、充当性奴隶的妇女,是日本军队专属的性奴隶。①把军妓婉称为"慰安妇"的确有掩盖日本官兵恶行的嫌疑,韩国政府就曾考虑在官方文件的英文版中把"comfort women"(慰安妇)改为"sex slaves"(性奴隶)。语言的政治性及其争端我们暂不作评价,这里我们只解析"慰安妇"替代"军妓"实现委婉目的这个过程中的心-物关系。如前文所述,一个事件的物理属性包括很多方面,对被迫提供性服务这个事件来说,也包括事件的特征、属性、条件、结果、历史、过程、方式、功能等。在这个事件中,妇女是被摧残的对象,而事件本身也是违反人道主义、违反两性伦理的犯罪行为。语言主体在指称这个特殊女性群体时出于某种目的(可能是尊重受害者,也可能是粉饰日本官兵的罪行),选择了事件物理属性的功能和作用方面:用性行为安慰日本官兵,由此生成委婉语词"慰安妇"。

在例②中,"金丝雀"是旧时达官贵人姨太太的代名词,在当今社会又是"二奶"的代名词,婉指被已婚男人包养的,与已婚男人有婚外性关系的女人。中国内地的"二奶现象"始于20世纪90年代,大批港台人士来内地投资,附带出现不少台商港商在内地养"小老婆"的现象,人们称之为"包二奶"。随后,"包二奶"在内地有钱人中也不少见,给社会风气和道德伦理带来负面影响。"金丝雀"不管是指代旧时的姨太太还是当代的二奶,它能成为二者的代名词达到委婉的目

---

① 百度百科,"慰安妇",http://baike.baidu.com/view/92658.htm,2013-07-21。

的，首先是由姨太太和二奶共有的某些物理属性决定的。一般来讲，旧时的姨太太和当今的二奶多是年轻、貌美的女性，所以年轻、漂亮是她们共有的基本特征；同时她们在物理属性的生成和来源方面也有相似之处：她们通常住在达官贵人或富商为其购买的居所内，行动自由会受一定的限制。当语言主体描述这样的女性时，出于尊重、顾全她们面子的目的，选择其物理属性中的特征与生成和来源两方面生成委婉语词"金丝雀"。

在例③中，"candy"（糖果）是替代毒品、可卡因、迷幻药方糖等的委婉语词。毒品，不管是可卡因还是迷幻药方糖，都是使人形成瘾癖的药物。吸毒对社会有很大的危害，它摧残吸毒者的身心健康，破坏吸毒者的家庭，同时还会诱发各种违法犯罪活动，扰乱社会治安。毒品作为社会毒瘤，总是以负面的形式存在，人们在提及它时会选择一个委婉的替代词。在此例中替代"毒品"的委婉语词是"candy"，"candy"能替代"毒品"同样是基于毒品本身的某些物理属性。语言主体在提及毒品时，为了达到掩饰的目的，选择了毒品物理属性的功能和作用方面：能给人短暂的满足感和愉悦感，并在此物理属性选择的基础上生成委婉语词"candy"。

附带说说网络热词"轮流发生性关系"，这个表达因某一轮奸案成为网络热词。我们暂不评论这个表达的使用是否公允，但很明显，"轮流发生性关系"替代"轮奸"确实能收到温婉的表达效果。作为一种罪行，轮奸指两个或两个以上男子轮流强奸同一女子。轮奸事件突出的是其物理属性中的始肇：违背他人意愿强行发生。而"轮流发生性关系"却突出其物理属性中的过程：轮流发生性关系。语言主体通过夸大事件物理属性中的某一方面，从而产生不同的心理感受，达到温婉表述以掩盖事件严重性的目的。有网友为了反讽这样的语言现象，仿拟了一系列类似的表达，把杀人叫作"终止对方生长过程"，贩毒叫"兜售有瘾食品",赌博叫"有奖励性娱乐"。

至此,事件/事物的物理属性的特征及其在委婉语词生成过程中的作用可以总结如下。首先,物理属性是事件/事物本身所固有的性质,是必然的、基本的。"物理属性可以作为心理感受的动因连杆(cause nexus)"[1],以不同的方式作用于主体的心理,产生不同的心理感受。委婉语词的生成首先是主体对事件物理属性的某一方面进行选择,主体随之产生一定的心理感受,然后加以语言表述实现的。换言之,委婉对象的物理属性是委婉语词生成的基础。"二奶"的委婉语词可以是"金丝雀",也可以是"笼中鸟",但不大可能是"黑乌鸦""大鲨鱼"等语词,这是由其物理属性决定的。其次,物理属性具有可观察性,人们可以通过感觉器官或仪器设备来对事物的构成、层次、特征、过程、结果、方式等属性进行观察,进而对其规律和特点有所认识。主体对军妓的基本特征有所认识,才能在对其物理属性的认识基础上生成委婉语词"慰安妇"。如果没有对军妓的物理属性的认识,也不可能生成"慰安妇"一词来替代。

5.2.2 委婉语词与心理属性

从前文我们知道,事物除了有自身的物理属性之外,还有其心理属性。心理属性是指感知对象在主体心理呈现出的属性,它源自事物本身还是事物的属性,可以反映主体的心理感受。因此,事物的心理属性是指事物本身的性状、特征等作用于主体而使主体所产生的心理感受,如所引发的信念、愿望、情感等。心理属性虽然由事物引起,但不能还原为事物本身,这时主体的大脑生物过程也同认识事物的物理属性时不一样。试看把扫地工人称作"城市美容师",这里扫地工人被喻为"城市

---

[1] 廖巧云、徐盛桓:《心智怎样计算隐喻》,《外国语》,2012(2),第49页。

美容师",是因为扫地工人通过自己的劳动把城市街道打扫得干净整洁,就像给城市做过"美容"一样。这是扫地事件的结果引发的心理感受,使感知主体产生扫地工人是"城市美容师"的联想,这是它的心理属性。但这样的"城市美容师"不能还原为扫地工人本身,也不能还原为相关的大脑神经过程。"城市美容师"替代扫地工人是意义所发生的格式塔转换。

"心理属性"的说法援引自戴维森的用法。委婉对象所涉及的事物/事件有它的物理属性和特征。物理属性可以作为心理感受的动因连杆,以不同的方式作用于人的心理,产生不同的心理感受。委婉语词的生成就是以事物/事件的物理属性为主导,通过心物动因连杆产生心理感受,并外化为语言符号而实现的。如扫地工人的属性和特征让主体产生"城市美容师"的心理感受,卖淫女的物理属性会让主体产生"流莺""楼凤"的心理感受,老年人谈恋爱的某些特点让主体产生"黄昏恋"的心理感受等。这样的心理感受是事物的物理属性主导产生的,反映在主体的体验、心理感受和行动上。这样的心理感受是同物理特征不可分割的事物的心理特征,是事物属性的一部分。这样,事物就具有双属性,即物理属性和心理属性。

20世纪30年代,美国哲学家刘易斯(Clarence Irving Lewis)对类似心理属性的特征进行了专门研究,称之为"感受质"(qualia)。"qualia"一词国内学者译法不同,有"感受性质"(高新民,2000;吴小华,2004;刘毅,2005)、"感受性"(李恒威,2006;周晓亮,2008),指一种心理状态或事件的感受性质,是心理状态的一种经验的、可感受的质。1929年,刘易斯在其著作《心灵与世界秩序》(*Mind and the World Order*)中论述感觉对象在"我"的意识中"呈现"(presentation)时,阐述了"感受质"的问题。他写道:"所与物(the given)具有可识别的质的特征。这些特征在不同的经验中重复,因而是普遍的。我把这种特征称作'感受质'。尽管感受质是普遍存在的，但由于它被不同的经验识别，所以感受质又一定不同于物质的属性。"①由此可见，感受质是事物本身所体现出来的一种"质"，主体通过感官获得对事物的感觉知觉信息，反映为主体在感受过程中对感知对象的某种独特的"像什么"的主观感受。比如"红"颜色或"头痛"给主体的主观感受就是"红"颜色或"头痛"的感受质。这里的感受质同戴维森提出的"心理属性"相似，即主体的这种"像什么"的主观感受，可以反映为主体的信念、感受、愿望、情感等，成为"心理属性"。这种属性不能还原为事物的物理属性，这种感受也同主体感受物理事件是大脑神经的生理过程不一样。

委婉语词本质上反映的就是这种属性，表征事物的感受质对主体引发的心理状态，包括信念、感受、愿望、情感等心理属性。下面我们将结合心理属性的特征讨论委婉语词在生成过程中是如何反映这样的心理属性的。

（1）心理属性具有可感受性。可感受性是指人们可以通过眼、耳、鼻、舌、身等感觉器官获得对外部事物的感受，进而感知和理解。这不同于物理属性的可观察性，人们可通过感官或仪器设备观察事物的性状、结构、层次、位置、过程、结果等特征。感受性就是前文所说的主体的"像什么"的主观感受。内格尔（Thomas Negal）曾讨论过"成为一只蝙蝠可能会是什么样子"（What is it like to be a bat）。他认为蝙蝠的内在神经生理学构造使得其能通过声呐或回声探测目标物；虽然人类可以仿拟蝙蝠的生理构造仿制声呐仪器探测目标物，但仍然无法得到一只蝙蝠的真正感受。② 也就是说，心理属性是从第一人称的角度感受到

---

① C. I. Lewis：*Mind and the World Order*，New York：Charles Scribner's Sons，1929，p. 121.
② 托马斯·内格尔：《作为一只蝙蝠可能是什么样子》，载高新民、储昭华主编，《心灵哲学》，北京：商务印书馆，2008年，第105-122页。

的心理状态。在委婉语词的研究中，委婉语词所表征的可感受性就是在特定的环境中，主体感知到委婉对象的某种属性后引发的心理状态。"白璧微瑕"一词本义是"白玉璧上有小疵斑"，意为美中不足，婉指他人的作品等存在一些缺陷。① 面对他人/他物存在缺陷这个事件，主体心中会产生一定的心理感受，即主体在感受过程中对此事件的一种"像什么"的主观感受：一个好人或好的作品存在小瑕疵，就像洁白的玉上有小斑点，这样的主观感受外化为语言表达式就是委婉语词"白璧微瑕"。在这个过程中，"白璧微瑕"是"存在一些缺陷"这个外部事件的心理属性，可以通过主体的主观感受体现出来，具有可感受性。

（2）心理属性具有不可还原性。主体的"像什么"的主观感受不能还原为触发这种感受的事物的原来的状态和性状。心理属性不同于物理属性，物理属性一般具有还原性，如根据化学分子式 CO_2，我们可以将一个二氧化碳分子还原为一个碳原子核、两个氧原子，而"像什么"的主观感受不能像物理属性一样还原为其构成成分。"白璧微瑕"所反映的像洁白的玉上有小斑点的感受不能还原为"存在一些缺陷"这一事件的结构、层次、性状、性能、结构等构成要素；"城市美容师"所反映的像美容师给城市做美容的感受也不能还原为"扫地"事件的各个构成要素。说到底，心理属性不可还原是因为心理属性的本质是一种涌现属性，主体所感受到的是一种涌现的新"质"，我们将在本章的 5.4 一节进一步解析。

（3）心理属性具有相对普遍性。首先，心理属性具有一定的普遍性，"在一定范围内成为形成产生感受的心理内核"②。在委婉语词的研究中，一个委婉对象具有多种物理属性，而某一特定的物理属性会在不

---

① 张拱贵：《汉语委婉语词典》，北京：北京语言文化大学出版社，1996年，第227页。
② 徐盛桓：《"移就"为什么可能》，《外语教学与研究》，2011（3），第328页。

同的主体心中产生相似的心理感受，反映出相似的心理属性。如作为事件，委婉对象"死亡"的状态是躺下、静止不动。这一属性在不同主体心中引发相似的心理感受，因此，汉语的有关死亡的委婉语词有"安眠""安息""长眠""长寝""沉眠""寿终正寝""躺""睡着了"等。同样，英语中死亡的委婉语词有"asleep""at rest""fall asleep""go to rest""sleep"等，这些英汉语委婉语词有很大的相似性，反映的是死亡事件中的某一物理属性在主体心中引发的相似的心理感受。再如委婉对象"性爱"，作为事件它具有事件发生的常规地点：床，发生地也是事件的物理属性之一。汉语中就有基于这一物理属性所主导的心理感受而产生的委婉语词，如"上床""衾枕之乐""同床""同席""床笫""枕席之欢"等。英语中也有类似的委婉语词如"to be in bed""go to bed with""bed-hopping""bedwork""bedworthy""to be privy to a bed"等。由性爱发生地"床"在主体心中引出相似的心理感受，因此英语和汉语中有反映此心理属性的类似的委婉语词。同一委婉对象在英语和汉语中有相似的表达式，说明心理属性具有一定的普遍性。

其次，心理属性具有普遍性是一个相对的概念。同一物理属性会引发相似的心理感受，但这种相似性有一定的相对性。相对性体现在主体生成委婉语词时会受特定的时间和空间因素影响，也就是说，在不同的社会环境、文化因素和个人情感因素的影响下，同一委婉对象会有不同的委婉语词。汉语中有关妓女的委婉语词有很多，如"粉花""花姑娘""粉团儿""花柳""墙花路草""墙花路柳""闲花野草""烟花""烟花女""院姝""珠娘"，英语中"妓女"的委婉语词也有很多，如"call girl""a fancy girl""hooker""lady of night""lady of pleasure""joy girl""street girl""street walker""scarlet woman""sister-of-mercy"。值得注意的是，这些委婉语词在英汉语中，体现的心理属性有一定差异性。试看下例：

④ "Well, I'm not a cocktail waitress, I'm a hooker, but I guess you sort of knew that."("Village Voice", Jan. 2, 1978；转摘自刘纯豹，《英语委婉语词典》，2002年，第463页)

参考译文："哎，我不是鸡尾酒会的女招待，我是个窑姐儿，不过我想你们也多少知道些了。"

"hooker"是英语俚语，本义是"诱人上钩的女子""勾勾女"，现作为"whore"（妓女）的委婉语词被广泛使用，有较高的接受度，因此妓女们也用它来自指，如例④。汉语中"窑姐"婉指妓女，因为旧时婉称妓院为"窑子"。"窑姐"虽是妓女的委婉表达，但在汉语中一般不会被妓女用来自指。刘纯豹《英语委婉语词典》把"hooker"翻译为"窑姐儿"，虽然两个委婉语词的语义接近但似乎又不能完全替代。汉语"窑姐儿"所反映的主体的心理感受同"hooker"所反映的主体的心理感受是有差异的，不完全等同。再看下例：

⑤ "假如墙花路柳，偶然适兴，无损于事。"（张拱贵，《汉语委婉语词典》，1996年，第108页）

"墙花路柳"本义是"墙边之花，路边之柳，任人采折"，后用作比喻，婉指娼妓。如果我们要把例⑤翻译成英文，参看任何一本英语委婉语词典有关妓女的委婉语词列表，似乎都找不到一个表达来替代"墙花路柳"。如果翻译成"whore"或"prostitute"显然太直接，没有"墙花路柳"的婉转、含蓄的意蕴；如果翻译为"joy girl"或"lady of pleasure"，虽婉转、含蓄，但仍然不能表现"墙花路柳"中体现出来的年轻姑娘像花一样的容貌和像柳枝一样的身姿的心理感受；如果照字面意思翻译为"flowers by the wall and willow trees at the roadside",说英语的人大概不会明白说话人真正想表达的意思是什么。翻译中出现的这种英汉委婉语词不可完全译现象说到底是由社会文化因素导致心理属性的差异形成的。从上面两例可以看出,由于心理属性的普遍性是相对的,委婉语词在生成过程中会受制于社会文化因素和个人情感因素,对同一委婉对象会生成不同的委婉语词。

自此,我们对委婉语词生成过程中委婉对象的物理属性和心理属性的特征做出了讨论。委婉语词的生成首先是主体对委婉对象的物理属性的某一方面进行选择,并对主体产生一定的心理感受。物理属性是基本的、可观察的,而心理属性具有主观性,是相对普遍的、可感受的、不可还原的。心理属性受社会文化因素或个人情感因素制约,选择同一物理属性会生成不同的委婉语词。对心物属性的特征的认识为研究委婉语词生成过程打下了基础,但要认识委婉对象的心物属性与主体的选择之间的关系还需要从心物属性的关系上作进一步研究。

5.3 随附性与委婉语词的选用

5.3.1 心-物随附性的主导作用

上一节我们运用从属性二元论的观点讨论了委婉语词所表征的是委婉对象,即出于某种原因不便直言的外部事物/事件的"心理属性"是主体在特定环境下选取外部事物/事件的物理属性的某一方面并由此引发的心理感受,最后用语言表述来实现。这一选择过程同心-物随附性密切相关。

戴维森的心-物随附性的基本观点是,心理属性在某种意义上依赖于或随附于物理属性。这种随附关系的意思是"不可能有两个事件,它们在物理方面一致而在心理方面不一致;或者说,没有物理方面的改变就不可能有心理方面的改变。随附性的这种依赖性并不意味着通过定律或定义的还原"[①]。可以看出,随附关系不同于严格的因果关系,是一种复杂的依赖、协变关系。具体而言,如果说 M 随附于 P 一般包括如下几种情况:①协变:即 M 中的变化与 P 中的变化有关;②依赖: M 依赖于 P;③决定:M 之所以这样,至少是由 P 中的因素及其相互作用所决定的;④非还原性:M 随附于 P,由 P 决定,但又有自主性;⑤非二元性:M 有自主并不意味着绝对的独立性[②];那么,我们说心理属性随附于物理属性,就意味着心理对物理的关系是既依赖又独立的,是非线性的因果关系,是心理不完全服从物理的因果关系,心理属性依赖于物理属性的同时又有一定程度的自主性或非确定性。

在委婉语词生成过程中,心-物随附性起着重要作用,具体来说是这样:受委婉对象(外部事物/事件)的物理属性的限制和制约,委婉对象的心理属性有一定的范围,主体在此范围内做出什么选择是由心-物随附性来主导的;选择依赖于委婉对象的物理属性,但心理属性的自主性使得选择能在物理属性的制约下进行调整;委婉语词就是随附于委婉对象(事物的物理属性)的心理属性的语言表征形式;在心-物随附性作用下,主体生成的委婉语词具有一定的相似性,同时也呈现出一定的差异性。如前面提到的有关性爱的委婉语词,就是主体在心-物随附性导向下做出的选择。心-物随附性体现为:性爱事件的物理特征使得主体的感受有一定的相似性,因此中文用"上床""衾枕之乐""同

---

① D. Davison: "Mental Events", in *Essays on Actions and Events*, 2nd edition, Oxford: Clarendon Press, 2001, p. 176.
② 参见高新民:《随附性:当代西方心灵哲学的新"范式"》,《华中师范大学学报(人文社会科学版)》,1998 (3),第6页。

床""同席""床笫""枕席之欢"等来婉指性爱,英语中也有类似的委婉语词如"to be in bed""go to bed with""bed-hopping""bedwork""bedworthy""to be privy to a bed"等。心理属性的自主性使得同一物理属性在主体引发的心理感受的相似性有一定的相对性。如汉语中常用"云雨"婉指性爱,源自"旦为朝云,暮为行雨"(宋玉《高唐赋序》),类似表达还有"云期雨约""云情雨意""云尤雨殢""雨爱云欢"等,在英语中无法找到类似的有关性爱的委婉语词;同样,英语中把性爱婉指为"fruit that made men wise"(本义:使人聪明的禁果,源自《圣经》故事),"What Eve did with Adam"(本义:当年夏娃与亚当之所为,源自《圣经》故事),汉语中也无法找到类似的表达。可见,心-物之间的这种既依赖又自主的随附关系使得不同社会群体对同一委婉对象会生成相似却又不同的委婉语词。

5.3.2 意向性-随附性与委婉语词

徐盛桓(2011)就语言运用中意向性和心-物随附性的作用关系作了概括总结(见图5.1):

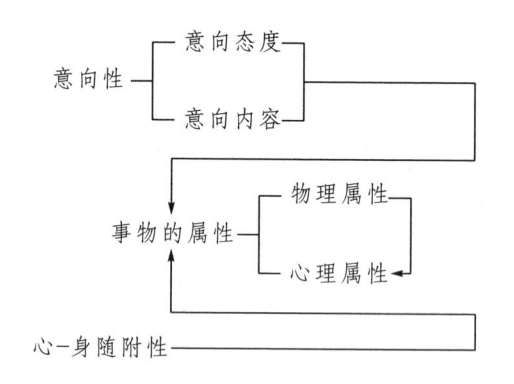

图5.1 语言研究可能用得上的心智哲学理论的组织图[①]

[①] 徐盛桓:《语言研究的心智哲学视角——"心智哲学与语言学研究"之五》,《河南大学学报(社会科学版)》,2011(4),第11页。

意向性包括意向态度和意向内容。在语言运用中，主体对所感知的事物的选择和对感知后得到的感受，都是以意向性为指向的。事物的属性包括物理属性和心理属性；两者都是事物本身的属性，物理属性是事物本身固有的特征，心理属性是事物的物理属性在主体心中引发的感受。心-物之间的随附性使心理属性有一定的自主性，即主体的心理感受可以按照自主意志发挥。心智可以把人的意向性寄生到本质上没有意向性的语言之上，其满足条件就是："心理感受对物理属性既要依赖，又要在一定程度有自主的发挥"[①]。

结合徐盛桓（2011）的概括总结，我们把意向性和心-物随附性在委婉语词生成过程中的作用图示如下（见图5.2）：

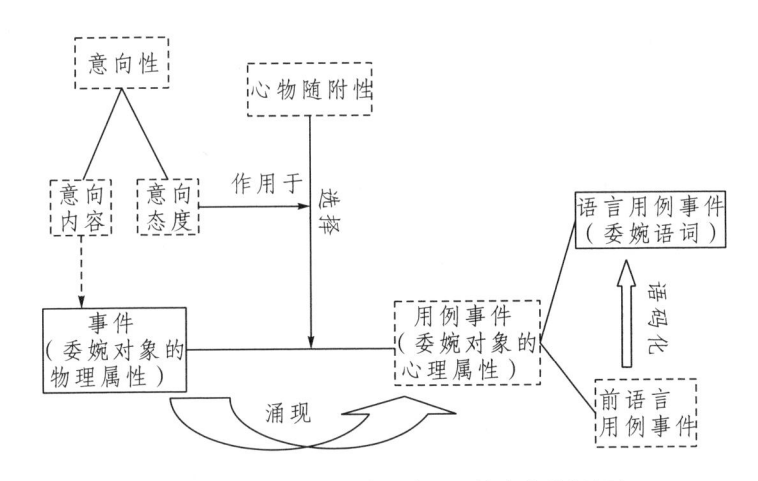

图5.2 意向性-随附性委婉语词的发生分析框架

如图5.2所示，在委婉语词生成过程中，主体在意向性作用下对事件（委婉对象）的物理属性进行选择，形成主体对事件的某一性状特征的感受并涌现为用例事件，主体意向性的选择是在心-物随附性的主导下进行的。意向性和心-物随附性的作用总结如下。

---

① 徐盛桓：《语言研究的心智哲学视角——"心智哲学与语言学研究"之五》，《河南大学学报（社会科学版）》，2011（4），第12页。

（1）委婉语词生成过程起始于语言主体的意向性，意向性包括意向内容和意向态度两个维度。主体意向性在委婉语词的发生过程中起定向作用，定向的基础是意向内容，即出于特定原因主体不便直言的事物/事件，定向的依据是主体的意向态度，如委婉的、亲切的、包容的、正面的、美化的心理取向。

（2）委婉对象具有物理属性和心理属性。物理属性是委婉对象本身固有的基本属性，具有可观察性和可还原性，包括其结构和位置、特征和属性、生成和来源、功能和作用等方面；心理属性是委婉对象的某一方面在主体心理呈现的属性，心理属性依赖于委婉对象的物理属性，具有可感受性、不可还原性和相对普遍性。

（3）在意向性作用下，语言主体对委婉对象的物理属性进行选择，一定的物理属性引发一定的心理属性，心理属性随附于物理属性。

（4）在主体对委婉对象的物理属性进行选择的过程中，心－物随附性起主导作用，也就是说，在［A 是 B］形式中 B 能替代 A 是因为 B 和 A 之间有随附性；在心－物随附性作用下，主体生成的委婉语词具有一定的相似性，同时也呈现出一定的差异性。

（5）前语言形态的用例事件为语言符号所承载，就表征为委婉语词，语码化过程是在语言规则包括语义规则和语法规则的作用下把意象外化为语言表达式的过程。

（6）从委婉对象到委婉语词的过程可以视为从事件到用例事件的涌现过程（图 5.2 中用大弯箭头表示，关于涌现我们会在 5.4 一节详述）。

从意向性－随附性作用图可以看出委婉语词发生过程中主体的心智活动以及委婉对象的属性在发生过程中的作用。在这个过程中，主体以特定意向性的建立和行使为统制，通过注意力的反应，在心－物随附性的主导下进行定位和选择，对事件的感觉做出符合用例事件的意向性的认定。下面，我们用实例具体说明：

⑥"我们歌舞团有个独唱演员，送进大墙三年了。"（丛维熙，《遗落在大海滩的脚印》）

⑦快乐农民工，城市建设者。（摘自新民网，http://news.xinmin.cn/shehui/2012/03/14/14021682.html，2013-07-30）

⑧I used to think I was poor. Then they told me that I wasn't poor, I was needy. Then they said it was self-defecting to think of myself as needy, that I was culturally deprived. Then they told me deprived was a bad image, that I was underprivileged. Then they told me that underprivileged was overused, that I was disadvantaged. I still don't have a dime—but I have a great vocabulary. （quoted by Jules Feiffer, http://www.quoteworld.org/quotes/4695，2013-07-30）

例⑥中，"大墙"是替代"监狱"的委婉语词。监狱是关押犯人的场所。在一般情况下，说到监狱人们比较忌讳，往往避免提及。首先，主体在意向性作用下，根据自己委婉的、避讳的意向态度，将意向内容定位在外部事物监狱上。然后，主体在意向性的定向作用下对事物的物理属性进行选择。监狱的物理属性包括地点、结构、特征、功能、作用等，具体来说，监狱通常建造在远离城市的偏远地方，用高高的围墙围住并与外界隔离，只提供最基本的生活设施，基本功能是刑罚（限制犯人的人身自由和物质生活使其感到痛苦，从而使犯人的思想发生转变）。主体在意向性作用下定向在监狱物理属性的结构特征方面，即高大的墙体，这一特征会使主体产生一定的心理感受，即大墙给人的隔膜感、疏离感，这种心理感受不同于监狱的功能（刑罚）给人带来的痛苦的感受。这样的心理感受是随附在监狱的物理属性上的，在心－物随附性的主导作用下，主体认定和选择符合意向性的用例事件，最后固化为委婉语词"大墙"。"大墙"一词能替代监狱达到委婉的目的，是因为主体在意向性作用下选择监狱的物理属性中的构造特征，突显高大墙体给人的感受而隐去监狱的功能给人带来的痛苦感受。主体能做这样的选择是心－物随附性在起主导作用。

在例⑦中，"城市建设者"是替代农民工的委婉语词。农民工是社会弱势群体中的一部分。语言主体持包容的、正面的、美化的意向态度，将意向内容定向在农民工上。作为一个群体，农民工有其基本的特征和属性，包括构成、历史、功能、作用、所扮演的角色等。具体来说，农民工是进城务工的农村户口人员，一般从事较脏、较累的体力活儿，薪水低，生活缺乏保障，但城市建设尤其是城市基础建设却离不开他们。主体在意向性作用下定向在农民工物理属性的功能和作用方面，即在城市建设中发挥的重要作用，在心－物随附性作用下，农民工物理属性的功能和作用会给主体带来一定的心理感受。这种感受转化为符合主体意向性的用例事件，在语言规则作用下固化为委婉语词"城市建设者"。"城市建设者"能替代"农民工"一词达到美化和包容的目的，是因为主体在意向性作用下选择农民工的物理属性中的功能和作用，突显农民工给城市建设做出的贡献，而隐去农民工的身份和社会地位给人带来的其他感受。

心理属性对物理属性既依赖又自主的随附关系还体现在对同一委婉对象会生成相似又有差异性的委婉语词上。网上曾有戏谑农民工不同称谓的说法"本名：农民工；小名：打工仔；别名：进城务工人员；曾用名：盲流；尊称：城市建设者；昵称：农民兄弟；俗称：乡巴佬；绰号：游民；历史名：无产阶级；暂住户名：社会不稳定因素；宪法名：公民；国家给的封号：主人；领导称谓：群众；时髦称呼：弱势群体"（百度贴吧，http：//tieba.baidu.com/p/1280352173，2013－07－30）。

这些对农民工的称谓词并不都是委婉语词，但大多有委婉功能，如"进城务工人员""城市建设者""农民兄弟""无产阶级""公民""群众""主人""弱势群体"。这些委婉语词的生成体现了心-物随附性的导向作用，主体在意向性作用下定向在农民工的物理属性的不同方面，如身份、社会地位、历史、功能、作用，定向在不同的物理属性就会在主体心中引发不同的心理感受，然后转化成不同的用例事件，生成不同的委婉语词。

心-物随附性同样体现在例⑧中。例⑧列举了一系列有关"poor"（贫穷）的委婉语词："needy"（缺乏的，不足的），"culturally deprived"（丧失受教育机会的），"underprivileged"（丧失基本权利的），"disadvantaged"（处于不利地位的），虽然作者写这段话可能是出于诙谐、反讽的目的，但我们可以看出以上表达确实是人们常使用的替代"poor"的委婉语词。贫穷指的是物质需求不足的状态，是不好的事件，人们在提及时总会避免直言。主体依据迂回、避讳和包容的意向态度，把意向内容定向在贫穷上。作为一个事件，贫穷的物理属性涉及诸多方面，如贫穷的原因、特征、规律、结果等。具体来讲，贫穷是个人、家庭、文化、社会等因素造成的缺钱少食的状态，结果是贫穷的人社会地位较低，丧失很多社会机会。主体在意向性作用下定向在贫穷事件的不同物理属性上，在心-物随附性作用下，会在主体心中引发不同的心理感受，心理属性在物理属性制约下进行适度的调整，生成符合主体意向性的用例事件，用例事件被语言符号表征为不同的委婉语词，如例⑧中的"needy""culturally deprived""underprivileged""disadvantaged"等。

5.4 委婉语词生成的涌现性

我们在 4.5.3 一节提到语言主体通过感觉器官得到的对外部事物/事件的原初意识体验，经过反思，形成扩展的反思意识体验，反思的过程就是涌现过程；在 5.3 一节中我们提到委婉语词生成过程包括从事件到用例事件的涌现过程。涌现的作用如图 5.3 所示：

```
原初意识体验 -------------- 事件（委婉对象）
    ↓                              ↓
   涌                             涌
   现                             现
    ↓                              ↓
反思意识体验 -------------- 用例事件（委婉语词）
```

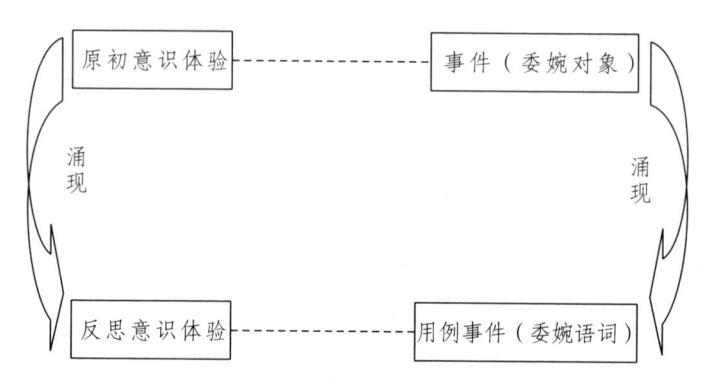

图 5.3　涌现的作用

在委婉语词的发生过程中，语言主体通过眼、耳、鼻、舌、身等感官获得对因某种原因不便直言的事件（委婉对象）的感觉，形成对该事件的原初意识体验并以意象的形式储存在大脑中。在此基础上主体通过定向、选择、反思，把原初意识体验扩展为反思意识体验，即在主体大脑中形成的对外部事件的具体用例事件。从主体意识角度看，从原初意识体验到反思意识体验是一个涌现的过程，反思意识是涌现的结果；与之相对应，从事件角度看，从事件（委婉对象）到用例事件（委婉语词）的过程也是一个涌现的过程，用例事件是涌现的结果；涌现作为一种现象和属性，在委婉语词发生过程中起着重要作用，我们将在 5.4.1 一节做出详解。

5.4.1 意识的涌现

涌现是系统科学研究中的核心概念,"是复杂系统中由次级组成成分间相互作用产生不可预测的复杂样态的方式"[1],也就是"整体具有而分解(还原)到部分就不存在的那类现象、特征、属性、行为等"[2],如由白蚁筑建的白蚁塔就是自然界中涌现的典型例子;再如,本身没有咸味的氯(Cl)和钠(Na)在化合作用下形成有咸味的盐(NaCl)也是涌现的过程。涌现强调从低层次到高层次、从部分到整体发生的质变,质变后产生的事物就是涌现事物,同涌现事物一起出现的属性就是涌现属性。简单来说,涌现在某种意义上就是"整体大于部分之和"的特征,可用数学公式表达为:$F > \Sigma fn$,其中 F 为系统整体的特征和功能,fn 为系统各构成要素的特征和功能。系统之所以会表现为"整体大于部分之和",是因为系统涌现出了新质,其中"大于"的部分就是涌现的新质,系统的涌现性是系统各构成部分之间非线性作用的结果。涌现的基本特征有二,"一是非加和性,二是方向性"[3]。

意识活动也是一个复杂系统的活动,霍兰(J. Holland)曾问及"我们是否能将人类的意识解释为某些物理系统的一种涌现属性?"[4],并做出肯定回答。基于此,我们认为意识同其他物理系统一样具有涌现的属性,意识的涌现具有层级性、非加和性和方向性。

(1)意识的涌现具有层级性。涌现与层级概念密不可分,涌现表征层级之间的一种特殊因果关系。涌现一般涉及两个层级,一个是相互作用的部分所处的低层级,另一个是代表涌现结果的高层级。意识的表

---

[1] 维基百科,emergence,http://en.wikipedia.org/wiki/Emergence,2013-08-01。
[2] 苗东升:《论涌现》,《河池学院学报》,2008(1),第6页。
[3] 苗东升:《论涌现》,《河池学院学报》,2008(1),第6-12页。
[4] 霍兰:《涌现:从混沌到有序》,陈禹等译,上海:上海科学技术出版社,2006年,第3页。

征是分层级组织起来的，高层级的心智现象是由低层级的身体体验涌现出来的。主体的感官（眼、耳、鼻、舌、身）作用于外部物理事物/事件获得感官信息，以意象形式储存于大脑形成原初意识，然后在记忆、联想和想象等的帮助下涌现成反思意识。原初意识是主体感觉器官对外部世界的感知，反思意识就是对记忆中感知意象的回忆和反思。原初意识是反思意识的基础，反思意识是原初意识涌现的结果。

（2）意识的涌现具有非加和性。涌现的非加和性体现在复杂系统从低层级到高层级、从部分到整体发生质变上；伴随着质变的发生，系统出现其组成部分所不具有的新质或新量。贝塔朗菲（L. Bertalanffy）区分过系统的两种整体性：一类是加和式整体性，也就是整体等于部分之和；另一类是非加和式整体性，即整体不等于部分之和。涌现性就是整体体现出来的非加和性特征。任何系统在整体上或多或少都会体现出一定的非加和性特征，但非线性系统的非加和性更多、更显著。①

意识涌现的非加和性体现为主体获得的反思意识体验在内容和功能上都不同于原初意识体验，感官作用于外部事件获得的感官意象涌现为反思意识，也发生了质变，也有新质或新量的产生。新质具有新颖性，并有一定的不可预测性。例如："叶子出水很高，像亭亭的舞女的裙"（朱自清《荷塘月色》），用"舞女的裙"比喻荷叶。作者首先通过感觉器官形成对"舞女的裙"的感觉，如其颜色、质感、形状等，形成原初意识体验，在记忆里储存下来，通过联想和想象，发生格式塔转换，形成了"荷叶像舞女的裙"的感受。这种心理感受是以整体形式存在的，是原初意识涌现为反思意识过程中的新质，而不是通过感官获得的感觉信息的简单加和。

（3）意识的涌现具有方向性。涌现主要强调系统由低层级到高层

---

① 苗东升：《论涌现》，《河池学院学报》，2008（1），第 6 - 12 页。

级的质变，高层级是从低层级涌现出来的。涌现是低层级各个构成部分之间的非线性作用的结果，因而具有不可还原性。在意识涌现的过程中，原初意识处于低层级，反思意识处于高层级，意识涌现的方向性体现为其总是沿着从原初意识到反思意识的方向进行的，主体的反思意识体验不能再还原为原初意识体验，主体经过反思获得的高层级的感受不能还原为原初的感官信息。如把扫地工人婉称为"城市美容师"，那么"城市美容师"所反映的像美容师给城市做美容的感受也不能还原为"扫地"事件的各个构成要素。需要指出的是，涌现除了涉及上向因果关系（upward causation），还涉及下向因果关系（downward causation），高层级内容不能还原为低层级对象，但高层级内容却依赖于低层级对象。"城市美容师"的感受不能还原为"扫地"事件的各个组成成分，但会依赖于事件的物理属性。

5.4.2 意识涌现过程涉及的心理活动

意识的涌现过程是从原初意识到反思意识的一个从低层级过渡到高层级的过程，这一过程通过记忆、联想、想象、格式塔转换，把通过感官作用获得的对外部事件的感觉信息转换为主体对外部事件的感受，整合为用例事件。下面，我们就涌现过程中涉及的心理活动作进一步说明。

（1）记忆。记忆是主体对过去经验的信息积累的心智活动。在记忆形成的过程中包括编码、储存、提取3个信息处理方式。编码指获得信息并加以处理和组合；储存是指将编码的信息作永久记录；提取就是将储存的信息取出，恢复过去的经验，应用到当前的认识活动中。简言之，记忆就是主体对过去经验的识记、保持和应用过程，是对信息的编码、储存和提取过程。记忆是联想、想象和格式塔转换的基础。如上例"叶子出水很高，像亭亭的舞女的裙"，主体涌现出荷叶像"舞女的裙"

的感受，就要提取储存在大脑中有关"舞女的裙"的过去经验信息，并以此来处理和把握对荷叶的感受和认识。

（2）联想。联想是在不同事件、概念、心理状态之间建立联系的一种心理活动，体现为由某一事件想起与之相关的另一事件，由某一个概念想到与之相关的其他概念，由某一状态想到相关的别的状态等。联想的形成遵守两条规则：相似律，即相似的概念易形成联系；对比律，即能够相互比较的概念容易形成联系。在这两条规则的基础上人们总结出三种联想形式：类似联想、相邻联想和对比联想。

类似联想指由两个事物/事件的特征或属性的相似性所引发的由一事物/事件到另一事物/事件的联想方式。要发生类似联想，两事物之间要有相似性。如曹植的《七步诗》："煮豆燃豆萁，豆在釜中泣。本是同根生，相煎何太急？"曹植与魏文帝曹丕本是同胞兄弟，曹丕对曹植的迫害与"同根相煎"有较大的相似性。基于这个相似点，曹植才产生了由此及彼的联想。在委婉语词生成过程中，类似联想是很重要的心理活动之一。肥胖是现代人的禁忌之一，有些人的肥硕部分在下腰和臀部，在类似联想作用下，生成委婉语词"bagels"（本义：硬面包圈）和"rubber tires"（本义：橡胶轮胎），因为"bagels"和"rubber tires"在外形特征上同肥胖人士肥硕的下腰和臀部相似。同样，用"青春豆"婉指痤疮，用"金丝鸟"婉指有钱人供养的情妇，都是类似联想的结果。

相邻联想是指由时间或空间的相邻性引发的不同事物/事件之间的联想。说到茶，就会想到茶杯，因为二者在空间上相邻；"桃花流水鳜鱼肥"（张志和《渔歌子》）中"桃花流水"与"鳜鱼肥"在时间上相邻。在委婉语词生成过程中，主体通过相邻联想，在大脑中把不便直言的事件的意象用记忆中储存的其他意象来替代，两者有相邻关系。比如，"breast"（乳房）同"chest"（前胸）在身体结构上处于相邻关系，当主体想到"breast"但又不便直言时，在相邻联想作用下在"breast"和"chest"之间形成联结，并用对"chest"的感受替代"breast"达到委婉的目的。同样是在相邻联想作用下，"breast"还可以替代为"bosom"（本义：前胸），"bust"（本义：半身像），"front"（本义：前部），"top"（本义：上部）等。再如，女人生孩子，生完孩子抱孩子，抱孩子和生孩子在时间上有相邻性，主体想要表达生孩子事件时，由于不便直言，在相邻联想作用下在大脑中建立"生孩子"和"抱孩子"的联结，并用"抱孩子"的感受替代"生孩子"的感觉，然后赋予这种感受语言形式，就生成了替代生孩子的委婉语词"抱娃娃"。

对比联想指由不同事物/事件之间的对立或某种差异而引发的联想，比如由光明想到黑暗，由天想到地。在委婉语词的研究中，用"不漂亮"替代"丑"就是在对比联想的作用下生成的委婉语词，丑和漂亮是两个具有对比关系的概念。

（3）想象。想象是主体在大脑中对已经储存的意象进行加工改造形成新的意象的心理过程。想象大致分为无意想象和有意想象。无意想象是指事先没有预定目的的想象，如做梦。有意想象是指事先有预定目的的想象，可细分为再造想象、创造想象、理想和空想。再造想象是根据他人的描述或看到的图样在大脑中形成新的意象的过程；创造想象是指不需要现成的描述就可以在大脑中独立产生新的意象的过程。在委婉语词生成过程中主要依赖再造想象和创造想象。想象同联想类似，都是依据大脑里储存的意象信息进行分解和组合的高级认知过程，不同的是，想象对已有的意象信息加工改造后会形成新的意象。在委婉语词生成过程中，联想和想象经常同时发挥作用，对主体储存的意象信息进行加工改造促成格式塔转换，因此，我们在分析讨论中对二者不作严格的区分。

(4) 格式塔转换。"格式塔"转换是一种心理活动的描写，主体在观察外部世界时，会对外部刺激在大脑储存的信息进行心理加工，这时就可能发生各种可能的格式塔转换。格式塔是德文词"Gestalt"的音译，意思是"形式""形状"，在心理学中，格式塔表示具有不同部分分离性的有机整体。格式塔理论认为，一个整体不是其构成部分的简单叠加，整体不等于部分之和，意识经验不等于感觉元素的集合，是主体同外部刺激物相互作用的一个整体结果。考夫卡在《格式塔心理学原理》一书中总结了两条格式塔理论总纲——心物场（psycho-physical field）和同型论（isomorphism）：客观事物不是直接地或是结构性地再现于大脑中，但是心理联系的方式与外部事物的联系方式具有相似性。心物同型论的基本立场就是心理结构是对外部世界的重新组织，不只是临摹。格式塔操作还包括以下具体的组织原则。

相似律（Law of Similarity）：具有相似性的事物趋于被感知为一个整体；

相邻律（Law of Proximity）：距离相近的各部分趋于被感知为一个整体；

相继律（Law of Continuity）：可以被看作连接在一起的部分趋于被感知为一个整体；

图形－背景律（Law of Figure-ground）：在同一场域内，有些部分会凸显为图形而有些部分隐退为背景；

闭合律（Law of Closure）：彼此相属构成闭合实体的部分趋于被感知为一个整体；

同向律（Law of Common Fate）：沿共同方向运动的部分趋于被感知为一个整体。

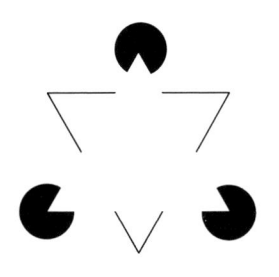

图 5.4　格示塔组织原则示例①

图 5.4 中有三角形吗？图中并不存在三角形，但我们会感知三角形的存在是因为格式塔转换的作用：图形－背景律的作用使图形转换为黑色背景突显白色三角形；相似律作用使得白色部分由于同记忆中储存的三角形的性质类似，因而被感知为三角形；相继律的作用使得白色三角形的并不连贯的每条边被感知为连贯的线段；闭合律的作用使得白色三角形的边被感知为闭合的三角形的三条边。从图 5.4 可看出三角形的过程就是格式塔转换的过程。由此可见，图中三角形并不是物理存在，它只是虚拟存在于我们大脑中的心理感受，是在意向性支配下，在存储于记忆中的过去经验的作用下，对所获得的外界刺激所发生的心理上的格式塔转换。主体的感知是各种刺激的相互作用的产物，具有自组织倾向。

语言运用中主体的感受也经常发生格式塔转换。"枯藤老树昏鸦，小桥流水人家，古道西风瘦马。夕阳西下，断肠人在天涯。"（马致远《天净沙·秋思》）本词前 3 句有 9 个名词分别描述 9 个独立的景物，但这 9 个独立的场景会在格式塔作用下转换为读者心中所感受到的孤独旅客和伶仃瘦马蹀躞于秋风萧瑟的古道上的苍凉景象。

以上我们讨论了委婉语词发生过程中意识涌现涉及的心理活动。主体通过联想和想象作用于储存在大脑中的关于外部事物/事件的意象信

---

① 安德森：《认知心理学及其启示》，秦裕林等译，北京：人民邮电出版社，2012 年，第 66 页。

息，在格式塔转换的一个或多个律则作用下，涌现为对外部事件的一种新的感受。

5.4.3 涌现性与委婉语词

从前面的讨论我们知道，在委婉语词发生过程中，主体的意识过程就是从原初意识到反思意识的过程，这一过程也是涌现的过程，也可理解为从一事件向一用例事件涌现的过程。一个委婉语词就是实现语码化的用例事件，是被赋予了语言符号的用例事件。下面，我们进一步研究意识的涌现在委婉语词生成过程的两个主要表现：新颖性和显隐作用。

5.4.3.1 委婉语词的新颖性

意识涌现具有非加和性，在涌现过程中会产生原来事物没有的新质或新量，表现在委婉语词上，就使表达具有新颖性。在语言运用中，由涌现的新质产生的表达的新颖性体现为：作为一个整体，语言表达式具有其组成成分所不具有的含义和功能。以成语"三教九流"为例。该成语出自"（梁武）帝问三教九流及汉朝旧事，了如目前"（赵彦卫《云麓漫钞》卷六）。其中"三教"指儒家、佛教、道教；"九流"指儒教、道家、阴阳家、法家、名家、墨家、纵横家、杂家、农家，后泛指社会上的各行各业或江湖上各种各样的人，含贬义。这样，成语"三教九流"作为一个整体，有其组成成分所不具有的意义——指社会上各色人等；也有其组成成分所不具有的语用功能——表示贬义。这样的大于其组成成分的"新质"就是涌现的结果。

在这个意义上，委婉语词的新颖性体现在：作为涌现的结果，委婉语词具有其组成成分所不具有的含义和功能。试看下面两例：

⑨这年头凤凰男不少，多少女孩子都因为凤凰男勤俭、上进、有责任心等等这样的好品质而爱上他们，继而走进婚姻。（摘自中

国日报网,http://www.chinadaily.com.cn/hqgj/jryw/2012-11-28/content_7620475.html,2013-08-07)

⑩我父亲一伸腿,我们就成了平民百姓,再也没人上门来烧香了。(《人民文学》1982年第1期,转引自张拱贵,《汉语委婉语词典》,1996年,第222页)

例⑨中的委婉语词"凤凰男"是近几年出现的新词,指出生在乡村,家境贫寒,大学毕业后留在城市生活的男性。其中"凤凰"取义于"山窝里飞出的金凤凰"。主体先是获得对农村贫困家庭出身的男生经过自己的努力和奋斗最后在城市扎根的人生经历的感觉信息,结合储存于大脑的"金凤凰"意象,经过联想和想象建立这类男性与"金凤凰"的联结,发生基于相似关系的格式塔转换,涌现为主体意识中的一个用例事件,最后把前语言形式的用例事件语码化为委婉语词"凤凰男"。语词"凤凰男"获得的新的语义(出生农村落脚城市的男性)和语用功能(表示委婉和谐趣)就是涌现过程中产生的新质,是其组成成分所不具有的。

例⑩中"烧香"一词婉指为求人办事而请客送礼。"烧香"一词原指礼佛的一种仪式,把香点着插在香炉中表示虔敬。首先,主体对社会上为求人办事而请客送礼这一现象进行感知,作为被感知的事件,它包括人物、地点、经过、方式、结果、目的等特征和要素,这一系列属性通过主体的感觉器官作用成为主体的感觉信息储存于大脑中,结合储存于记忆中的有关"烧香"的意象,经过联想和想象建立起所感受的事件与"烧香"的联结,发生基于相似关系的格式塔转换:为求人办事而请客送礼就像烧香拜佛一样,涌现为主体意识中关于此事件的一个用例事件,最后把用例事件赋予语言形式就生成委婉语词"烧香"。涌现出的"新质",体现在"烧香"一词获得的表示为求人办事而请客送礼的新的语义以及表示委婉的语用功能上。

从前两例的分析中不难看出，委婉语词的新颖性是意识涌现的结果。由于意识涌现具有非加和性特征，整体大于部分之和，涌现的整体有其部分所不具有的特征；涌现作用下生成的委婉语词具有其组成成分不具有的新的语义和语用功能。但需要指出的是，涌现现象的新颖性具有一定的相对性，因为涌现性表现为一个强弱的连续统，复杂系统论者称之为涌现的强表现形式和弱表现形式[①]，也简称为强涌现和弱涌现，线性系统表现出弱涌现性而非线性系统常常表现出强涌现性。从语言表达来看，涌现的强弱体现在表达式内容的可预测性发生变化。如果一个语词在长期的语言运用过程中固化下来，其表达的新颖性就被磨蚀，涌现的强度变弱，表达内容的可预测性变高；相反，一个新生的语词则呈现较强的涌现态势，其表达内容的可预测性较低，新颖性更高。委婉语词的新颖性也是如此，新造的委婉语词总是呈现较强的涌现性，其表达的新颖性也较高，也正是这种新颖性使其具有更好的委婉效果。但随着某一委婉语词在一社会团体内的使用频次的增加，其呈现的涌现态势逐渐减弱，其表达的新颖性也逐渐消失。如"农民工"是曾经被用来替代"盲流"的委婉语词，由于使用的频率越来越高，其表达的新颖性逐渐消失，与此同时，"农民工"所表达的委婉效果也逐渐减弱，最后被新生的委婉语词"城市建设者"替代。

5.4.3.2 委婉语词与涌现的显隐作用

委婉语词发生的过程是主体通过记忆、联想、想象，发生格式塔转换，把通过感官作用获得的对外部事件的感觉信息涌现为主体对外部事件的感受的过程，在联想、想象、格式塔转换过程中，主体会隐去有关

[①] 司马贺：《人工科学——复杂性面面观》，武夷山译，上海：上海科技教育出版社，2004年，第158-160页。

外部事件的部分意象内容,同时突显另一些意象内容;具体来说,隐去的是委婉对象的物理属性的某一部分,突显的是由另一物理属性所引发的心理感受。在涌现的隐-显过程中起主要作用的是格式塔转化中的图形-背景律(Law of Figure-ground)。

在格式塔心理学研究中,图形-背景律指从背景中识别图形的能力。研究者认为,知觉场总是分出图形和背景两部分,图形是看上去有完整结构的、首先引起主体的知觉注意的那一部分(perceptual prominence),因而更容易被识别、记忆、联想而产生意义和情感等,而背景则是细节较模糊、起烘托作用的部分。[1] 如在李白名句"孤帆远影碧空尽,唯见长江天际流"所描写的画面中,载着朋友远离的帆船突显为知觉场景和心理场景的图形部分,而蓝天和江水则隐退为背景。值得注意的是,外部世界的信息是没有区别性的客观存在,哪些知觉信息被突显为图形,哪些信息被隐退为背景,是主体在意向性作用下做出的主观选择。主体在识解外部世界的过程中,大脑中的格式塔转换总是将注意力集中在某些意象上使其突显,而另一些意象被相对隐去。

在委婉语词发生过程中,主体通过感官获得对委婉对象(出于某种原因不便直言的令人不快或尴尬的外部事物/事件)的物理属性的感觉信息,形成原初意识体验,主体在意向性的选择作用下把注意力集中在部分意象内容上,在图形-背景律的作用下,注意力集中的那部分意象内容就得到突显,原意象中不好的部分被隐去,突显的意象内容在记忆、联想、想象作用下涌现为主体基于突显的意象内容的新的感受,最后整合为一个用例事件,外化为语言符号就是一个委婉语词。试看下例:

---

[1] F. Ungerer, H. J. Schmid, *An Introduction to Cognitive Linguistics*, Beijing: Foreign Language Teaching and Research Press, 2001, pp. 156 – 157.

⑪为了协助正在接受法定监管的更生人士，考取轻型货车驾驶执照，惩教处与多个团体合作，每月津助10名更生人士学驾车，从而提升他们的职业技能，并增强就业竞争力。（摘自香港《成报》，http：//www.singpao.com/xw/gat/201303/t20130306_422360.html，2013-08-14）

⑫... latrine buckets introduced which the sanitary men emptied every night. （R. W. Holder，*A Dictionary of Euphemisms*，1995，p. 321）

例⑪中的"更生人士"是内地和香港地区对刑满释放人员的委婉称呼，以前直呼为"劳改犯"或"囚犯"。"更生人士"替代"劳改犯"或"囚犯"的过程在主体的心理上是一个涌现的过程。具体来说，在图形－背景律作用下就是隐－显的过程，隐去的是这一特殊人群的物理属性中的方式方法（"劳改"或"囚"），突显的是他们经历监狱生活的目的（"更生"），即让犯错者改过自新，重返社会后能依靠自己的双手维持生计，同时服务社会。突显的部分不同，在主体心理引发的感受就不同，生成的委婉语词就不同，替代"劳改犯"的委婉语词就有"特别公民""待自由公民"等区分。

例⑫中的"sanitary men"（环卫人士）是替代"garbage men"（垃圾工）的委婉语词。在"sanitary men"的生成过程中，主体意识涌现过程中委婉对象（垃圾工）的物理属性中的过程（清扫垃圾）被隐去，突显其物理属性中的功能和目的（让环境更卫生），以及该特征在联想和想象的作用下主体产生的感受。这样的感受在主体意识中形成一个具体的用例事件，然后语码化为一个实际运用中的委婉语词。

本章我们讨论了被主体感知的委婉对象的物理属性和心理属性以及心-物随附性在委婉语词发生中的作用。委婉语词的发生是在意向态度的制约下，由所关指的事物/事件（委婉对象）的物理属性主导，通过其物理属性作用于主体的心理感受实现的。在心智哲学研究中，人们对事物的这样的感受，称为"事物的心理属性"。外部事物/事件的物理属性作用于主体的心理使其获得心理感受，这个过程是受心-物随附性制约的。在心-物随附性作用下，主体对同一委婉对象感知后生成的委婉语词有一定的相似性，也有一定的差异性。相似性源于委婉对象的物理属性的限制作用。差异性的产生有如下原因：一是主体对委婉对象物理属性的不同方面进行选择，二是心理属性的自主性使得选择能在物理属性的制约下进行调整。如果没有依赖和自主并存的心-物随附性，一个委婉对象可以激发出任何心理属性，那么生成的委婉语词将是荒谬而不可理解的；但一个委婉对象如果只能引发一种心理感受，就不会生成丰富多彩的委婉语词。委婉语词就是在既依赖又自主的心-物随附性作用下发生的。

从委婉对象到委婉语词的发生过程是主体心智中对外部事物/事件的感觉涌现为一种感受的过程，其中涉及主体的记忆、联想、想象、格式塔转换等一系列心理活动。但是，涌现为什么能发生呢？主体在感知"扫地工"时为什么能涌现出像"城市美容师"那样的感受？这些问题将在下一章作进一步讨论。

6

外延内涵传承与委婉语词

第四、五两章从意向性和随附性角度解释了委婉语词是如何产生的。即在［A 是 B］形式结构中，B 替代 A 的过程是如何在主体的心智中发生的。本章我们将从外延内涵传承说的角度解释委婉语词产生的可能，通过解析委婉语词发生过程中的逻辑特征来说明 B 替代 A 为什么能发生。

6.1 委婉语词的分类逻辑

委婉语词发生过程中最核心的特征是替代。委婉语词的表意特点是不直言其事，不直说本意，而是使用好听的、温和的、使人少受刺激的语词（B）替代不雅的、冒犯的、使人不快的语词（A），我们把它抽象化为［A 是 B］。从形式逻辑的角度看，委婉语词的［A 是 B］是不符合形式逻辑的，具有"非逻辑"或"反逻辑"的特征，因为形式逻辑认为事物是 A 就不可能是非 A（－A）。形式逻辑中的三条基本规律如下。

（1）同一律：任何思想如果反映某客观对象，那么，它就反映这个客观对象。同一律要求思想必须有确定性。

（2）矛盾律：任何思想不能既反映某客观对象而又不反映这个客观对象。矛盾律要求任何思想不能既是真实的又是虚假的。

（3）排中律：任何思想或者反映某客观对象，或者不反映这个客观对象。也就是说，任何思想要么是真实的要么是虚假的。①

遵照形式逻辑的基本规律，委婉语词是一种"反逻辑"的表达。这是因为从委婉语词的字面表述与其实指的关系来看，是对同一律、矛盾律、排中律的违反。但事实上，委婉语词广泛地运用在人们的日常生活中，说话人在特定交际环境中确实用 B 来表达 A，并且相同语境中的听话人也能有效地理解其语义和委婉意图。这样看来，委婉语词的表达本质地蕴含了深层次的认知内容，应该具有自身的逻辑特征。我们认为，委婉语词的生成总是在分类逻辑的总体框架下进行的，分类逻辑意识是委婉语词的表达得以实现的前提条件。

6.1.1　分类逻辑是委婉语词发生的逻辑基础

分类是人类认知活动中最基本、最重要的一项，没有分类，世界在我们眼中就是杂乱无章的。为了把握世界上林林总总的事物，分类是认识的第一步，"类别是人类认知的工具。学习和利用类别，是一种最基本、最普遍的认知形式"②。传统的逻辑学是"一门以思维形式及其规律为主要研究对象"③ 的科学，"自然要对人类对事物进行分类的认知活动的过程和规律作出逻辑学的概括，这就有了分类的逻辑"④。"分"就是对事物进行鉴定、描述和命名，"类"就是对事物进行归类。

分类的思想始于亚里士多德的经典范畴理论（the Classical Theory of Categories）。该理论认为范畴（category）是一组具有相同特征的元素组成的集合，基本观点包括：①范畴由范畴成员共有的一组充分必要特征来界定；②范畴的特征是二分的（binary）；③不同的范畴之间有

---

① 金岳霖：《形式逻辑》，北京：人民出版社，1979 年，第 264-273 页。
② J. Bruner, J. Goodnow, G. Austin, *A Study of Thinking*, New York: John Wiley & Sons, 1956, p. 84.
③ 金岳霖：《形式逻辑》，北京：人民出版社，1979 年，第 1 页。
④ 徐盛桓：《转喻与分类逻辑》，《外语教学与研究》，2008（2），第 93-99 页。

清晰的边界；④范畴内的所有成员地位相等。① 例如，数学中把"素数"定义为只能被1和其自身整除的自然数，那么具有这个特征的自然数如2，3，5，7等都属于这个范畴，不具备这些特征的如4，6，8等就不属于"素数"范畴。经典范畴理论还运用在语义学中的语义特征分析上。如"单身男子"的语义由4个语义特征来界定［+人类］、［+男性］、［+成年］、［+未婚］，任何一个成分特征缺失如［-男性］或［-未婚］都不能被定义为"单身男子"。但经典范畴理论在对自然现象、社会现象进行分析时，出现了不可克服的缺陷，因为大多数范畴不具有二分性，并且，某一范畴的成员之间的共有特征很多，很难将其穷尽。

自20世纪60年代以来，人类学和心理学研究对经典范畴理论提出了大量反证，在此基础上美国心理学家埃莉诺·罗施（Eleanor Rosch）提出了原型范畴理论（the Prototype Theory），该理论的哲学基础是维特根斯坦（Ludwig Wittgenstein）的"家族相似性"（Family Resemblances）理论，认为范畴不是因共同特征而是因成员之间重叠交叉的相似属性结合在一起的。原型范畴理论的基本假设包括：①大多数范畴不可能完全制定出充分必要条件的标准，属性具有互动性；②范畴具有多值性，很多情况下范畴不是"非此即彼"的二分法，在此与彼之间可能会有若干中间值；③范畴成员之间的地位并不相等，只有原型与非原型之分；④范畴的边缘是模糊的，具有开放性。② 如，在"水果"范畴类，"橘子"和"苹果"就是典型成员，而"木瓜""橄榄"等就是非典型成员。因此，范畴是围绕一个原型构建的，判定某事物是否属于某范畴，不是依据它是否具备范畴成员所共有的特征，而是依据它同原型之间是

---

① J. R. Taylor：*Linguistic Categorization: Prototypes in Linguistic Theory*, Beijing：Foreign Language Teaching and Research Press, 2003, pp. 22-24.

② 王寅：《认知语言学》，上海：上海外语教育出版社，2007年，第118-129页。

否具有足够的家族相似性。原型范畴理论被广泛地运用于认知语言学的研究，如用原型理论可以很好地解释词汇和语言构式的多义性之间的关系（Lakoff，1977，1987；Fillmore，1975；Coleman & Kay，1981）。但原型范畴理论也有其缺陷：属性列表过于简单，无法解释对语境的敏感性；属性来源问题上，属性应当更多地与知觉、行动、意向等建立系统化的联系而不只是一些概念；对范畴边界的忽视，一个范畴不可能无限向外延展，再模糊的边界也应有其范围。①

无论是从经典范畴理论还是原型范畴理论来看，分类是人们把握外部事件的一种基本认识方式，是人们对事物的特征、属性以及事物之间的关系进行的逻辑概括，正是这样的对逻辑概括的认识为委婉语词的表达提供了可能。我们知道，委婉语词生成的核心特征是替代，用B替代A，就是在语言表达中用一物替代另一物。委婉语词的替代主要涉及两种类型：转喻型替代和隐喻型替代。不管是哪种类型的替代，分类都是替代的基础。

（1）转喻型替代：就是在委婉语词生成过程中用一物转指另一物。①整体代部分：如英语中用"bosom"（前胸）、"bust"（半身像）、"chest"（胸膛）替代"breast"（乳房），汉语中用"女人"替代"情妇"等；②部分代整体：如用"袁大头""袁世凯"替代"金钱"；③事物特征和属性代事物本身：如用"腿脚不便"替代"跛脚"，"喝高了"替代"喝醉酒"；④地点代事物/事件：如用"上八宝山"替代"死"，"压马路"替代"谈恋爱"，"a woman of the streets"（街头女）替代"prostitute"（妓女）；⑤时间代事物/事件：如用"靖康耻"替代"靖康之乱"事件；⑥工具代活动：如用"贪杯"替代"嗜酒"，"red

---

① W. Croft, D. A. Cruse: *Cognitive Linguistics*, Beijing: Peking University Press, 2006, pp. 87 - 91.

tape"（红带）替代"excessive regulations or rigid conformity"（繁文缛节）；⑦结果代原因：如用"白首""白发"替代"老年"；⑧具体代抽象：如用"狼烟""烽火""干戈"替代"战争"或"战乱"。可以看出，上述各种替代，都是整体与部分或部分与部分之间的替代。如果说整体体现的是一个大类，部分体现的是一个小类，那么转喻型替代就是大类与小类之间的替代，或者说是类与类之间的替代。对整体和部分的认识就涉及分类的逻辑活动，只有将"类"与"分类"弄清楚，才能进一步说明类与类之间的替代为什么能发生。

（2）隐喻型替代：就是在委婉语词生成过程中用一物喻另一物，通过对一物的感知、体验、想象、理解来类比另一物。如英语中用"lemons"（柠檬）、"melon"（瓜）、"sweet potatoes"（甜薯）、"grapefruit"（葡萄柚）、"headlights"（汽车前灯）、"bumpers"（汽车保险杠）来替代"breast"（乳房）。汉语中用"暮年"替代老年，"失足妇女"替代卖淫女，"绣花枕头"替代虚有其表而无真才实学的人，"耳朵软"替代没主见等。这些委婉语词的替代过程都涉及用一物类比另一物，替代物与被替代物分属在事物、动作、情形、状态等各种不同的类。替代实现的基础是不同类的事物之间具有相似的属性和特征，要把握事物的属性和特征就必须有分类的意识。隐喻型替代的发生"在事实上构成了处在描述与重新描述之间、既具有解构性又具有建构性的分类逻辑重组的中间环节"[①]。

委婉语词生成中的 B 替代 A，不管是转喻型替代还是隐喻型替代，都是以分类逻辑为基础的。替代的发生首先要建在人们对事物的一般分类的约定俗成认识的基础之上。也就是说，人类的分类逻辑意识是替代能够发生的必要条件，分类逻辑是委婉语词生成的逻辑前提。

---

① 安军、郭贵春：《隐喻的逻辑特征》，《哲学研究》，2007（2），第 100 页。

6.1.2 分类与委婉语词的可能

分类（taxonomy）一词是从生物学借鉴过来的，以生物属性差异的程度和亲缘关系的远近为依据，将不同的生物加以鉴定、描述、命名和归类。如生物分类学将地球上现存的生物一次划分为界、门、纲、目、科、属、种 7 个等级，其中种是基本单元。需要指出的是，人类认识上的分类与科学的分类（scientific taxonomy）是有区别的。科学的分类太过繁杂，远远超出普通人的认识范围；另外，科学的分类忽视了人同外界事物的联系和互动，正是人、物之间的互动才使得事物及其属性在人的意识中得到不同的评估，显示出不同的重要性。委婉语词生成过程中替代得以实现的基础是语言主体大脑中已有的对事物分类的意识，这种分类意识体现的是大众分类学（folk taxonomy）的知识。这种分类意识建立在人们规约性的认识的基础上，受文化、环境、个人经验的影响。因此，相对科学的分类而言，有时人们认识上的分类是不太恰当的。如我国古代的人把"鲸"归为鱼类，把"心"归为思维工具类。成语"三心二意"的意思是心里想这样又想那样，形容犹豫不决，"心"同"意"表示想法，是用思维的工具替代思维的内容，因为"心之官则思"，古人认为"心"是思维器官。这样的分类虽然不当，但习非成是，在人们意识中已约定俗成。再如，汉语中的新词"蚁族""啃老族""月光族""上班族""蜗居族""奥迪一族""奥拓一族"等都反映出人们根据日常生活经验而不是科学知识进行的分类。

分类的发生建立在人们对事物之间的常规关系的认识的基础上。常规关系由列文森（S. Levinson）在新格赖斯会话含义推导的研究中提出，列文森认为格赖斯的合作原则中的四条会话准则可以归结为三条：量的原则、方式原则和信息原则。其中的信息原则是"设定话语所涉及的对象和事件之间所形成的关系是常规关系（stereotypical relations），除非另有说明"①。但列文森对常规关系没有作细致的讨论。徐盛桓对常规关系进行了多次论述,其基本观点是:"从本体论来说,常规关系是事物自身的关系,为语言的表达所利用;……从认识论来说,常规关系是社会群体以关系来把握世界的认知方式的存在形式和传播媒介;从方法论来说,常规关系作为认知世界的一种方式方法,是对人认识事物的具体方法的反思后形成的一种思维方法,成为自觉或不自觉的认识事物的一种视角、一种图式、一种框架、一种模型。"② 常规关系作为一种知识的表征结构,是根据认知科学和认知心理学的研究成果而提出的一种知识表征假设。这一假说的基本思想基于以下几点:①人们的知识来源于人的切身经验;②人们的知识表征不是定位存储于大脑之中的,而是分布式存储,这是联结注意的观点;③人类的知识是一个由无数个亚系统组成的系统,系统的元素以及系统之间的关系可以抽象为相邻/相似的关系。

事物之间的常规关系可以进一步抽象为相邻/相似关系两个维度,也就是说,人们可以通过把握事物之间的[相邻±]、[相似±]关系对事物进行分类认识。这种认识的结果就会形成以[相邻±]、[相似±]关系为中介建立的一个既分类又分层级的复杂的巨型的知识网络系统,储存于大脑就是人们认识事物的类层级结构(type hierarchy structure)。③ 类层级结构的研究是从人工智能的研究中发展起来的。类层级结构是人类存储知识的重要形式,将单体(entity)加以分类和罗列,构建相似空间(space of similarity),空间内的单体归属一类,具有

---

① S. C. Levinson: "Pragmatics and the Grammar of Anarphora: A Partial Pragmatic Reduction of Binding and Control Phenomena", *Journal of Linguistics*, 1987 (23), pp. 379 – 434.
② 徐盛桓:《常规关系与认知化——再论常规关系》,《外国语》,2002 (1),第6-7页。
③ 徐盛桓:《转喻为什么可能——"转喻与逻辑"研究之二:"内涵外延传承"说对转喻的解释》,《上海交通大学学报(哲学社会科学版)》,2008 (1),第69-77页。

其上位类的共同特征。① 徐盛桓在此基础上深化了对类层级结构的研究，具体地说，"任何一个事物都是世界事物系统中的一个类层级（TyH）中的一个范畴中的一个单体"②。例如，一头猪这个单体同具有类属相似性的其他的猪构成一小类"猪"；猪又同牛、羊、鱼、鸟、虫等分别构成几个较大的类——鱼类、两栖类、爬行类、鸟类、哺乳类，这些类又可以抽象为脊柱动物和无脊柱动物；并进而构成更大的类——动物。动物与植物又可以形成更上位的一类：生物。生物同动物、植物，动物同鱼类、两栖类、爬行类、鸟类、哺乳类，植物同苔藓植物、蕨类植物、裸子植物、被子植物及其下位的门、纲、目、科及其亚类等，就是各个不同的类层级。值得注意的是，猪、牛、羊、青鱼、草鱼、鲫鱼等不但可以抽象为"动物"，还可以以它们所具有的另外的特征同水稻、麦子、蔬菜等构成一个"食品"的大类。因此，理论上说，单体、类和层级的区分与类聚都是无法穷尽的，它们纵横交错，形成一个巨大的类层级结构。而且，随着人们对外部事物认识的扩大和加深，作为开放性体系的类和层级还会处于不断的发展和变化之中，因此，这样一个巨大的类层级结构是一个开放型的结构。在这个类层级结构里，越处于下位，单体的具体性越大；越在上位，抽象性越强（见图6.1）。

---

① C. Barrire, F. Popowich: "Expanding the Type Hierarchy with Nonlexical Concepts", in H. Hamilton, Q. Yang, eds., *Lecture Notes in Computer Science*, 1822, *Proceedings of the 13*[th] *Biennial Conference of Canadian Society on Computational Studies of Intelligence: Advances in Artificial Intelligence*, London: Springer-Verlag, 2000, pp. 53 – 68.
② 徐盛桓:《转喻与分类逻辑》,《外语教学与研究》, 2008 (2), 第 95 页。

```
                    T_y H_(x)
         ┌────┬────┬────┬────┐
         X_A  X_B  X_C   …
      ┌───┼───┬────┐
     X_A1 X_A2 X_A3  …
   ┌──┬──┼──┬──┐
   …  …  …  …
```

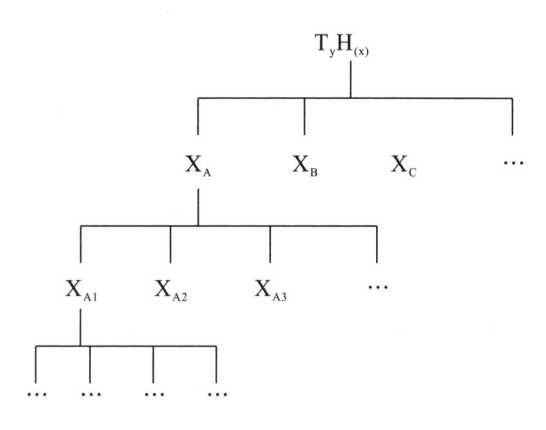

图 6.1　类层级结构图

如图 6.1 所示，事物 X_{A1} 处于类层级 $T_yH_{(x)}$ 的某一范畴 X_A 内，单体 X_{A2}，X_{A3}，X_{A4}…同 X_{A1} 属性和/或功能和/或特征等方面有不同程度的相似，因此彼此为邻，在认识上被概括为范畴 X_A。由此类推，单体 X_{B1}，X_{B2}，X_{B3}…可构成范畴 X_B；单体 X_{C1}，X_{C2}，X_{C3}…构成范畴 X_C 等。X_A，X_B，X_C，…，X_{n+1} 最终形成类层级结构 $T_yH_{(x)}$。在这个结构中，X_{A1} 处于下位范畴，具体性更强；X_A 处于上位范畴，更具抽象性。由于类和层级的开放性，范畴 X_A 成为上位层级（supertype hierarchy）$Y_yH_{(y)}$ 的一个单体 Y_{A1}，$T_yH_{(x)}$ 会是更高类层级 $Y_yH_{(y)}$ 的下位类层级（subtype hierarchy），以此类推，形成更多的上下位类层级。

类层级结构可划分为两种形态：分类类层级结构（taxonomic type hierarchy）和构成类层级结构（compositional type hierarchy）。分类类层级结构体现的是同类的集合。以"报纸"为例。在分类类层级结构中的下位层级单体由《人民日报》《光明日报》《新京报》《读卖新闻》《纽约时报》《华盛顿邮报》等构成。所列单体《人民日报》《纽约时报》等分别是"报纸"的一种，在人们的认识中，《人民日报》《光明日报》《纽约时报》等彼此具有相似性，都能体现出上位层级范畴"报纸"的多方面的内外特征。因此分类关系具有传承性，即上下位层级范畴之间在属性和特征上有传承性。构成类层级结构也称为部分-整体类层级结构（part-whole type hierarchy），体现为一个类的各个组成部分的集结。假如上位层级范畴仍为"报纸"，构成其下位层级的单体是报头、栏目、标题、副标题、文章、广告等。报头、栏目、标题、文章、广告等是"报纸"的组成部分，人们在认识上突出它们的相邻性："报纸"与报头、栏目、标题、文章等有领属相邻关系；而报头、栏目、标题、文章等彼此有同属相邻关系，或者从另一个角度看，它们具有空间相邻性。从类层级结构的两种形态可以看出，相邻/相似关系横向存在于范畴内和范畴之间，相邻/相似关系也存在毗邻的上下位层级的相关范畴之间，相邻/相似性是传承性的基础，有了范畴之间和/或层级之间的传承才让委婉语词 B 替代 A 成为可能。

委婉语词 B 能替代 A 是因为 B 和 A 总能在特定的类层级结构中建立相邻/相似关系。A 和 B 在人们认识的类层级结构中都有一个适当的位置，分别代表一个单体和/或范畴，是别的单体或范畴的上位范畴或下位范畴。换句话说，它们是同属于某一上位范畴的不同范畴，也可以是上下位层级的相关范畴。A 和 B 体现在同一委婉语词中分别蕴含两个关系体或两个相关的概念或范畴。从逻辑角度来看，[A 是 B] 是范畴之间的转换，转换的基础是范畴之间的相邻/相似性。因此，[A 是 B] 可以理解为 A 和 B 相邻或相似，也就是说，委婉语词和委婉对象之间要么彼此相邻，要么彼此相似。具有相邻/相似关系的 A 和 B 两个关系体，一关系体的存在总是内在地蕴含另一关系体的存在，即在一定语境下，提到 B 就可能领会到 A。比如汉语中用"大团结"替代人民币，"女人"替代情妇，"文化工作者"替代歌手是因为两个概念之间有相邻关系，"大团结"与人民币是部分-整体相邻，从另一个角度来看，它们也是空间相邻；"女人"与情妇是整体-部分相邻；"文化工作者"与歌手也是整体-部分相邻。再如，英语中用"big C"替代"cancer"

（癌症），用"ED"替代"erectile dysfunction"（勃起功能障碍/阳痿）是因为 C 和 ED 分别是"cancer"和"erectile dysfunction"的首字母，它们之间从词形上看有相邻关系（部分－整体相邻），彼此为关系体。在一定语境下，提到"big C"就会领会到"cancer"，提到"ED"就会领会到"erectile dysfunction"。

由此可见，委婉语词 B 替代 A 是以分类逻辑为基础的，与储存于人们大脑中的知识的类层级结构密切相关。但是，委婉语词的实际运用是多样的，委婉语词 B 替代 A 并不都是像"女人"替代情妇、"big C"替代"cancer"这样可以直观感觉到的毗邻层级上下位之间的替代来实现。更多情况要求类层级结构进行调整，形成分类的精细化和重组。比如用"星星的孩子"替代自闭症儿童，"郊寒岛瘦"替代寒酸，"domestic engineer"（家政工程师）替代"housewife"（家庭妇女），"monitor"（监听员）替代"spy"（间谍）等，更多的委婉语词在替代过程中所涉及的两个概念并没有分布在相邻的类层级结构中，替代的实现要求类层级结构的类的特殊配置和排列。下面，我们将用外延内涵传承说对委婉语词 B 替代 A 实现的可能作进一步细化研究。

6.2 外延内涵传承与委婉语词

"外延内涵传承说"是徐盛桓为系统研究语义变异的修辞性话语的语义表征提出的理论框架，用以说明隐喻转喻的机理和构建隐喻转喻话语语义加工模型。基本精神是"A→通过外延内涵的传承→B"。在一定语境下，[A 是 B] 得以实现的过程就是 A 和 B 的有关概念的外延内涵传承的过程；或者说，B 替代 A 成为可能是因为二者的相关概念实现了外延内涵的传承。首先，我们对外延内涵传承说作一般性说明。

6.2.1 外延内涵传承说

"外延内涵传承说"涉及3个重要的概念：概念、外延和内涵。

"外延内涵传承说"涉及的"概念"包括两个方面的内容。一方面，在语言运用中，它是认知主体的心智现象，是心智对外部事物获得的抽象的、概括的认识。主体通过感官获得事物的感觉信息，在感觉、知觉、意象的基础上进一步抽象便是心智中的概念化过程。另一方面，在语言的抽象作用下，对心智概括的内容以语言符号加以固化，就是语言学和逻辑学意义上的"概念"。作为心智现象的"概念"是隐性的，体现为语言符号的"概念"是显性的。

外延和内涵是一个概念的两个方面。"概念的内涵就是概念所反映的事物的特有属性；概念的外延就是具有概念所反映的特有属性的事物。"[1] 事物的特有属性是某类事物普遍的、必然的属性，包括事物的全部内外特征。如"人"的内涵内容包括"人"的内外结构、特征、属性、功能等，"人"的外延就是每个个体的人。作为思维工具的概念是看不见的，思维外显的重要工具是语言，因为概念要用词语来承载。从这个意义看，"概念－内涵－外延"与"词语－词义－指称"有一定的对应关系。在下面的研究中，为了行文简洁，"概念－内涵－外延"与"词语－词义－指称"两个系列的术语可能会互用。

"外延内涵传承说"认为，知识在人类大脑中是以类层级结构的形式组织起来的，人们对任何事物的认识都是假设它存在于类层级结构的一个适当的位置，且上下位范畴之间具有外延内涵的传承关系。[2] 从前文我们知道，类层级结构分为分类类层级和构成类层级两种形态。分类

---

[1] 金岳霖：《形式逻辑》，北京：人民出版社，1979年，第22页。
[2] 徐盛桓：《转喻与分类逻辑》，《外语教学与研究》，2008（2），第93-99页。

类层级结构是同类事物的集结,是按照事物的外延进行的分类;构成类层级结构是具有不同性质的组成部分的集结,是按事物的内涵进行的分类,下位的单体或范畴体现的是其上位类的不同属性。由此可见,在类层级结构中,处于下位的所有单体或范畴就是其相邻上位类的外延,而处于上位类的内涵内容包括属性、特征、功能等就会被处于下位层级的单体或范畴所继承。比如上位类为"人",如果按外部特征分类,其外延就是"白色人种""黄色人种""黑色人种""棕色人种"等。这些不同的人种就是"人"的下位范畴,继承了上位类"人"的内涵内容。同样还可以按照人种的分布进行分类,那么"白色人种"再进行分类就有"德国人""法国人""英国人""俄罗斯人"等,这些民族就是"白色人种"类的外延,并且继承了"白色人种"的内涵内容,同时也继承了"人"的内涵内容。这样,上下位类层级结构中的类和相关的单体或范畴之间就具有外延和内涵的传承关系。

"外延内涵传承说"认为,"传承"是这样一个过程:一个语句里的某个词语如果涉及B替代A("A是B")这样的修辞表达,不管B是显性的还是隐性的,都可能发生A与B外延内涵的传承。"所谓'传承',就是A把自己的外延、内涵内容分解,根据语境,选择一个涵项内容'输传'出去,并以能表征B的概念来承载,就构成了'A是B'。"[①] 例如,在一定语境下,出于委婉和美化的目的,需要用"城市美容师"替代扫地工人,扫地工人给城市街道做清洁就像给城市做美容一样。首先,主体在心里把扫地工人(A)的外延、内涵内容分解,并选取"功能"涵项中"让城市干净整洁"这个支涵项,然后把它"输传"出去,并用能表征这个涵项的"城市美容师"(B)来承载,从而用"城市美容师"(B)来替代扫地工人(A)。

---

① 徐盛桓:《"A是B的启示"——再谈外延内涵传承说》,《中国外语》,2010(5),第22页。

一个事物就是一个综合体，其内涵内容涉及诸多方面。因此，一个概念的涵项也包括很多方面。一个涵项下有分涵项，分涵项下可能有支涵项，每个支涵项有可能再细分为若干分支涵项，以此类推，在理论上形成一个难以穷尽的有关外部事物认识的类层级结构。一个概念的涵项、分涵项、支涵项是一个开放集，随着人们对事物认识的加深而发展。为了便于说明，内涵内容可以归纳为 4 个方面：①结构和位置（structure）；②特征和属性（property）；③来源和生成（origin）；④作用和功能（function）。概念内涵内容的 4 个主要方面可以抽象为外延内涵传承的 4 种模式（IN（heritance）（x x x））①：

（1）结构和位置传承模式（IN（STRU））。外延内涵传承的内容涉及对象事物在一个类层级结构中所处的位置。

（2）特征和属性传承模式（IN（PROP））。外延内涵传承的内容涉及对象事物的特征和属性，包括事物的运动、变化、结构、层次、构成、特征、规律、条件、结果等。

（3）生成和来源传承模式（IN（ORIG））。外延内涵传承的内容涉及对象事物的生成和来源，包括事物的历史、过程、原因、原料、产生地、方式方法等。

（4）功能和作用传承模式（IN（FUNC））。外延内涵传承的内容涉及对象事物的功能和作用，包括事物的功能、作用、地位、所扮演的角色等。

由此，正是类层级结构中上下位范畴之间的传承关系，才使得人们可能在认识上将两个相关的概念暂时等同起来，从而使两个表达形式得以替换，这就是委婉语词之所以可能形成的原因。从认知机制角度区分，委婉语词的替代形式可分为转喻型替代和隐喻型替代。转喻型替代

---

① 徐盛桓：《"A 是 B 的启示"——再谈外延内涵传承说》，《中国外语》，2010（5），第 25 页。

以相邻关系为基础，两个表达形式所指称的概念之间发生了外延内涵上的传承，实现了整体－部分、部分－整体、部分－部分之间的替代；而隐喻型替代以相似关系为基础，需要临时建立一个以两个相关范畴的相似点为基础的上位范畴，这使两个相关范畴临时被归为同一类并继承了这个更高层级的类的内涵，从而使隐喻型替代成为可能。替代看上去只是发生在语言表达层面的表达形式之间的替代，而真正为替代的发生提供可能性基础的则是两个表达形式所指称的概念/范畴之间的互动。由于转喻型替代和隐喻型替代分别以相邻关系和相似关系为基础，下面，我们分别从基于相邻关系传承和相似关系传承解析委婉语词B能替代A的原因。

6.2.2 基于相邻关系传承与委婉语词

委婉语词的发生是在一定的语境下，主体出于某种原因不便直言某物，用委婉的、动听的、中立的、美化的语词来替代。基于相邻关系的委婉语词B替代A（"A是B"）就是提取A的部分外延内涵内容，并将所选内容"输传"出去，选择认定一个这部分内容中的B来"承载"，实现B对A的替代。也就是说，以A的某个外延或A的某个涵项来充当B来解释A。如图6.2所示：

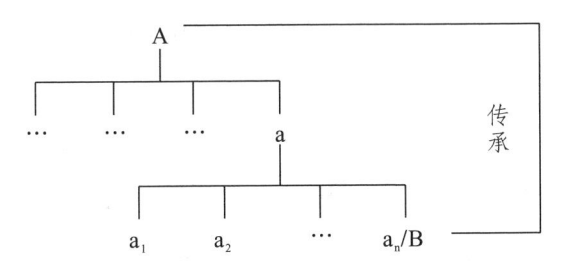

图6.2　基于相邻关系传承图示

从图6.2可以看出，处于下位层级的单体/范畴 a 是上位类 A 的一个外延，a 必定传承了 A 类的一些属性和特征。下位范畴 a 可以再划分

一系列分涵项 a_1，a_2，a_3，…，a_n，B 就是分涵项中的一项 a_n。基于相邻关系传承的过程是这样的：

（1）以常规关系确定 A 在类层级结构中的位置。

（2）对 A 的外延内涵的内容进行分解，得到一系列分涵项 a_1，a_2，a_3，…，a_n，从中选定一个涵项 a_n 来充当 B。外延内涵内容的分解可能分一次或多次完成，直至选定涵项 B。

（3）B 的选用根据需要而定，任何一个涵项都有可能在特定语境中、在特定的需要中被认定和选择。

（4）选定的 B"承载"A 的部分外延内涵内容。由于 B 就是 A 的一部分，它们之间的外延内涵的传承必定能发生。

下面，我们用实例分析来说明基于相邻关系的传承是如何发生的。试看下例：

①该局工作人员表示，以往像张先生夫妇这样的城市务工人员是可以以个体工商户名义购买养老保险的。（网易新闻，http://news.163.com/09/0609/13/5BCDI7LE000120GR.html，2013-09-01）

②窥探"雨人"大脑的秘密。（新浪网，http://news.sina.com.cn/o/2005-12-17/11207732074s.shtml，2013-09-01）

在例①中，"城市务工人员"是替代农民工的委婉语词。随着社会对弱势群体越来越关注，对弱势群体的称谓词也不断变化，变得更为礼貌、悦耳，包容性更强。"城市务工人员"是对农民工的委婉称谓词之一。例②中的"雨人"是替代自闭症患者的委婉语词。自闭症患者又称孤独症患者，与人交流和社会交往的障碍使得他们处于社会的边缘，他们是弱势群体的一部分，是社会关注和关心的群体。同样，人们在称谓自闭症患者时，往往会用委婉的、体现包容性的中立语，"雨人"就是其中一例。"雨人"源自美国电影《雨人》(*Rain Man*)，其主人公就是一位自闭症患者。这两例委婉语词的运用可以形式化为［A 是 B］结构式：

①′［农民工是城市务工人员］
②′［自闭症患者是雨人］

这两例都是基于相邻关系传承的替代，但替代涉及的层级有所不同。"农民工→城市务工人员"的外延内涵传承见图6.3：

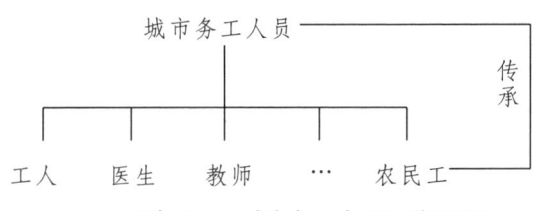

图6.3 "农民工→城市务工人员"传承图示

如图6.3所示，从类层级结构的角度看，"城市务工人员"替代农民工主要涉及分类结构。"城市务工人员"作为一个范畴，有其下位范畴，如"老师""工人""医生""农民工"等。他们都是"城市务工人员"这一概念的外延，他们在认识上是一种分类结构关系，上位类与下位类之间在外延和内涵上都有传承性。也就是说，上位类的"城市务工人员"和下位类的"农民工"之间有着内涵外延的传承性，是"城市务工人员"替代"农民工"的逻辑基础。"城市务工人员"和"农民工"在类层级结构中是邻接的上下类，传承的路径较简单。

"自闭症患者→雨人"的传承路径较复杂，其外延内涵传承过程见图6.4：

```
                自闭症患者
         ┌─────────┼─────────┐           传
      患者1 患者2  …  患者n                承
              ┌────┼────┬────┐
            结构  来源  特征  功能
              ┌────┼────┐
          现实生活 …  文艺作品
                    ┌────┤
                   … 《雨人》
                      │
                    一部电影
              ┌────┬─┼──┬────┐          传
            来源  特征 功能 结构            承
                          ┌──┴──┐
                         情节 … 人物
                              ┌──┴────┐
                             男性   自闭症患者
```

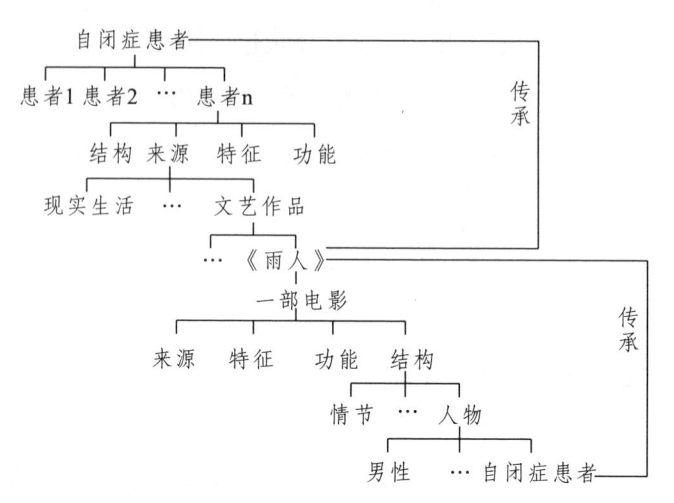

图 6.4 "自闭症患者→雨人"传承图示

图 6.4 分解了"自闭症患者"的外延和内涵内容,反映了"自闭症患者→雨人"的外延内涵传承过程。首先,"自闭症患者"作为一个上位类,统领各个单体的自闭症患者,这些单个的自闭症"患者 1""患者 2"……"患者 n"就是"自闭症患者"的外延,在这个层级结构中它们具有类属关系,体现为外延的传承性。同时,每个单体的"患者 n"又有它的内涵内容,即有自身的特性,包括结构、特征、功能、来源等方面。这些内涵的全部内容构成了"自闭症患者 n"的整体,每一个涵项就是"自闭症患者"整体的一部分,这样就建立起以"自闭症患者 n"为上位的部分-整体类层级结构,体现了内涵的传承性。其中内涵内容中的"来源"特性又由次来源如"现实生活""文艺作品"等构成。这样,"来源"特性与"现实生活""文艺作品"等又成为一个分类结构。电影《雨人》是有关自闭症患者的"文艺作品"下的一个外延,二者之间也具有类属关系,体现为外延的传承性。

图 6.4 首先分解了"雨人"的内涵特征。作为一部电影,《雨人》有它自身的内涵内容,包括来源、特征、功能、结构等方面,每一个涵项内容都是上位类电影《雨人》的一部分,这样就可以建立以电影

《雨人》为上位类的部分-整体类层级结构,体现内涵的传承性。其中内涵内容中的"结构"特性又由"情节""人物"等构成,形成一个分类结构,体现外延的传承。在"人物"次结构中又可以按照内涵内容进一步分解,"自闭症患者"是"人物"的一个涵项,二者之间是整体-部分关系,体现了内涵的传承性。

图 6.4 中"自闭症患者"和"雨人"相呼应,进一步说明二者的传承关系和传承通道。从"自闭症患者→雨人"的传承过程可以发现,传承不是一次完成的。在一个概念或范畴的类层级结构中,分类不断细化,形成一系列不同但又相互关联的类层级结构,传承会涉及分类结构也会涉及整体-部分结构,可能既涉及外延又涉及内涵。这样,外延与内涵、分类结构与部分-整体结构就交错在一起。上位类的部分属性和特征内容"输传"给了下位,下位"承载"了这些内容,形成传承的关系。传承关系层层传递,形成一个贯通的传承通道。

6.2.3 基于相似关系传承与委婉语词

基于相似关系的委婉语词 B 替代 A("A 是 B"),其中 A 和 B 所指称的事物在人们的类层级知识结构中分属不同的类,需要在认识上临时建立一个以 A 和 B 的相似点为基础的上位范畴,那么 A 和 B 就是分属于这个临时范畴的不同外延。由于类层级结构中上下层级间具有外延内涵的传承关系,这样 A 和 B 之间的传承通道得以打通,如图 6.5 所示:

```
            C
            |
     A      |      B
    /|\    / \    /|\
   … … … a   b … … …
         └传承┘
```

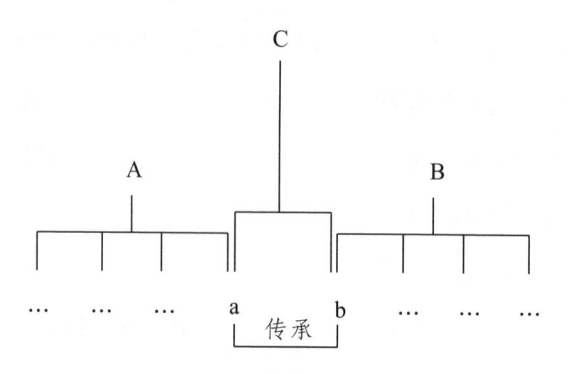

图 6.5　基于相似关系传承图示

如图 6.5 所示，一方面，A 和 B 分属于不同的类，那么 A 和 B 就是各自上位类的外延，并继承上位范畴的特征、属性和其他内涵内容。另一方面，A 和 B 还可以根据它们的属性、特征、来源、功能、外形构造等来作不同的分类，二者可以基于某一相似点（a/b）经过分类的格式塔转换后在认识上归属一个新类 C，A 和 B 就是临时建立的新类 C 的两个外延，二者继承 C 的属性。C 类的建立基于 A 和 B 特性中的某一相似点 a/b，相似点 a/b 就是传承的基点。

基于相似关系的传承过程是这样的：

（1）以常规关系确定 A 和 B 在类层级结构中的位置。

（2）分别对 A 和 B 的内涵内容进行分解，认定 A 和 B 在内涵内容（结构、来源、属性、功能等）中的某一方面的相似点，即涵项 a/b。

（3）提取涵项 a/b，引入更抽象的联系，在认识上临时建立以 a/b 为特性的新类 C。

（4）A 和 B 分别发生分类类层级结构的格式塔转换，归入新类 C，成为 C 类的两个外延。

（5）A 和 B 分别发生部分-整体层级结构的格式塔转换，继承新类 C 的特征和属性。

（6）新类 C 的建立为 A 和 B 之间的外延内涵传承提供了通道。

下面，我们用实例分析基于相似关系的传承过程是如何发生的。试看以下两例：

③世界自闭症日：关注星星的孩子。（新浪网，http://baby.sina.com.cn/news/2011-04-02/103847361.shtml，2013-09-03）

④A reader reports that... his son had held a summer job mowing grass and weeding flower beds at a local factory as an 'Industrial Landscape Manager'. (*Quarterly Review of Doublespeak*, 4/84, 转摘自 H. Rawson, *Rawson's Dictionary of Euphemisms and Other Doubletalk*, p.250)

在例③中，"星星的孩子"是"自闭症儿童"的委婉语词。同例②中的"雨人"一样，"星星的孩子"是在当今社会包容性发展的时代主题下用来称谓自闭症儿童的委婉语词中的一例。由于"自闭症患者→雨人"和"自闭症儿童→星星的孩子"传承的路径不一样，前者是基于相邻性的传承，后者是基于相似性的传承，因此，我们以此为例作对比分析。例④中"landscape manager"（本义：景观管理人员）是替代"gardener"（园丁）的委婉语词。在当代社会，人们倾向于用动听的、美化的语词称谓从事体力劳动的人，体现社会的包容性和人文关怀。这两例委婉语词的运用可以形式化为［A是B］结构式：

③′［自闭症儿童是星星的孩子］
④′［gardener IS landscape manager］

在例③′中，由于"星星的孩子"涉及两个概念"星星"和"孩子"，我们用这个表达式的核心概念"星星"作图解分析（见图6.6）。

"自闭症儿童"和"星星"在人们的类层级知识结构中分属不同的类，一个是"病人"类，另一个是"天体"类。自闭症是一种终身性疾病，患者容貌与正常人没有区别。但作为一个特殊的群体，他们有自己的特征，如"孤独离群""言语障碍""兴趣狭窄""智力发育不均衡"等，这些特征就是"自闭症儿童"的内涵特征中的涵项。"孤独离群"是其中一个涵项。"星星"作为天体也有其内涵特征，如"远离地球""发光发亮""椭球体"等，"远离地球"是"星星"这一概念其中一个涵项。那么基于"孤独离群"和"远离地球"这个相似点"自闭症儿童"和"星星"可以归为一个临时建立起来的新类"孤单类"的两个外延，二者都继承了新类"孤单类"的属性。"孤独离群"这个特征是自闭症儿童本身固有的属性，此前可能是荫蔽的、未被感知的，在临时新类"孤单类"建立后得以激活和彰显。新类的建立为两个概念的外延内涵传承提供了通道，这就从原则上说明了"星星的孩子"替代自闭症儿童的可能性。

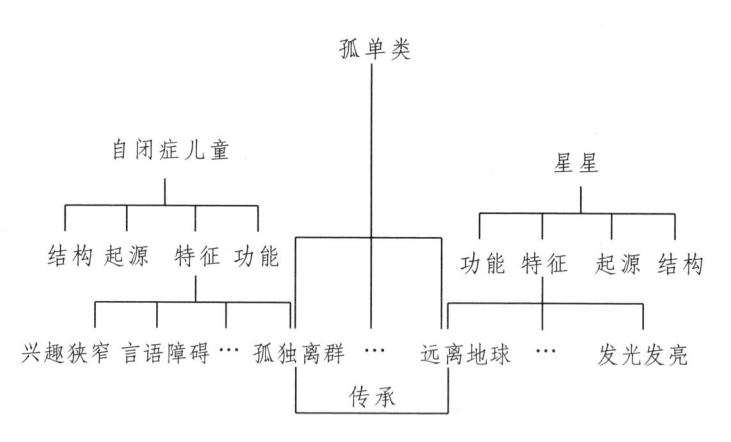

```
                    孤单类
                      |
   自闭症儿童                        星星
      |                                |
 ┌──┬──┬──┐                    ┌──┬──┬──┐
结构 起源 特征 功能              功能 特征 起源 结构
      |                                |
兴趣狭窄 言语障碍 … 孤独离群 … 远离地球 … 发光发亮
                        传承
```

图6.6　"自闭症儿童→星星"传承图示

在例④′中，"landscape manager"也涉及两个概念"landscape"和"manager"。同样，我们用表达式的核心概念"manager"作图解分析如下（见图6.7）：

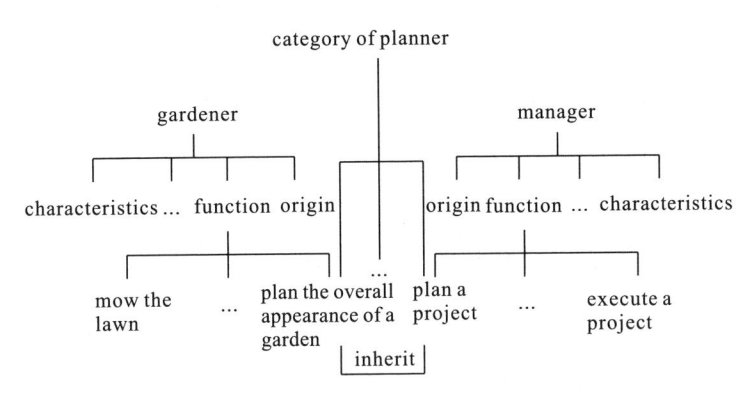

```
                    category of planner
                          |
        ┌─────────────────┴─────────────────┐
     gardener                             manager
        |                                    |
   ┌────┼────┬─────┐                ┌────┬───┼────┐
characteristics... function origin   origin function ... characteristics
        ┌────┴────┐     |       |    ┌────┴────┐
      mow    plan the  ...   plan a           execute
      the    overall         project          a
      lawn   appearance                        project
             of a garden
                      └──inherit──┘
```

图6.7 "gardener→landscape manager" **传承图示**

如图 6.7 所示，"gardener" 和 "manager" 在人们的类层级结构中分属不同的类。前者属于"体力劳动者"类，后者属于"脑力劳动者"类，"gardener" 和 "manager" 分别是这两个类的外延，并继承其上位类的基本内涵内容。同时 "gardener" 和 "manager" 还可以根据它们的来源、属性、功能等作不同的分类。"gardener" 的功能包括 "mow the lawn" "water the flower bed" "plan the overall appearance of a garden" 等，这些功能特征就是 "gardener" 的内涵特征中的涵项，"plan the overall appearance of a garden" 就是其中的一个涵项。"manager" 的功能包括 "plan a project" "start a project" "close a project" "execute a project" 等，"plan a project" 就是其内涵内容中的一个涵项。这样，"gardener" 和 "manager" 可以以 "plan something" 为相似点，通过分类的格式塔转换在认识上临时归入一个新类 "planner"，二者继承新建的上位类 "planner" 的基本属性和特征。"plan something" 这个属性是 "gardener" 自身所有的属性，此前可能处于荫蔽状态，不易被感知，通过临时新类 "planner" 的建立，属性被激活得以彰显。新类 "planner" 的建立为 "gardener" 和 "manager" 两个概念的外延内涵的传承提供了通道，这从根本上解释了 "landscape manager" 为什么可以替代 "gardener" 成为其委婉语词的一个用例。

从以上实例分析可以看出，委婉语词 B 替代 A 成为可能，是因为两个表达式所指称的概念或范畴之间发生了外延内涵的传承。传承的过程分两个阶段：首先，心目中有一个不便明说的事物（即 A），它可能是不雅的、难听的、忌讳的，或是带有歧视意味的，根据语境，在恰当的外延下捕捉一个涵项；然后，将这一涵项输"传"下去，至适当分支涵项，确定一个自然语言的概念来"承"载，也就是委婉语词（即 B），实现以 B 替代 A，即在这一语境下"A 是 B"。

我们用实例对基于相邻关系和相似关系的传承作了具体分析，从原则上解释了委婉语词 B 替代 A 为什么可能。委婉语词 B 替代 A 能实现是以分类逻辑为前提，在人们的类层级知识结构中，B 和 A 所指称的概念/范畴之间发生互动，实现外延内涵的传承。对以上解析，我们还需作两点说明。

首先需要指出的是，概念的内涵内容有些是实在的，有些则是人们的主观认识或想象。比如民间都说"狐狸"狡猾，"狡猾"就成了狐狸的一项特征属性，成为狐狸的一项内涵内容。尽管这一特征属性还没有得到动物的心理研究的证明，生物学上也不一定认同狐狸有这一属性，但这些来源于民间故事的认识积淀在人们的心理结构中，在人们的认识中已固定为一项特征属性，成为其内涵内容的一个涵项。上文分析的"星星"看上去很"孤单"也是如此，是人们心理上的一种认定，在人们认识的类层级结构中"孤单"成为"星星"的一个特征属性。另外，一些有影响力的文艺作品、民间故事对某人某物的描写如果流传甚广，那么此人此物就有可能成为某一概念的外延，只是这个外延并不在现实世界里，而是在可能世界中的想象世界里。上文的"雨人"被认定为"自闭症患者"的一个外延的情况就是如此。

另外，我们把委婉语词的替代过程所涉及的外延内涵的传承分为基于相邻关系和相似关系的传承，是因为这两种替代传承的路径不同，我们在前面的实例分析中已作解析说明。基于相邻关系的传承主要涉及层级结构,在同一个类下面不同层级互动,部分内涵外延内容层层传递;基于相似关系的传承主要涉及分类结构,A和B所指称的事物分属不同的类,根据A和B的相似性建立类比关系。但需要指出的是,在外延内涵的传承过程中,相邻性和相似性是交错作用的,不能截然分开。因为在类层级结构中概念或范畴之间总是既相邻又相似的,"相似性规定了邻近,而邻近反过来又保证更多的相似性"①。因此,基于相邻关系的传承强调相邻性,但也会涉及相似性。如例②中,从"自闭症患者"到"患者n"的认定就涉及分类结构,因为"患者1""患者2"……"患者n"之间具有相似性,是概念"自闭症患者"的一个个外延。同样,基于相似关系的传承强调相似性,但也会涉及相邻性。如例③,在临时建立起来的新类"孤单类"中,"自闭症儿童"和"星星"是其中两个外延,它们同"孤单类"是相邻关系,但"自闭症儿童"和"星星"之间具有相似性。所以,在外延内涵传承过程中,相似性和相邻性是相互"纠缠"、交错作用的。

6.3 拓扑性与委婉语词

从上面对委婉语词的逻辑属性的分析中我们知道,委婉语词B替代A的发生是因为两个表达式所指称的概念或范畴之间有外延内涵的传承。当然,传承不是物理意义上的传承,传承产生于语言主体的心理和认识。"星星的孩子"替代自闭症儿童是语言主体在心理上认定二者

---

① 米歇尔·福柯:《词与物——人文科学考古学》,莫伟民译,上海:上海三联书店,2001,第25页。

之间有替代关系，在说话/听话人的认识上两个表达式所指称的概念之间发生了外延内涵的传承，但这并不意味着在物理世界里，自闭症儿童就是"星星的孩子"，自闭症儿童本身固有的物理属性不会因此有所改变。因此，传承过程具有在不断变换中保持不变这一性质。下面我们将围绕语言过程的拓扑性质作补充说明。

6.3.1 语言过程的拓扑性质

拓扑学（topology）是数学的一个分支，本质上是关于空间关系的一般科学。拓扑性质是拓扑学所说的平面几何图形在连续性的变化中（如拉伸、弯曲等）不变的性质。[1] 连续性变化是指原图形与变换后的图形之间存在一一对应的关系。例如一根橡皮筋做的三角形在任意延伸、扭转、拉长的变形变换中，可以变成方形、圆形、多边形或不规则图形，三角形和变换后的图形在拓扑上是等价图形。从广义上来说，在拓扑转换中，如果两个物体的对应关系不间断、不重复、不增加新内容，那么两个物体之间就是一种"同胚"或"等价"的关系。因此，所谓拓扑性质是拓扑变换下（即一对一的连续变换下）的不变性质。

当代认知科学的新发展——拓扑性质知觉理论认为：知觉组织是变换中的不变性的知觉。该理论的核心思想是：知觉组织应当从变换（transformation）和变换中的不变性（invariance）知觉的角度来理解，强调知觉组织的大范围（global）特征可以用拓扑不变性来描述。[2] 不变性体现变换对感觉和感受的基本特征的影响，感觉到的意象在转换过程中可能会经历多种形式的变换，但始终体现出变换的不变性。这就好比在天空中飞翔的一只鸟，它可以不断地变换位置，改变方向，甚至上

---

[1] 维基百科，"topology"，http://en.wikipedia.org/wiki/Topology，2013 - 09 - 09.
[2] Lin Chen：" The Topological Approach to Perceptual Organization"，*Visual Cognition*，2005，12(4)，pp. 553 - 637.

下颠倒，但在观察者的视线范围内它还是同样一只鸟，它的最基本性质，即它是"一个物体"的性质仍然保持不变。用拓扑学的语言来描述，就是其连通性（connectivity）不变，即物体"作为一个连通的整体这个性质"[①] 不变。简言之，知觉不变性就是从感觉到感受的过程中可能经历多种变换但事物不失其本身的基本特征。这就是从变换和变换中的不变性的角度来理解。

这种认识的整体性和拓扑性也反映在语言过程中。"语言表达所涉及的事件和用例事件，从本质来说，就是这样的拓扑变换，……"[②] 我们在第四章分析了语言表达涉及的事件和用例事件：事件泛指外部世界出现的一切事物/事件；用例事件就是说话人在一定的语境下使用一个特定的表达式所表示的事件。比如形容女子貌美，可以说她是"出水芙蓉"，就是把女子的美貌转换为"水面上初放的荷花"，在拓扑转换中二者是等价的，是同胚的；同样，形容女子美貌还可以说她"艳若桃李"，就是把女子的美貌转换为"成熟的桃李"，二者也是等价的，是同胚的。但是，不管是转换为"荷花"还是"桃李"，女子容貌的基本物理特征不变，其作为一个联通的整体的性质不变。再如，汉语中可以说"鸡我不吃了"，也可以说"我不吃鸡了"，在特定的语境下，两个句子表达同样的意思。二者所发生的变换就是拓扑变换，它们之间的语法关系不一样，但它们的逻辑式是相通的。这就好比一根橡皮筋可以拉成三角形、方形、圆形或其他不规则图形，各个图形之间是拓扑等价的，同时，在不断的拓扑变换中其连通性始终保持不变。

莱考夫（George Lakoff）在探讨隐喻机理时提出"不变原则"（Invariance Principle）来限制从源域（source domain）到目的域（target

---

① 朱滢：《陈霖的拓扑性质知觉理论》，《心理科学》，2005，28（5），第1031页。
② 徐盛桓：《白首变法 好个江天》，《当代外语研究》，2013（6），第4页。

domain）的映射（mapping），以说明映射是如何实施的，即源域多方面的特点会系统地映射到目的域，并保留源域的意象图式结构（image-schema structure）。① 另一方面，不变原则的一个推论是目的域的意向图式结构不能受到破坏，目的域本身的意象图式结构限制了自动（automatically）映射的可能性，也就是目的域本身的结构限制了映射的内容，具有优先权（override），决定什么可以映射。② 莱考夫的隐喻映射"不变原则"所涉及的就同转换的拓扑性质相关，"不变原则"实际上是对隐喻映射过程的一种约束，源域的意象图式结构映射到目的域，但映射要保证不改变目的域本身的结构，这就是从变换中的不变性的角度来解释隐喻的映射过程。

6.3.2　委婉语词发生过程的拓扑性质

在第四章，我们解析了委婉语词从事件到用例事件的过程：在委婉语词的研究中，事件是存在于自然或社会中的由于某种原因不便直说的事情，如果直言可能会引起他人的恐惧、反感、难堪，或让他人觉得被冒犯或受到歧视。用例事件是表征不便直言事件的语言表达式，也就是委婉语词。语言主体在感官（眼、耳、鼻、舌、身）作用下形成对出于特定原因不便直说的外部事件的感觉，并以意象的形式储存于大脑中。主体在意向性作用下对储存于大脑中的关于事件的意象进行定位和选择，把注意力分配在事件的某一要素上，并对定向信息进行筛选和提取。主体在自己当下和/或过往的记忆的基础上，对定向信息进行反思，对感觉到的事件进行格式塔转换式的联想和想象，从而产生对事件的感

---

① G. Lakoff: "Contemporary Theory of Metaphor", in Andrew Ortony, ed., *Metaphor and Thought*, Cambridge: Cambridge University Press, 1993, pp. 203 – 251.
② G. Lakoff: "Contemporary Theory of Metaphor", in Andrew Ortony, ed., *Metaphor and Thought*, Cambridge: Cambridge University Press, 1993, pp. 203 – 251.

受，主体的感受转换为对事件的一个用例事件，前语言形态的用例事件为语言符号所承载，就表征为委婉语词。

委婉语词从事件到用例事件的各个阶段经历了多次变换，这个变换过程体现出拓扑性质。

首先，在委婉语词的研究中，事件和用例事件在拓扑意义上是等价的，是同胚的。具体来说就是不雅的、难听的、忌讳的，带有歧视性的事物/事件 A 可以被礼貌的、动听的、包容的、美化的委婉语词 B 替代，在一定语境下实现［A 是 B］，完成 B 对 A 的替代。例如，在特定语境下，死亡是"长眠"，妓女是"性工作者"，大龄青年是"单身贵族"，贿赂的钱款是"红包"，社会骚乱是"群体性事件"，经济萧条是"经济调整"，残疾和弱智儿童教育是"特殊教育"，理发匠是"美容美发师"，"marijuana"（毒品、大麻）是"grass"（青草），"slum"（贫民窟）是"inner city"（内城），"refugee"（难民）是"displaced person"（被迫离开家园的人），"air attack"（空中打击）是"air support"（空中支援），"overthrow government"（颠覆政府）是"regime change"（政权交替）等。以上委婉语词替代实例的情况的发生，都经历了主体从感觉到感受的多次且多种形式的变换，但这些变换始终表现出变换的不变性，因此 A 和 B 才能在一定语境下在语言主体心理上成为"等价图形"，完成在主体心理上的替代。

其次，委婉语词的发生经过从事件到用例事件的一系列转换，但委婉对象（外部事件）的物理连通性始终保持不变，即委婉对象作为一个连通的整体的这个性质不变。委婉对象的物理连通性具体体现为它本身所固有的属性在经过转换之后保持不变。作为外部事物/事件，委婉对象的属性可以概括为结构和位置、特征和属性、生成和来源、功能和作用 4 个方面。也就是说，经过从事件到用例事件的拓扑转换后，委婉对象所包括的 4 个方面的属性仍然不变。死亡可以用"长眠"来替代，但替代实现之后死亡本身的物理属性不变;"marijuana"可以用"grass"来替代,但"marijuana"本身的特征、属性、功能、来源等物理属性保持不变。转换过程中改变的是图形-背景图景,事物/事件的不同物理属性被抽取作为突显部分,让主体产生不同的心理感受,就会转换为不同的用例事件,即不同的委婉语词。突显死亡事件中"死者处于平躺状态"这个特征,就生成替代死亡的委婉语词"长眠",突显死亡事件中"尸体下葬"这个特征,就生成委婉语词"入土"。"长眠"和"入土"突显的是死亡事件中不同的属性特征,呈现的是不同的图形-背景图景,但死亡事件本身的始肇、特征、属性、过程、结果等物理属性的连通性保持不变。"grass"替代"marijuana"突显"marijuana"作为一种植物的外部特征,而"candy"替代"marijuana"突显"marijuana"作为成品的外部特征,"grass"和"candy"突显的是"marijuana"在产生过程中的不同外部特征,但不管是用"grass"还是"candy"来替代"marijuana",经过多次转换后替代完成,"marijuana"本身的各种属性特征不会改变。

由于委婉语词的发生过程具有拓扑性质,在语言主体的心理上,事件和用例事件,即委婉对象和委婉语词之间具有等价关系;同时,由于在拓扑转换过程中二者呈现出不同的图形-背景图景,二者在语言主体的心理上又是不等值的。委婉对象和委婉语词之间的等价关系是B替代A的基础;二者又是不等值的,委婉对象反映的总是不好的、不雅的、不便直言的、冒犯的、带歧视性的事物/事件,而承载用例事件的总是动听的、礼貌的、包容的、美化的委婉语词。

值得一提的是,委婉语词在外交、政治、经济、军事领域使用广泛,如:"调价"替代涨价,"经济滑坡"替代经济不景气,"搬迁"替代拆迁,"失控"替代通货膨胀,"宏观控制"替代经济领域的政府行为,"群体性事件"替代社会骚乱,"边境争端"替代边境局部战争,

"遗憾"替代不满,"尊重"替代不完全同意,"保留态度"替代拒绝同意,"坦率交谈"替代分歧很大而无法沟通,"law and order"(法律与秩序)替代"police repression"(警察镇压),"sit-in"(静坐)替代"organized protest"(有组织的示威),"industrial action"(工业行动)替代"strike"(罢工),"managed news"(受保护新闻)替代"distorted news"(歪曲报道),"budget constraints"(预算限制)替代"fund shortage"(资金短缺),"economic recession"(经济衰退)替代"economic crisis"(经济危机),"preemptive strikes"(先发制人的进攻)替代"surprise attack"(偷袭),"armed reconnaissance"(武力侦查)替代"bomb"(轰炸),"limited engagement"(有限接触)替代"regional war"(局部战争),"strategic competition"(战略竞赛)替代"nuclear arms race"(核军备竞赛),"agent"(情报人员)替代"spy"(间谍)。这些带政治性的委婉语词是政府机构或工作人员出于一定的考量不便直言而采取的权宜表达,以达到缓和社会矛盾的目的。但有批评家指出这些委婉语词像"糖衣炮弹",正如奥威尔(George Orwell)所言:"言过其实的风格本身就是委婉表达的一种……模糊了事实的轮廓,掩盖了所言的细节。"[1] 因此,政治类的委婉语词也被称为"化妆词"(cosmetic words),粉饰太平,掩盖真相,掩饰社会矛盾,而实际上不可能对负面事件有任何改变。从拓扑的角度看,委婉语词的"糖衣炮弹"或"化妆"的功效,其实质体现了其变换和变换中的不变性,负面事件用委婉的、动听的、美好的语词表达,在语言主体的心理产生正面、积极的作用,但负面事件本身固有的物理连通性保持不变。如"agent"(情报人员)替代"spy"(间谍),两个概念所指称的内容发

---

[1] George Orwell, *Politics and the English Language*, http://jpkc.fudan.edu.cn/s/61/t/96/0d/fb/info3579.htm, 2013-09-14.

生互动在主体心中产生隐晦、委婉的作用，但语词之间的替代和概念之间的互动不能改变"spy"（间谍）本身具有的特征、属性和功能。

　　本章从概念外延内涵传承的角度对委婉语词替代的逻辑特征作了阐述。分类逻辑是委婉语词生成的逻辑前提，委婉语词所涉及的两个概念/范畴之间发生互动，实现了外延内涵的传承。传承实现是在特定的语境下，语言主体在大脑的类层级知识结构中把握委婉对象所涉及的概念，分解其外延或内涵内容，确定把一个延项或涵项"传"出去，并寻找一个合适的概念"承"接这一内容，外化为语言形式就是委婉语词。这就从原则上解释了委婉语词 B 替代 A 为什么可能，为什么能发生。由于传承的路径不一样，委婉语词替代的过程可分为基于相邻关系的传承和基于相似关系的传承。不管是哪种类型的传承，都不是物理意义上的传承，而是发生在语言主体心理上、认识上的传承。委婉语词的生成过程还体现出拓扑性质，委婉语词的替代完成后，委婉对象的物理连通性始终保持不变。

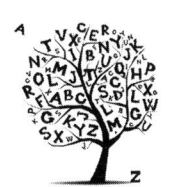

7

结 论

结 论

委婉语词是一种普遍的语言现象，渗透在人们生活的方方面面。委婉语词的使用同社会、历史、政治、经济、文化、宗教、价值观、道德观等紧密相连。因此，委婉语词不仅是一种语言现象，也是一种社会文化心理现象，历来受到学者们的广泛关注。国内外学者围绕委婉语词进行了不同角度的探讨和研究。其中，修辞学角度的研究总结了委婉语词的运用的手段、收到的语言效果和表现的层级范围；传统语言学角度的研究对委婉语词的定义、分类、变化规律、构造方式、语义特征等作了全面的描述和总结；语用学角度的研究讨论了委婉语词的语用原则和功能；社会学角度的研究解析了委婉语词的来源、发展规律和社会文化成因；跨文化比较角度的研究揭示了英汉委婉语词的生成原则和使用方式的差异，并且解析了在跨文化交际中出现的失误；认知语言学角度的研究集中在解释委婉语词的生成和理解过程，揭示委婉语词运用中的认知机制。国内外研究现状表明，前人对委婉语词作了多角度、多层次的研究，取得了丰富的成果，为本书的研究打下了很好的基础。

本书是在此基础上进行的委婉语词的认知－心智机制研究，在意向性的观照下，通过分析委婉语词生成过程中涉及的主体的心智活动来说明委婉语词在主体的心智中是如何发生的、为什么能发生等问题。本书以意向性为统领，围绕意向性、心－物随附性、外延内涵传承说对委婉语词的发生进行了深入探讨，对委婉语词的生成过程及其特征做出了详细解析。本章是对本书的总结，我们将对本书的主要发现以及进一步研究的方向和思路做出说明。

7.1 主要发现

在第一章我们提出了本书的核心研究问题,即在"意向性解释"模型下回答如下问题:

(1) 委婉语词是什么?

(2) 为什么要用委婉语词?

(3) 委婉语词是如何发生的?委婉语词的使用过程是委婉语词 B 替代直言语词 A 的过程,从形式上看是语言层面的替代。那么这种语言层面的形式替代在人们的心智中是如何发生的?

(4) 委婉语词为什么能发生?换言之,委婉语词 B 替代直言语词为什么能发生?发生的通道是什么?

针对以上问题,本书对委婉语词进行了比较详细和深入的分析,得出以下主要结论:

(1) 我们从意向性解释角度给委婉语词下了一个新的定义。

一个语词 B 替代另一语词 A 来指称事物 A′,B 是委婉语词,当且仅当:

①A′是由于某种原因不便直言的事物;

②B 在实指的情境下无法指称 A′;

③但在语言主体特定的意向性下能指称 A′;

④B 和 A 具有相邻/相似关系。

首先,委婉语词使用的语义特征是两个语词(A 和 B)的替代,即 [A 是 B],之所以需要替代是因为在特定语境下要提及由于某种原因不便直言的外部事物。"实指的情景"指在一定范围的人们习以为常的现实生活。在实指的情景中 B 的直接指称对象不是 A′,但在特定的意向性作用下，B 可以指称外部事物 A′。B 能指称 A′是因为 B 和 A 之间具有相邻/相似关系。从定义中可以看出，在认知－心智视角下的委婉语词研究是在形式替代和语义替代的基础上，以主体意向性为出发点解析 B 能替代 A 与外部事物 A′发生指称连接的过程和原因。B－A 指称连接的建立是因为两者基于相邻/相似关系可以转换。

（2）委婉语词不是一成不变的，而是随着时代的变化而不断更新的。一方面，委婉对象随时代变化而消亡、弱化、强化、新生，委婉语词也随之演变；另一方面，即使委婉对象不变，委婉语词也处于不断变化之中，即旧的委婉语词不断被新的委婉语词替代。委婉语词在当代的一个新发展就是中立语（inclusive language）的使用和推广。中立语被广泛使用在有关种族、性别、年龄、性取向、身体残障、宗教以及政治观点冲突等方面，目的是不侵犯他人，反对歧视，保护弱势群体，强化平等意识，维护社会各阶层的和谐。委婉语词在时间维度上的使用特征反映出在一定的语境下特定社会群体的集体意向性的认定和整合作用。其认定和整合作用具体体现在委婉对象随时代变迁而变化，因而产生不同的委婉语词；不同社会群体对同一委婉对象产生不同的委婉语词；委婉对象在不同语言中的缺失；委婉语词中的社会文化固型。在集体意向性的作用下，群体形成共同的认知、意图和情感，集体意向性和社会环境的协同作用发展委婉语词表现出明显的更新性、时代性和群体性。

（3）我们构建了"意向性－随附性：委婉语词的发生分析框架"来说明委婉语词是如何发生的。在委婉语词发生过程中，主体在意向性作用下对委婉对象的物理属性进行选择，形成主体对事件的某一性状特征的感受并涌现为用例事件，主体意向性的选择是在心－物随附性的主导下进行的。

委婉语词的发生过程起始于语言主体的意向性，关指出于特定原因不便直说的外部事物。意向性包括意向内容和意向态度两个维度。主体意向性在委婉语词生成中起定向作用，定向的基础是意向内容，即委婉对象，定向的依据是主体的意向态度，如委婉的、亲切的、包容的、正面的、美化的等心理取向。在二者的统一作用下，语言主体选取 B 来替代 A，生成具体的委婉语词。委婉语词的生成可以看作主体意向性的结果。意向性在委婉语词生成过程中起统领作用，贯穿整个生成过程的始终，做出多次定向和选择。

委婉对象具有物理属性和心理属性。物理属性是委婉对象本身固有的基本属性，具有可观察性和可还原性，包括其结构和位置、特征和属性、生成和来源、功能和作用等方面；心理属性是委婉对象的某一方面在主体心理呈现的属性，心理属性依赖于委婉对象的物理属性，具有可感受性、不可还原性和相对普遍性。在意向性作用下，语言主体首先对委婉对象的物理属性进行选择，一定的物理属性引发一定的心理属性，心理属性随附于物理属性。在主体对委婉对象的物理属性进行选择的过程中，心-物随附性起主导作用，也就是说，在［A 是 B］形式中 B 能替代 A 是因为 B 和 A 之间有随附性。在心-物随附性作用下，主体生成的委婉语词具有一定的相似性，同时也呈现出一定的差异性。

从委婉对象发展到委婉语词的过程可以视为从事件到用例事件的涌现过程。语言主体在感官（眼、耳、鼻、舌、身）作用下形成对出于特定原因不便直说的外部事件（委婉对象）的感觉，也就是主体对该事件的原初意识体验，并以意象的形式储存于大脑中。主体在意向性作用下对储存于大脑中的关于事件的意象进行定位、选择、反思，获得反思意识体验，形成关于委婉对象的用例事件，一个委婉语词就是语码化的用例事件。事件发展到用例事件是一个涌现的过程，包括记忆、联想、想象、格式塔转换等心理活动。意识涌现的非加和性使委婉语词的表达具有新颖性。

(4）委婉语词 B 之所以能替代直言语词 A，是因为两个语词所涉及的概念/范畴之间发生互动，实现了外延内涵的传承。传承是这样的过程：首先，主体心目中有一个不便明说的事物（即 A′），它可能是不雅的、难听的、忌讳的，或是带有歧视意味的；在特定的语境下，语言主体在大脑的类层级知识结构中把握委婉对象所涉及的概念（即 A），分解其外延或内涵内容，确定把一个延项或涵项"传"出去，至适当分支涵项，确定一个自然语言的概念，也就是委婉语词（即 B），来"承"载实现以 B 替代 A。基于相邻关系的替代是因同一类层级结构中两个概念之间发生了外延内涵的传承，才能实现整体－部分、部分－整体及部分－部分之间的替代；基于相似关系的替代需要临时建立一个以两个相关范畴的相似点为基础的上位范畴，这两个相关范畴临时被归为同一类并继承这个更高层级的类的内涵涵项。二者传承的路径不同。

7.2 本书贡献

本书以认知为基本立场，结合心智哲学的相关理论和认知科学的新发展，深入分析委婉语词的发生机制，以上发现丰富了委婉语词的研究成果。具体而言，本书的贡献体现在以下 3 个方面。

(1）委婉语词的定义是研究的一个难点，现有的定义存在种种不足。本书分析委婉语词的生成过程，提出简洁明了、操作性较强的定义，为委婉语词的深入研究奠定基础。

(2）本书从委婉语词的表层特征［A 是 B］的形式替代入手，深入研究替代得以实现的主体的心智运作活动和心理过程，即心智是如何对输入的感觉知觉信息进行加工，包括对其进行辨别、选择、转换、重组，从而在大脑里形成委婉语词。"意向性－随附性分析框架"揭示了人们使用委婉语词的心智活动和认知机制，为委婉语词的研究提供了一种新视角，从而丰富和深化了对委婉语词的研究。同时，这个分析框架可为分析研究其他语言现象提供新的启示。

（3）委婉语词具有很强的时代性，表现为时间维度上的推陈出新，这也是委婉语词的一个鲜明特性。本书在"意向性解释"模型下对委婉语词的静态结构和发生结构做出了统一的解释。

7.3 进一步研究的方向

本研究是在意向性的观照下对委婉语词的认知-心智机制研究，其研究结果可为委婉语词的深入研究提供一些启发。但是，本研究是尝试性的，加之作者有限的理论水平和研究能力，目前的研究还有局限性，而这些局限性为下一步研究提供了空间。

（1）本研究从心智哲学的视角对委婉语词的生成过程和特征进行了分析和讨论，解释了委婉语词使用过程中涉及的说者/写者的心智活动过程。那么，委婉语词使用过程涉及的听者/读者的心智活动过程又是如何？这是我们下一步研究的一个方向，即从心智哲学的视角分析和讨论委婉语词的理解过程和特征。

（2）"意向性-随附性分析框架"中的最后一个流程是从前语言用例事件语码化为语言用例事件即委婉语词的过程。语码化过程是涉及诸多语言规则的一个复杂的过程，本研究没作特别说明。这也是我们下一步研究的内容。

（3）本研究主要是内省性的研究，在溯因推理过程中难免有主观性的倾向，缺乏神经语言学的实证支持。如果条件成熟，可以设计并进行实验性研究以获得数据支撑。

（4）"意向性-随附性分析框架"可尝试用于其他语词层面的语言现象如成语、反语、黑话、隐语、歇后语等的研究，在拓展研究中不断对该分析框架进行修正。

参考文献

安德森，2012. 认知心理学及其启示［M］. 秦裕林，等译. 北京：人民邮电出版社.

安军，郭贵春，2007. 隐喻的逻辑特征［J］. 哲学研究（2）：100-106.

鲍林杰，1993. 语言要略［M］. 方立，李谷城，李燕姝，等译. 北京：外语教学与研究出版社.

蔡曙山，2009. 认知科学框架下心理学、逻辑学的交叉融合与发展［J］. 中国社会科学（2）：25-38.

曹蔓，2005. 认知语言学的概念隐喻与委婉语［J］. 河南工业大学学报（社会科学版）（3）：42-44.

陈望道，2008. 修辞学发凡［M］. 上海：复旦大学出版社.

陈垣，1997. 史讳举例［M］. 上海：上海书店出版社.

陈原，2000. 社会语言学［M］. 北京：商务印书馆.

谌莉文，2006. 概念隐喻与委婉语隐喻意义构建的认知理据［J］. 外语与外语教学（8）：17-20.

成晓光，2006. 西方语言哲学教程［M］. 大连：辽宁师范大学出版社.

成晓光，2005. 社会建构主义的语言哲学基础［J］. 外语与外语教学（1）：4-8.

戴聪腾，2003. 汉英委婉语的跨文化研究［J］. 福建师范大学学报（哲学社会科学版）（1）：93-96.

丁川，2007. 概念整合理论对委婉语构成的认知阐释［J］. 宜春学院学报（1）：157－160.

范冬萍，2005. 论突现性质的下向因果关系［J］. 哲学研究（7）：108－114.

方立，2000. 逻辑语言学［M］. 北京：北京语言文化大学出版社.

费多益，2009. 感受质及其研究进展［J］. 哲学动态（1）：77－81.

弗洛伊德，2009. 图腾与禁忌［M］. 文良文化，译. 北京：中央编译出版社.

福柯，2001. 词与物——人文科学考古学［M］. 莫伟民，译. 上海：上海三联书店.

高名凯，1999. 语言论［M］. 北京：商务印书馆.

高新民，1998. 随附性：当代西方心灵哲学的新"范式"［J］. 华中师范大学学报（人文社会科学版）（3）：1－8.

高新民，储昭华，2008. 心灵哲学［M］. 北京：商务印书馆.

海尔，2006. 当代心灵哲学导论［M］. 高新民，殷筱，徐弢，译. 北京：中国人民大学出版社.

何爱晶，2012. 意向性视域下的"淘宝体"［J］. 河南大学学报（社会科学版）（4）：145－151.

洪雁，2007. 汉语委婉语词略论［D］. 天津：天津师范大学.

胡金，2002. 从中英委婉语对比看中西文化差异［J］. 广西师范大学学报（哲学社会科学版）（1）：178－182.

胡塞尔，1998. 逻辑研究（第二卷第一部分）［M］. 倪梁康，译. 上海：上海译文出版社.

怀宁，1995. 对委婉语的若干语言学解释［J］. 解放军外国语学院学报（2）：54－59.

黄丽君，2010. 委婉表达的认知机制新解［J］. 当代外语研究（12）：17－21.

霍兰，2006. 涌现：从混沌到有序［M］. 陈禹，等译. 上海：上海科学技术出版社.

加纳，2000. 政治正确童话：不具歧视和偏见的童话故事［M］. 蔡佩宜，晨星编译组，译. 台中：晨星出版有限公司.

江希和, 1983. 现代英语中的委婉语 [J]. 现代外语 (3): 14 – 19.

江怡, 2009. 感受质与知识的表达 [J]. 社会科学战线 (9): 28 – 33.

蒋严, 2002. 论语用推理的逻辑属性——形式语用学初探 [J]. 外国语 (3): 18 – 29.

金岳霖, 1979. 形式逻辑 [M]. 北京: 人民出版社.

孔庆成, 1993. 委婉语言现象的立体透视 [J]. 外国语 (2): 26 – 30.

蓝纯, 2005. 认知语言学与隐喻研究 [M]. 北京: 外语教学与研究出版社.

李必虹, 张玉上, 2010. 从索振羽的得体原则谈委婉语的得体性 [J]. 现代语文 (4): 62 – 63.

李国南, 1989. 英语中的委婉语 [J]. 外国语 (3): 23 – 27.

李国南, 2000. 委婉语与宗教 [J]. 福建外语 (3): 1 – 6.

李恒威, 2008. 自我、具身性与经验世界 [J]. 心智与计算 (3): 230 – 243.

李恒威, 2011. 意识、觉知与反思 [J]. 哲学研究 (4): 95 – 102.

李恒威, 王小潞, 唐孝威, 2008. 表征、感受性和言语思维 [J]. 浙江大学学报 (人文社会科学版) (5): 26 – 33.

李军华, 2004. 关于委婉语的定义 [J]. 湘潭大学学报 (哲学社会科学版) (4): 162 – 165.

李军华, 2004. 现代汉语委婉语的社会映射和流变 [J]. 湖南科技大学学报 (社会科学版) (5): 80 – 84.

李军华, 2006. 委婉语的语言间接性研究 [J]. 求索 (8): 197 – 199.

李卫航, 2002. 英汉委婉语的社会透视 [J]. 福州大学学报 (哲学社会科学版) (1): 57 – 60.

郦全民, 2012. 意向性的计算解释 [J]. 哲学研究 (9): 95 – 103.

梁红梅, 2000. 委婉语的语用分析 [J]. 天津外国语学院学报 (1): 30 – 34.

梁艳春, 2003. 合成空间理论对委婉语的阐释力 [J]. 暨南大学华文学院学报 (2): 53 – 61.

廖巧云, 徐盛桓, 2012. 心智怎样计算隐喻 [J]. 外国语 (2): 46 – 52.

刘纯豹, 2002. 英语委婉语词典 [M]. 北京: 商务印书馆.

柳海涛, 2008. 关于集体意向性问题 [J]. 哲学动态 (8): 83-88.

卢长怀, 2003. 英语委婉语在交际中的作用 [J]. 辽宁师范大学学报 (6): 89-91.

卢卫中, 孔淑娟, 2006. 转喻与委婉语的构成 [J]. 外语研究 (6): 17-20.

马红芳, 2004. 委婉语中的隐喻机制认知研究 [J]. 邵阳学院学报 (社会科学版) (4): 119-121.

苗东升, 2008. 论涌现 [J]. 河池学院学报 (1): 6-12.

内格尔, 2008. 作为一只蝙蝠可能是什么样子 [M] // 高新民, 储昭华, 主编. 心灵哲学. 北京: 商务印书馆: 105-122.

欧阳因, 2000. 中国流行新词语 [M]. 北京: 中国人民大学出版社.

彭文钊, 1999. 委婉语——社会文化域的语言映射 [J]. 外国语 (1): 66-71.

钱冠连, 2002. 语言全息论 [M]. 北京: 商务印书馆.

钱冠连, 2008. 西语哲在外语界的传播与未来的发展 [J]. 外语学刊 (2): 1-16.

邱惠丽, 2006. 当代心智哲学研究的12个问题及其他 [J]. 哲学动态 (1): 46-50.

塞尔, 2006. 心灵、语言和社会: 实在世界中的哲学 [M]. 李步楼, 译. 上海: 上海译文出版社.

尚国文, 2011. 语言理解的感知基础 [J]. 外语学刊 (4): 8-14.

邵军航, 2007. 委婉语研究 [D]. 上海: 上海外国语大学.

邵军航, 樊葳葳, 2002. 委婉语的分类研究 [J]. 信阳师范学院学报 (哲学社会科学版) (1): 61-65.

邵军航, 樊葳葳, 2004. 委婉机制的认知语言学研究 [J]. 外语研究 (4): 20-25.

邵志洪, 1997. Euphemisms 导致的跨文化交际障碍 [J]. 四川外语学院学报 (2): 76-80.

束定芳,1989. 委婉语新探 [J]. 外国语 (3): 28-34.

束定芳,徐金元,1995. 委婉语研究: 回顾与前瞻 [J]. 外国语 (5): 17-22.

司马贺,2004. 人工科学——复杂性面面观 [M]. 武夷山,译. 上海: 上海科技教育出版社.

孙建汝,1996. 委婉的社会心理分析 [J]. 修辞学习 (2): 17-18.

孙敏,2007. 英语委婉语研究的语用功能维度 [J]. 外语学刊 (2): 125-127.

索尔所,麦克林,2008. 认知心理学 [M]. 邵志芳,李林,徐嫒,等译. 上海: 上海人民出版社.

田九胜,2001. 委婉语的语用分析 [J]. 福建外语 (2): 14-19.

王文忠,2000. 委婉语信息及其语境解读 [J]. 外语学刊 (1): 41-47.

王希杰,2008. 汉语修辞学 [M]. 修订本. 北京: 商务印书馆.

王寅,2007. 认知语言学 [M]. 上海: 上海外语教育出版社.

王永忠,2003. 范畴理论和委婉语的认知理据 [J]. 外国语言文学 (2): 3-5.

王占福,2001. 古代汉语修辞学 [M]. 石家庄: 河北教育出版社.

魏晓阳,2002. 中日委婉表达方式比较 [J]. 日语学习与研究 (1): 44-49.

吴礼权,1997. 委婉修辞研究 [D]. 上海: 复旦大学.

吴礼权,1998. 论委婉修辞的心理机制 [J]. 修辞学习 (2): 43-44.

吴松初,1996. 中英当代流行委婉语的文化比较 [J]. 现代外语 (3): 59-61.

吴松初,1999. 委婉语的社会语言学研究纲要 [J]. 广东职业技术师范学院学报 (3): 80-87.

伍铁平,1989. 从委婉语的机制看模糊理论的解释能力 [J]. 外国语 (3): 16-22.

伍铁平,1999. 模糊语言学 [M]. 上海: 上海外语教育出版社.

徐海铭,1996. 委婉语的语用学研究 [J]. 外语研究 (3): 21-24.

徐莉娜,2002. 跨文化交际中的委婉语解读策略 [J]. 外语与外语教学 (9): 6-9.

徐萍飞,2002. 日语的委婉表达及最新发展 [J]. 外语教学与研究 (3):

136-140.

徐盛桓, 2001. 名动转用的语义基础 [J]. 外国语 (1): 15-23.

徐盛桓, 2002. 常规关系与认知化——再论常规关系 [J]. 外国语 (1): 6-16.

徐盛桓, 2005. 句法研究的认知语言学视野 [J]. 外语与外语教学研究 (4): 1-7.

徐盛桓, 2006. 话语理解的意向性解释 [J]. 中国外语 (7): 33-37.

徐盛桓, 2008. 转喻为什么可能——"转喻与逻辑"研究之二:"内涵外延传承"说对转喻的解释 [J]. 上海交通大学学报 (哲学社会科学版) (1): 69-77.

徐盛桓, 2008. 转喻与分类逻辑 [J]. 外语教学与研究 (2): 93-99.

徐盛桓, 2010. "A 是 B 的启示"——再谈外延内涵传承说 [J]. 中国外语 (5): 22-29.

徐盛桓, 2011. "移就"为什么可能 [J]. 外语教学与研究 (3): 323-334.

徐盛桓, 2011. 语言研究的心智哲学视角——"心智哲学与语言研究"之五 [J]. 河南大学学报 (社会科学版) (4): 1-12.

徐盛桓, 2012. 从"事件"到"用例事件"——从意识的涌现看句子表达式雏形的形成 [J]. 河南大学学报 (社会科学版) (4): 137-144.

徐盛桓, 2013. 白首变法 好个江天 [J]. 当代外语研究 (6): 1-5.

徐盛桓, 2013. 意向性的认识论意义——从语言运用的视角看 [J]. 外语教学与研究 (2): 174-184.

徐盛桓, 廖巧云, 2013. 意向性解释视域下的隐喻 [J]. 外语教学 (1): 1-6.

严慧娟, 张喆, 杨永青, 等, 2007. 从范畴原型理论看英语委婉语 [J]. 河南科技大学学报 (社会科学版) (6): 68-71.

叶建敏, 2004. 汉英流行委婉语的跨语言对比 [J]. 山东外语教学 (3): 45-48.

殷定芳, 2005. 从语用角度解读跨文化交际中的委婉语 [J]. 安徽工业大学学报 (社会科学版) (1): 72-74.

尹城, 丛凤玲, 2003. 俄汉委婉语对比研究 [J]. 中国俄语教学 (3): 9-14.

尹群, 2003. 论汉语委婉语的时代变迁 [J]. 修辞学习 (2): 5-8.

尹群，潘文，2007. 论汉语委婉语词的构造机制［J］. 南京社会科学（12）：128－134.

于亚伦，1984. 当代英语委婉语初探［J］. 外语学刊（2）：45－49.

张拱贵，1996. 汉语委婉语词典［M］. 北京：北京语言文化大学出版社.

张宇平，姜燕萍，于年湖，1998. 委婉语［M］. 北京：新华出版社.

张志公，1982. 现代汉语［M］. 上册. 北京：人民教育出版社.

赵艳芳，2000. 认知语言学研究综述（一）［J］. 解放军外国语学院学报（2）：22－26.

郑杭生，2003. 中国人民大学中国社会发展研究报告2002：弱势群体与社会支持［M］. 北京：中国人民大学出版社.

朱滢，2005. 陈霖的拓扑性质知觉理论［J］. 心理科学，28（5）：1031－1034.

ALLAN K, 1986. Linguistic meaning（volume one）［M］. New York：Routledge & Kegan Paul Word Publishing Corp.

ALLAN K, BURRIDGE K, 1991. Euphemism and dysphemism：language used as a shield and weapon［M］. Oxford：Oxford University Press.

ALLAN K, BURRIDGE K, 2006. Forbidden words：taboo and the censoring of language［M］. Cambridge：Cambridge University Press.

BANKS J, MULDER J G, 1998. What did I say? Using non-discriminatory language［M］. Parkville, Vic：Equal Opportunity Unit, University of Melbourne.

BARRIERE C, POPOWICH F, 2000. Expanding the type hierarchy with non-lexical concepts［M］//HAMILTON H, YANG Q, eds. Lecture notes in computer science, 1822. Proceedings of the 13th biennial conference of Canadian society on computational studies of intelligence：advances in artificial intelligence. London：Springer-Verlag：53－68.

BARSALOU L W, 1999. Perceptual symbol system［J］. Behavioral and brain science（22）：577－660.

BLOCK N, 1999. On a confusion about a function of consciousness [M] // BLOCK N, FLANAGAN O, GUZELDERE G, eds. The nature of consciousness: philosophical debate. Cambridge, MA: MIT Press: 374 - 415.

BOWERS J S, PLEYDELL-PEARCE C W, 2011. Swearing, euphemisms and linguistic relativity [J]. PLoS ONE, 6 (7): 1 - 8.

BRITANNICA, 2008. Britannica concise encyclopedia [M]. Shanghai: Shanghai Foreign Language Education Press.

BRUNER J, GOODNOW J, AUSTIN G, 1956. A study of thinking [M]. New York: John Wiley & Sons.

CHEN L, 2005. The topological approach to perceptual organization [J]. Visual cognition, 12 (4): 553 - 637.

CHILTONP, 1986. Metaphor, euphemism and the militarization of language [C]. Paper presented at the biannual meeting of the international peace research association, Sussex.

CRANET, 2001. Elements of mind: an introduction to the philosophy of mind [M]. Oxford: Oxford University Press.

CROFT W, CRUSE D A, 2006. Cognitive linguistics [M]. Beijing: Peking University Press.

DAMASIO A, 1999. The feeling of what happens: body, emotion and the making of consciousness [M]. New York: Harcourt Press.

DAVISON D, 2001. Mental events [M] // DAVIDSON D, ed. Essays on actions and events, 2nded. Oxford: Oxford University Press: 170 - 185.

ENRIGHT D J, 1985. Fair of speech: the use of euphemism [M]. Oxford: Oxford University Press.

EDELMAN G M, TONONI G, 2000. A universe of consciousness: how matter becomes imagination [M]. New York: Basic Books.

EVANS V, GREEN M, 2006. Cognitive linguistics: an introduction [M]. Edinburgh:

Edinburgh University Press.

EVAN V, BERGEN B K, ZINKER J, 2007. The cognitive linguistic enterprise: an overview [M] //EVANS V, BERGEN B, ZINKEN J, ed. The cognitive linguistics reader. London: Equinox Publishing Company.

FAUCONNIER G, 1994. Mental spaces: aspects of meaning construction in natural language [M]. Cambridge: Cambridge University Press.

FAUCONNIER G, TURNER M, 1998. Conceptual integration networks [J]. Cognitive science, 22 (2): 133-187.

FAUCONNIER G, TURNER M, 2002. The way we think—conceptual blending and the mind's hidden complexities [M]. New York: Basic Books.

GALLAGHER S, 2005. How the body shapes the mind [M]. Oxford: Oxford University Press.

GARMEN M, 2002. Psycholinguistics [M]. Beijing: Beijing University Press.

GENTNER D, 1983. Structure-mapping: a theoretical framework for analogy [J]. Cognitive Science (7): 155-170.

GIBBS R, 2005. Embodiment and cognitive science [M]. New York: Cambridge University Press.

GOATLY A, 1997. The language of metaphors [M]. London: Routledge.

GOMEZ M C, 2009. Towards a new approach to the linguistic definition of euphemism [J]. Language sciences (31): 725-739.

GOODMAN N, 1984. Of mind and other matters [M]. Cambridge, MA: Harvard University Press.

GOLDBERG A, 1995. Constructions: a construction grammar approach to argument structure [M]. Chicago: Chicago University Press.

GRICE P, 1975. Logic and conversation [M] // COLE P, MORGAN J, eds. Syntax and semantics. New York: Academic Press: 41-58.

HALMARI H, 2011. Political correctness, euphemism and language change: the case of "people first" [J]. Journal of pragmatics (43): 828-840.

HILTON K, 1993. Confronting the monolith [J]. Partisan review (60): 569-573.

HOLDER R W, 1995. A dictionary of euphemisms [M]. Oxford: Oxford University Press.

JACKENDOFF R, 2002. Foundations of language: brain, meaning, grammar, evolution [M]. Oxford: Oxford University Press.

JACOB P, 1997. What minds can do [M]. Cambridge: Cambridge University Press.

JOHNSON-LAIRD P, 1980. Mental models in cognitive science [J]. Cognitive science (4): 71-115.

KEITH M, 2001. An introduction to the philosophy of mind [M]. Cambridge: Cambridge University Press.

LAKOFF G, JOHNSON M, 1980. Metaphors we live by [M]. Chicago: The University of Chicago Press.

LAKOFF G, 1987. Women, fire and dangerous things: what categories reveal about mind [M]. Chicago: the University of Chicago Press.

LAKOFF G, 1990. The invariance hypothesis: is abstract reason based on image-schemas? [J] Cognitive linguistics (1): 39-74.

LAKOFF G, 1993. Contemporary theory of metaphor [M] // ORTONY A, ed. Metaphor and thought. Cambridge: Cambridge University Press: 203-251.

LAKOFF G, JOHNSON M, 1999. Philosophy in the flesh [M]. New York: Basic Books.

LANGACKER R W, 1987. Foundations of cognitive grammar, Vol. 1: theoretical prerequisites [M]. Stanford: Stanford University Press.

LEECH G, 1983. Principles of pragmatics [M]. London: Longman.

LEVINSON S C, 1987. Pragmatics and the grammar of anaphora: a partial pragmatic reduction of binding and control phenomena [J]. Journal of linguistics (23): 379-434.

LEWIS C I, 1929. Mind and the world order [M]. New York: Charles Scribner's Sons.

LINFOOD-HAM K, 2005. The linguistics of euphemism: a diachronic study of euphemism formation [J]. Journal of language and linguistics, 5 (2): 227-263.

MCGLONE M S, BECL G, PFIESTER A, 2006. Contamination and camouflage in euphemisms [J]. Communication monographs, 73 (3): 261-282.

MILLWOOD-HARGRAVE A, 2000. Delete expletives? [M]. London: Broadcasting Standards Commission.

MINSKY M, 1975. A framework for representing knowledge [M] // WINSTON P H, ed. The psychology of computer vision. New York: McGraw-Hill.

NEWMAN J S, SILVER C G, 1991. Kind words: a thesaurus of euphemisms [M]. Facts On File, Inc. 1983. Reprinted by Beijing: World Publishing Corp.

PAIVIO A, 1978. The relation between verbal and perceptual codes [M] // CARTERETTE E C, FRIEDMAN M P, eds. Handbook of Perception, Vol. 8. New York: Academic Press: 375-397.

PAIVIO A. Mental representations [M]. New York: Oxford University Press.

PFAFF K L, 1986. Metaphor in using and understanding euphemism and dysphemism [J]. Applied psycholinguistics (18): 59-83.

PINKER S, 1994. The language instinct: How the mind creates language [M]. New York: Morrow.

RAWSON H, 1995. Rawson's dictionary of euphemisms and other doubletalk [M]. New York: Crown Publishers.

RICHARDS J C, et al., 1999. Longman dictionary of language teaching and applied linguistics [M]. Essex: Pearson Education Limited.

RUMELHART P, 2009. Schemata: the building blocks of cognition [M] // SPIRO R J, et al., eds. Theoretical issues in reading comprehension. NJ: Lawrence Irlbaum, 1980: 33-58.

RYLE G. The concept of mind [M]. Taylor & Francis e-Library.

SEARLE J R, 1983. Intentionality: an essay in the philosophy of mind [M]. Cambridge: Cambridge University Press.

SEARLE J R, 1990. Collective intentions and actions [M] // COHEN P, MORGAN J, POLLACK M E, eds. Intentions in communication. Cambridge, MA: Bradford Books, MIT Press: 401-416.

SEARLE J R, 1995. The construction of social reality [M]. London: The Penguin Press.

SEARLE J R, 1999. The future of philosophy [J]. Philosophical transactions: Biological Sciences, 354: 2069-2080.

SWEETSER E, 1990. From etymology to pragmatics: metaphorical and cultural aspects of semantics structure [M]. Cambridge: Cambridge University Press.

TAYLOR J R, 2003. Linguistic categorization: prototypes in linguistic theory [M]. Beijing: Foreign Language Teaching and Research Press.

TUOMELA R, MILLER K, 1988. We-intentions [J]. Philosophical studies (53): 367-389.

UNGERER F, SCHMID H J, 2001. An introduction to cognitive linguistics [M]. Beijing: Foreign Language Teaching and Research Press.

WARREN B, 1992. What euphemisms tell us about the interpretation of words [J]. Studia lingistica, 46 (2): 128-172.